リスク管理実務マニュアルシリーズ

悪質クレーマー・反社会的勢力対応実務マニュアル

リスク管理の具体策と関連書式

藤川　元　編集代表
市民と企業のリスク問題研究会　編

発行　民事法研究会

はしがき

　本書は、企業を反社勢力リスクや悪質クレーマーリスクから守り、企業が健全に発展すること、これによって企業を中心として、社会が活性化し健全な日本の社会が築かれるようになるべきだ、との願いから、これらのリスク対策を語り、企業で活躍する方々を中心とした読者の皆様とともに知恵を出し合うことを目的として出版されたものである。

　企業が抱えるリスクには、実に多くの分野のものがある。企業が新しい分野に進出すべきか、新製品を開発すべきか、海外にも支店を置くべきか、どのような人物を社長として選任すべきか、労組の要求にどう対応するか、など経営、人事、労務などに関するリスクが企業をめぐって日々発生している。こうしたリスクにまざって、反社会的勢力（反社）に会社を食いものにされるリスク、悪質クレーマーに予測もしなかった損害を与えられるリスクといった、会社にとってはわずらわしくも解決すべきリスクがある。本書は、さまざまなリスクのうち、反社勢力リスク、悪質クレーマーリスクを取り上げている。

　反社、悪質クレーマーと対峙した際に企業がどのような対応をとるべきなのか、ということは、社会の中で企業がどうあるべきか、という点とも密接に関係することである。本書は、経済的に極めて大きな力をもつ存在である企業が、単に経済の分野ばかりでなく、それを超えて社会の範たる存在になるべきである、との願いのうえに立って反社勢力リスク、悪質クレーマーリスクを論じている。

　本書の執筆陣は、東京弁護士会の民事介入暴力対策特別委員会または弁護士業務妨害対策特別委員会に所属する弁護士であり、日頃から、弁護士会活動を通じてこれらのリスク対策に、弁護士の中では最も精通した者ぞろいである。そうした執筆陣がそろったうえで、本書執筆にあたっては、第一原稿こそ手分けして1人ひとりが執筆したものの、これをもとにして全稿を皆で協議している。したがって、本書は、執筆者全員の真の意味での合作である。

　また、本書では、反社勢力リスク、悪質クレーマーリスクを論じる際に、これまで避けられてきた論点、書きにくい論点にも積極的に挑戦し、執筆陣

はしがき

で1つの結論を出したことが特色である。たとえば、「顧客から、会社の商品に対するクレームを述べる電話があった場合に、この会話を無断録音してもよいかどうか」などの問題である。このような個所については、さらに読者の皆様のご意見、ご批判を待ちたいと思う。

本書が、市民社会や企業活動の安心・安全のために、いささかなりともお役に立てることができれば望外の幸せである。

最後に、企業においてリスク管理が極めて重要であるとの認識のもとに私たち執筆陣に本書の企画、出版の機会を与えてくださった民事法研究会の田口信義社長および編集担当として精力的に執筆陣を支えてくださった雪野奈美さんには心からお礼を申し上げたい。

　平成30年9月吉日

　　　　　　　　　　　　執筆者代表　弁護士　藤　川　　元

『悪質クレーマー・反社会的勢力対応実務マニュアル』

目　次

第1部　総論編〔基礎知識〕

第1章　総論──企業のあり方が問われている── 2

1　社会の中での企業のあり方……………………………………………2

2　企業と反社勢力リスク、悪質クレーマーリスク……………………2

3　企業を取り巻く最近の流れ……………………………………………3

4　企業の社会的責任と企業の内部体制…………………………………6

第2章　各論（第2部）へのアプローチ ──より理解を深めるための補足解説── 7

Ⅰ　第2部第1章（悪質クレーマー）の補足解説 7

1　クレーマーからの電話を無断録音すること…………………………7

2　クレーマーの自宅に行くべきか………………………………………8

3　インターネットによる業務妨害………………………………………10

4　第三者を介在させるクレーム…………………………………………11

5　会社に対する業務妨害…………………………………………………12

目　次

Ⅱ　第2部第2章（反社会的勢力）の補足解説　15

1	暴力団に金が流れないような社会をつくる………………………15
2	暴力団関係者の株主からの排除…………………………………16
3	みかじめ料の支払いをしないために……………………………17
4	暴力団員への飲食料品の販売に問題はないか…………………19
5	逃げ道がないときの最良の選択…………………………………21

第2部　具体的トラブル事例とその対応

第1章　悪質クレーマーとのトラブルとその対応　24

1　商品クレームへの対応　24

1 商品に対するクレームがあった場合の社内対応のあり方は
どうあるべきか…………………………………………………24
　　ポイント・24／解説・25／弁護士からのアドバイス・29
　【書式1】　クレーム対応報告書（社内用）………………………30
2 商品事故と損害賠償・謝罪文要求への対応はどう
あるべきか………………………………………………………31
　　ポイント・31／解説・31／弁護士からのアドバイス・34
　【書式2】　謝罪文例（お客様の求めに応じて出す場合）…………34
3 商品に対するクレームをもつ顧客が突然本社へやってきた
場合の対応はどうあるべきか…………………………………35

ポイント・35／解説・35／弁護士からのアドバイス・37

4 電話による商品に対するクレームの内容を録音する

場合の対応はどうあるべきか……………………………………38

ポイント・38／解説・38／弁護士からのアドバイス・44

〔参考資料〕 個人情報の保護に関する法律（抄）………………45

【書式3】 お客様からの電話によるクレームを録音する

場合の社内規則例………………………………46

2 　多様なクレームへの対応　47

1 会社に落ち度があり「社長を出せ！」という要求がなさ

れた場合どう対応すべきか……………………………………………47

ポイント・47／解説・47／弁護士からのアドバイス・49

2 「また電話する」、「電話してこい」というしつこいクレ

ームにどう対応するか……………………………………………50

ポイント・50／解説・50／弁護士からのアドバイス・52

3 予告なく店舗にやってきて執拗なクレームを行う者にど

う対応するか………………………………………………………53

ポイント・53／解説・54／弁護士からのアドバイス・56

【書式4】 店舗訪問に対する警告文…………………………………56

【書式5】 店舗訪問禁止等仮処分命令申立書……………………57

【書式6】 債務不存在確認請求訴訟訴状…………………………59

【書式7】 店舗訪問による損害賠償請求訴訟訴状………………61

4 連日メールやファックスでクレームを送り続けてくる場合

にどう対応するか………………………………………………………64

ポイント・64／解説・64／弁護士からのアドバイス・66

【書式8】 ファックス送信に対する警告文…………………………67

【書式9】 ファックス送信禁止仮処分命令申立書………………67

目　次

⑤　社員のプライベートな落ち度を理由にしたクレームがきた
　　場合にどう対応すべきか……………………………………………70
　　　　ポイント・70／解説・70／弁護士からのアドバイス・72

⑥　ささいな対応ミスに付け込み過大な要求をするクレーマー
　　にどのように対応すべきか…………………………………………73
　　　　ポイント・73／解説・73／弁護士からのアドバイス・75

⑦　弁護士にクレーム対応を依頼した後も続くクレームにどの
　　ように対応すべきか…………………………………………………76
　　　　ポイント・76／解説・76／弁護士からのアドバイス・78

⑧　「自宅へ謝罪に来てほしい」というクレームがあった場合
　　にどう対応すべきか…………………………………………………79
　　　　ポイント・79／解説・79／弁護士からのアドバイス・82

⑨　従業員が犯した些細なミスに対してパワハラまがいの罵詈
　　雑言をあびせ、土下座まで要求する顧客にどう対応すべき
　　か………………………………………………………………………84
　　　　ポイント・84／解説・84／弁護士からのアドバイス・89
　　【書式10】　土下座強要に対する被害届…………………………89
　　【書式11】　土下座強要に対する告訴状…………………………90

3　インターネットによる業務妨害への対応　92

①　ハッカーによる不正アクセス行為によりデータが流出し
　　金銭要求された場合、どのように対応すべきか…………………92
　　　　ポイント・92／解説・93／弁護士からのアドバイス・98
　　【書式12】　不正アクセスに対する被害届………………………98

②　フィッシングサイトの被害者から連絡があった場合、ど
　　のように対応すべきか……………………………………………101
　　　　ポイント・101／解説・102／弁護士からのアドバイス・106

【書式13】　不正アクセス（フィッシングサイト）に対する

　　　　　　被害届……………………………………………………… 108

③　店舗の利用客によるインターネット上のクレームがきっ

　　かけで炎上してしまった場合の対応はどうするか………………… 110

　　ポイント・110／解説・110／弁護士からのアドバイス・114

④　匿名で虚偽の事実をインターネット上に書き込まれた場合、

　　どう対応すべきか……………………………………………………… 115

　　ポイント・115／解説・115／弁護士からのアドバイス・122

【書式14】　侵害情報の通知書兼送信防止措置依頼書

　　　　　　（テレコムサービス書式）…………………………………… 123

【書式15】　発信者情報開示請求書（テレコムサービス書式）……… 124

【書式16】　投稿記事削除仮処分命令申立書…………………………… 127

【書式17】　発信者情報開示仮処分命令申立書……………………… 129

【書式18】　発信者情報開示請求訴訟訴状…………………………… 132

4　第三者を介在させるクレームへの対応　136

①　取引先や監督官庁へ訴えるというクレームへの対応はどう

　　するか（落ち度がない場合）………………………………………… 136

　　ポイント・136／解説・136／弁護士からのアドバイス・138

②　取引先や監督官庁へ訴えるというクレームへの対応はどう

　　するか（一定の落ち度がある場合）………………………………… 139

　　ポイント・139／解説・139／弁護士からのアドバイス・140

③　取引先や監督官庁へお客様から直接クレームがあった場合

　　にどのように対応すべきか（クレーマーへの法的対応）………… 141

　　ポイント・141／解説・141／弁護士からのアドバイス・143

目　次

5　クレームの相手方の意図が見えない　場合の対応　144

1　相手方・理由が不明な無言電話にはどう対応するか……………144
　　ポイント・144／解説・144／弁護士からのアドバイス・150
　【書式19】　架電禁止仮処分命令申立書（無言電話）……………151
　【書式20】　被害届（無言電話）………………………………153
　【書式21】　告訴状（無言電話）………………………………154

第2章　反社会的勢力とのトラブルとその対応　156

1　反社の判別方法と対応の基本　156

1　暴力団を含めた反社会的勢力の実態はどのようになって
　いるか…………………………………………………………………156
　　ポイント・156／解説・157／弁護士からのアドバイス・161
　【書式22】　反社会的勢力対象者照会依頼書例……………………163
2　企業がかかわりをもってはならない人物とはどのような
　者か……………………………………………………………………165
　　ポイント・165／解説・165／弁護士からのアドバイス・169
3　反社会的勢力該当性を見極めるための調査方法（スクリーニ
　ング）としてはどのようなものがあるか…………………………171
　　ポイント・171／解説・171／弁護士からのアドバイス・176
　【書式23】　反社会的勢力調査チェックリスト……………………177
4　反社会的勢力該当性についての警察への照会はどうある
　べきか…………………………………………………………………179
　　ポイント・179／解説・179／弁護士からのアドバイス・182

2 反社の関係者が利害関係者である場合の対応　183

[1] 企業がかかわりをもってはならないのは、どのような人物でどのような対応が求められるか……………………183
　　ポイント・183／解説・183／弁護士からのアドバイス・186

[2] 暴力団関係者との間で継続的な商品取引がある場合にどのように対応すべきか……………………187
　　ポイント・187／解説・187／弁護士からのアドバイス・193

[3] 暴力団関係者が自社の株主であることがわかった場合にどのように対応すべきか……………………194
　　ポイント・194／解説・194／弁護士からのアドバイス・197

[4] 反社会的勢力にパーティー会場を使わせる内容の予約を受け付けてしまったり、不動産の賃借人が反社会的勢力であると判明した場合の対応はどうすべきか……………………199
　　ポイント・199／解説・199／弁護士からのアドバイス・202
　　【書式24】　会場使用契約解除通知書……………………203
　　【書式25】　賃貸借契約解除通知書……………………204
　　【書式26】　占有移転禁止仮処分命令申立書……………………205

3 反社の関係者からさまざまな要求があった場合の対応　209

[1] 右翼団体を標榜する団体から年鑑購入の依頼があったがどう対応すべきか……………………209
　　ポイント・209／解説・209／弁護士からのアドバイス・212
　　【書式27】　「○○年鑑」（反社会的勢力関連団体発行）
　　　　　　　　購入断り文例……………………213

目 次

2 おしぼり納入名目でのみかじめ料の要求にどう対応すべきか……… 214
　　ポイント・214／解説・214／弁護士からのアドバイス・218

3 暴力団関係者から債権回収に協力する旨の連絡があった
　場合にどう対応するか………………………………………………… 219
　　ポイント・219／解説・219／弁護士からのアドバイス・221

4 過大な慰謝料等を請求された場合にどう対応すべきか…………… 222
　　ポイント・222／解説・222／弁護士からのアドバイス・225
　【書式28】　交通事故による損害賠償の示談書（合意書）例……… 225

5 民事事件へ代理人と称して暴力団関係者が介入してきた
　場合にどう対応すべきか……………………………………………… 227
　　ポイント・227／解説・227／弁護士からのアドバイス・230
　【書式29】　債務不存在確認請求訴訟訴状（売買契約）…………… 230

4　日常生活における反社との付き合い方　233

1 暴力団員への飲食料品の販売は問題ないか………………………… 233
　　ポイント・233／解説・233／弁護士からのアドバイス・239

2 暴力団員が妻子と住むためのアパートを貸し付ける
　ことは問題ないか……………………………………………………… 240
　　ポイント・240／解説・240／弁護士からのアドバイス・245
　【書式30】　契約申込みを拒絶する際の通知書例………………… 246
　【書式31】　不動産流通4団体のモデル暴排条項例（賃貸借契約）‥ 247
　【書式32】　不動産協会のモデル暴排条項例（賃貸借契約）……… 248
　【書式33】　公営住宅条例の暴排条項例（東京都営住宅条例）……… 249

5 反社によるさまざまなクレーム・要求 とその対応　251

① 従業員を解雇したことにかこつけた、解雇および残業代に
関するクレームがあった場合どう対応するか·················· 251
　　ポイント・251／解説・252／弁護士からのアドバイス・257
　　【書式34】　街宣等禁止仮処分命令申立書······························· 258
　　【書式35】　債務不存在確認訴訟訴状（労働契約）················· 263
　　【書式36】　被害届例（威力業務妨害等）····························· 265
② 従業員に対する借金の取立てのため来訪された場合どう
対応するか·· 268
　　ポイント・268／解説・268／弁護士からのアドバイス・271
　　【書式37】　架電等禁止仮処分命令申立書··························· 272
③ クラブのママとの不倫関係を会社や家族等にバラすなどと
威迫されている場合、どう対応するか································· 275
　　ポイント・275／解説・275／弁護士からのアドバイス・278
④ 共同経営者が反社に助力を求め、反社を従業員として採用
しようとしているがどう対応すべきか································· 279
　　ポイント・279／解説・279／弁護士からのアドバイス・282

第3部　関連資料編

　　【資料1】　暴力団員による不当な行為の防止等に関する
　　　　　　　法律（抄）·· 283
　　【資料2】　東京都暴力団排除条例································· 305

11

目 次

【資料3】　企業が反社会的勢力による被害を防止するための
　　　　　　指針について……………………………………………314

【資料4】　企業が反社会的勢力による被害を防止するための
　　　　　　指針に関する解説……………………………………318

【資料5】　都道府県暴追センター連絡先一覧表………………325

■　事項索引………………………………………………………332
■　編著者略歴……………………………………………………334

【収録書式一覧表】

【書式 1 】	クレーム対応報告書（社内用）	30
【書式 2 】	謝罪文例（お客様の求めに応じて出す場合）	34
【書式 3 】	お客様からの電話によるクレームを録音する場合の 社内規則例	46
【書式 4 】	店舗訪問に対する警告文	56
【書式 5 】	店舗訪問禁止等仮処分命令申立書	57
【書式 6 】	債務不存在確認請求訴訟訴状	59
【書式 7 】	店舗訪問による損害賠償請求訴訟訴状	61
【書式 8 】	ファックス送信に対する警告文	67
【書式 9 】	ファックス送信禁止仮処分命令申立書	67
【書式10】	土下座強要に対する被害届	89
【書式11】	土下座強要に対する告訴状	90
【書式12】	不正アクセスに対する被害届	98
【書式13】	不正アクセス（フィッシングサイト）に対する被害届	108
【書式14】	侵害情報の通知書兼送信防止措置依頼書 （テレコムサービス書式）	123
【書式15】	発信者情報開示請求書（テレコムサービス書式）	124
【書式16】	投稿記事削除仮処分命令申立書	127
【書式17】	発信者情報開示仮処分命令申立書	129
【書式18】	発信者情報開示請求訴訟訴状	132
【書式19】	架電禁止仮処分命令申立書（無言電話）	151
【書式20】	被害届（無言電話）	153
【書式21】	告訴状（無言電話）	154
【書式22】	反社会的勢力対象者照会依頼書例	163
【書式23】	反社会的勢力調査チェックリスト	177
【書式24】	会場使用契約解除通知書	203
【書式25】	賃貸借契約解除通知書	204
【書式26】	占有移転禁止仮処分命令申立書	205

収録書式一覧表

【書式27】「○○年鑑」（反社会的勢力関係団体発行）

購入断り文例……………………………………………… 213

【書式28】交通事故による損害賠償の示談書（合意書）例……… 225

【書式29】債務不存在確認請求訴訟訴状（売買契約）…………… 230

【書式30】契約申込みを拒絶する際の通知書例………………… 246

【書式31】不動産流通４団体のモデル暴排条項例

（賃貸借契約）……………………………………… 247

【書式32】不動産協会のモデル暴排条項例（賃貸借契約）……… 248

【書式33】公営住宅条例の暴排条項例（東京都営住宅条例）…… 249

【書式34】街宣等禁止仮処分命令申立書………………………… 258

【書式35】債務不存在確認請求訴訟訴状（労働契約）…………… 263

【書式36】被害届例（威力業務妨害等）………………………… 265

【書式37】架電等禁止仮処分命令申立書………………………… 272

14

第1部

総論編〔基礎知識〕

第1部 総論編〔基礎知識〕

1 社会の中での企業のあり方

　企業は、大企業から中小零細企業に至るまで、個人の力を超えて豊富な資金を集め、これを原動力として多彩な経済活動を展開する組織体である。こうした活動を通じて、企業は会社内の役員、従業員はもちろんのこと、取引先、自治体、国家などさまざまな分野で影響力をもつ存在である。

　このように、個人に比べてはるかに大きな経済力をもち、社会に与える影響力も大きい存在たる企業は、単に経済的分野ばかりではなく、それを超えて社会の範たる存在たるべきである。とりわけ、超一流企業とよばれる企業においては一層そうあるべきである。

2 企業と反社勢力リスク、悪質クレーマーリスク

　企業が抱えるさまざまなリスクの1つとして、反社勢力リスク、悪質クレーマーリスクがある。これらのリスクも、適切に対応しないならば企業の発展を阻害し、場合によっては企業の存続さえ危ぶまれる事態となりかねない。

　本書では、こうしたリスクの典型的な事例を例にとりながら、リスクへの対処法を論じている。反社勢力リスク、悪質クレーマーリスクは、反社勢力、悪質クレーマーによって、企業が、脅迫、恫喝、時として暴力などにより、執ように不正常な解決を迫られる場面に遭遇する。そのような、不正常な解決を求められることがリスクであるとともに、不正常な解決をしたことから

発生するリスクも含まれる。

　本書では、企業が、不正なことを容認する解決、わずらわしいものにフタをする解決をすることなく、毅然として正々堂々と戦うことでこうしたリスクを解消することを目指し、その戦い方いかんを論じている。

　反社勢力リスク、悪質クレーマーリスクと対処することは、企業が不正義には加担せず戦うという姿勢を形成するのに格好の場面であるともいえる。

3　企業を取り巻く最近の流れ

(1)　銀行、証券会社をめぐる不祥事

　企業は経済的分野ばかりでなく、それを超えて社会の範たるべきである、と思う。このことは、今では、企業人といわれる方々にも、ほとんど異論はないことと思う。しかし、日本に近代的な企業が誕生した時から、などという長い歴史を返りみるまでもなく、たかだかこの30年を振り返るだけでも、企業は決して社会の範たるべき存在であったとはいえない歴史がある。

　総会屋に大手都市銀行が巨額の融資をし、この総会屋に対して4大証券会社が利益供与をした、として銀行、証券会社のトップが金融関連事件として軒並み刑事責任を問われたのが1990年代である。また、大手都市銀行が銀行系の中堅商社に巨額の融資をしたものの、反社会的勢力に同社が食いものにされていたために融資の返済ができず、大きな社会問題となったのも同年代のことである。

(2)　暴力団が反社会的な団体であることの認識の国民的な形成とこれを契機とする反社勢力を拒絶する意識の形成

(ア)　暴力団対策法（暴対法）の施行

　平成4年3月1日より暴力団員による不当な行為の防止等に関する法律（以下、「暴力団対策法」または「暴対法」という）が施行された。この法律は、暴力団が一定の犯罪を犯した者を構成員の中に含む比率が、社会のその他の集団に比べて特段に高いことに注目し、指定暴力団、暴力的要求行為、中止命令など、暴力団の実態に基づいた新しい概念を用いつつ、暴力団を人、金、物の面から弱体化させ、これによって国民を暴力団から守ることを目指したユニークな立法である。この法律は、施行後、たびたび改正され、暴力団同

〔第1部〕 第1章 総論——企業のあり方が問われている

士の対立抗争の沈静化などに大きな力を発揮してきた。

そして、暴対法は、暴力団の活動を法律の規定によって制約する、という直接的な効果のほかに、暴力団を反社会的勢力であると決めつけることで企業を含めた社会と暴力団とのつながりを切断するという効果を生んだように思う。

(イ) 刑法246条2項詐欺による検挙

暴対法の施行より数年遅れて、不動産の賃貸借に関し、契約書に暴力団排除条項を挿入すること、そして暴力団員であることを隠して入居した暴力団員を刑法246条2項（詐欺利得罪）によって検挙する方法が始められた。これは、警視庁暴力団対策課長などを務めた山本祥博氏が考案した手法である。当初は半信半疑で用いられ始めたこの手法も、やがて検挙事案が重なるにつれて暴力団対策として有効な方法となり、暴力団員であることを隠してのゴルフ場の利用、預金口座の開設などに詐欺利得罪の成立を肯定する判例が相次いで出され、現在では有効な方法であるとして承認されている。

私人と私人との契約において暴力団員であると契約ができない、とか、暴力団員であることを隠して契約をした場合には詐欺利得罪に問われる、などという事態は、暴力団の反社会性を大きく浮き彫りにすることになった。

(ウ) 暴力団に利益を与えないようにすべきだ、との認識の形成

暴力団の反社会性が確認されると、暴力団員に資金を提供しないことを達成するためには暴力団と金銭的なつながりを有する可能性のある一定の団体・勢力を反社会的勢力としてとらえて、反社会的勢力にも資金や利益を与えないようにすべきだ、との考えが成り立つ（平成19年6月19日政府指針「企業が反社会的勢力による被害を防止するための指針」）。

暴力団を含む反社勢力には利益を与えないようにすべきだ、との意識が高まり全国の自治体で条例が施行された（平成22年4月から平成23年10月にかけて全国のすべての都道府県で暴力団排除条例（暴排条例）が施行された）。

また、私人間の契約においても、暴力団ばかりでなく暴力団を含む反社勢力を排除することのできる条項を契約書に明記することが広く行われるようになった。こうした暴排条項（反社条項）の有効性をめぐっては個々的に訴訟で争われることがある。最近では、保険会社の暴排条項の有効性を肯定す

る判例が出されている（広島高岡山支判平30・3・22）。

(3)　さらに進んで、企業が市民と手を携えて反社勢力を排除などして社会をリードするために勇気を発揮するべき時代へ

　暴排条例は、企業が反社勢力に対して利益供与することを禁止しているが、このことは、場合によっては、企業が1社のみまたは同じ業界団体に属する企業とだけ協力するのではなく、自治体、地域住民、マスコミ、警察、暴追センター、弁護士など社会の多くの分野の人々と協力してでも反社会的勢力との決別をすべきことを求めている。

　その一例として、みかじめ料の問題を考えてみる。暴力団が、一定の地域（縄張といわれる）で営業する飲食店や風俗店などに対し、営業することへの見返りとして要求する金品のことをみかじめ料という。みかじめ料の支払いは、明らかに暴排条例の利益供与の禁止に抵触する行為である。しかし、この行為は、暴排条例が施行されたからといって根絶されたとは考えられない。むしろ、暴排条例ができたというだけでは、依然として実態はあまり変わらないと推認されるような事実に接することが度々ある。みかじめ料は、比較的少額の金額を幅広い飲食店等の事業者から払わせるものである。もしこれに応じないならば暴力的制裁や嫌がらせがされるかもしれない、という恐怖感があるため、少額で、皆が払っているならば面倒なことのないよう、払ってしまえという心理が働くのであろう。

　みかじめ料の支払いを拒むには、業界の団体、警察、弁護士などが協力して「縁切り同盟」を結成し、皆で共同戦線を張って暴力団に抗していくことが有効であることが、高知県の例をはじめ各地で成果を上げつつある。

　みかじめ料は、盛り場において店舗を経営する個人やごく小さな企業の問題である。しかし、みかじめ料という性質ではないものの、会費、協賛金などとして支払わなくてもよい金を、みかじめ料を払うのと似たような心理が働く結果払ってしまうことは、大企業でもあるに相違ない。

　もし企業が社会の範たる存在になろうとするならば、こうした場面でも毅然として金を払わないという勇気をもつべきである。

〔第1部〕 第1章 総論——企業のあり方が問われている

4 企業の社会的責任と企業の内部体制

　企業の経営にあたって法令遵守（コンプライアンス）は当然のことであり、そのために反社勢力に対して利益供与をしたりこれを利用したりするなど暴対法、暴排条例の趣旨に反する行為を行うことは、今や厳に慎しまなければならない。そのための社内体制の構築が求められている。しかし、企業には、単に違法行為、不正行為に加担したりそれらの恩恵を受けてはならないといったレベルではなく、より高度の、社会をリードする存在としての自覚が求められる。

　企業においては社長（トップ）の力は強く、トップがどのような意識をもつかという点は極めて重要である。もし、今でも反社勢力とつながりを断ち切れないトップがいるとすれば、その意識改革が急務である。そのうえで、反社勢力に付け込まれないための社内体制の整備や、日頃からの役員、従業員に対する教育・研修が極めて重要である。

　企業には、豊富な資金、情報が集積されるし、すぐれた人材も集まる。このような組織体の力が十分に発揮されるよう企業のあり方を企業人といわれる方々が自ら考え、実践していただきたいと思う。

6

I 第2部第1章(悪質クレーマー)の補足解説

第 2 章

各論（第2部）への
アプローチ
──より理解を深めるための補足解説──

　本書の第2部の各論は、2章10項から成る。各項は、1名ないし2名の執筆者が原稿を執筆し、この原稿をすべての執筆者が一堂に会して十数回にわたり検討した。このため、最終的に原稿となったものは、当初の原稿とはガラリと変わったものもある。

　そうした中で、以下には、各項ごとに、私たち執筆者がどこを最も問題としたかについて述べることにする。

I　第2部第1章(悪質クレーマー)の補足解説

1　クレーマーからの電話を無断録音すること（第1章 1①）

　ここでは、電話での会話を相手方に無断で録音することの可否を論じている。特に相手方がクレーマーの場合はどうか。

　相手方の同意を得ないで電話の会話を無断録音することについては、①そのようにして得られた録音の内容が裁判で証拠となりうるのか、②無断で録音することが相手方のプライバシー権などに対する侵害にならないか、③個人情報保護法に違反することにはならないか、などの局面で論じられる。

　クレーマーからの電話を無断録音したものが、特別に違法性の大きい方法で録音がなされていない限り裁判の証拠として有効であることは、ほぼ争いがないであろう。では、無断録音がクレーマーのプライバシー権などを侵害

7

〔第1部〕　第2章　各論（第2部）へのアプローチ

するものとして許されないといえるかどうか。会社としては、クレーマーの
言い掛かりに対して正しく対処するため、クレーマーの言い分を正確に把握
する必要があり、場合によっては刑事告訴、民事訴訟を提起するため、会社
の営業活動の自由、人の組織体としての会社を守るために、録音がぜひとも
必要である。これに対してクレーマーのもつ録音されないことによる利益と
は、実質的には、自分の発言内容、語調、会話の時間などを録音によって収
録されてしまうことで、後日、別の主張ができなくなってしまう不利益から
免れることであると思われる。このようにして、度を超えたクレームから会
社を守ろうとする利益は、クレームを言う者の利益に優越されるべきである。
したがって、無断録音をしてもクレーマーのプライバシー権を侵害したこと
にはならない。

　また、個人情報保護法によると、電話の会話を録音するには、原則として
利用目的を公表しまたは本人に通知することが必要であるとされている。し
かし、クレーマーとの会話については、同法の適用除外事由に該当するもの
として、公表、通知は不要である。

　ただし、相手がクレーマーにあたるか否かによって扱いが異なる場合があ
るから、クレーマーにあたるとの判断は正しく行われる必要がある。

　電話の無断録音の可否については、とりわけプライバシー権および個人情
報保護法との関係で難しい判断をしなければならない場合がある。本書では、
執筆者全員が議論に参加して検討した。その結果、会社の権利こそが尊重さ
れるべきだ、と確認し、第1章1③のような記述になった。

　また、一般の顧客からのクレームを無断録音することの可否、限界につい
ても記述した。

2　クレーマーの自宅に行くべきか（第1章2⑧）

　2では、会社に対してありがちなクレームを8例取り上げた。このうちの
⑧は、「コンビニで販売した弁当を食べたところ急に吐き気がして気持が悪
く寝込んでいる、とりあえず自宅に謝罪に来い」というクレームを電話で受
けた社員が、顧客の自宅を訪問すべきかどうか、という問題を取り上げてい
る。

8

Ⅰ　第2部第1章（悪質クレーマー）の補足解説

　1つの立場は、できるだけ早くトラブルを解決する指向のもとに、顧客の話を頭から疑ってかかるよりも、まずは話を信用し、もしその話から当社の弁当が腐っていたなどの問題がある可能性が考えられる場合には、早急に自宅に行って謝罪をすることが紛争の拡大、長期化を防ぐ、との考え方によるものである。電話の相手の様子が異様でない限りは、まずかけつけて穏便に解決をする第1歩とする、との考えである。

　これに対して、万一の場合に備えて、くれぐれも警戒を怠らないように、用心を重ねながら対処しようという立場がある。事例のケースでは、電話の主が一体どのような人物かわからないし電話だけでは人相、風体もわからない。言われるまま自宅に行ったら、人相の悪い人間が同席していた、とか、当社の社員をビデオで撮影する、とか、相手の言うとおりにならない場合には長時間帰らせてもらえない、など、何があるのかわからないからくれぐれも用心すべきだ、との立場である。執筆者一同で議論をしたところ、各人の考え方は一様ではなく、重点が前者に傾く者と後者に傾く者とがあった。

　また、議論をしていくうちに、より具体的、詳細に事実を把握することが先決問題だ、となった。「弁当」にはどのような品が入っていたのか、魚、野菜などで日持ちのしないものが入っていたかどうかは当社側でもわかる。本当にこの弁当を食べて気分が悪くなったのか、一緒に食べた別のものが原因ではないか。この件を1人で担当すると、ついつい電話の主の勢いに押されて、相手が了解するような当面の解決を急ぐあまり冷静さを失うことはないか。相手の自宅に行く前に、電話で十分に事情を聞くべきだろう。そのためには、何人かで協議をし、問題点をすべて洗い出し、そのうえで相手に電話をして事実確認をすべきであろう。そのうえで自宅へ赴くならばくれぐれも注意を怠らないようにすべきだ、となる。

　自宅へ行く際に録音機を持参するか否か、という点については、場合によっては会話を隠しどりすべきかどうか、という問題とも遭遇する。この問題については、上記1も参考にしていただきたい。

9

〔第1部〕 第2章 各論（第2部）へのアプローチ

3 インターネットによる業務妨害（第1章3）

⑴ 基本的な考え方

インターネットが飛躍的に普及したことにより、これを悪用した業務妨害が目立つようになった。それは、インターネットの機能を悪用したものであるだけに、瞬時のうちに広汎な人々に悪質なデマ、表現が伝達され、また、匿名性ゆえに悪質なデマを流す者が誰なのか特定しづらく、現在発生する業務妨害の中でも重点的に解決策を検討すべき分野の1つとなっている。

本書では、インターネットによる業務妨害として3において、①ハッカーによる不正アクセス行為によってデータが流出した場合、②フィッシングサイトによるフィッシング詐欺被害、③インターネット上のクレームがきっかけとなってインターネット上で批判が炎上している場合、④匿名で虚偽の事実をインターネット上に書き込まれた場合、という、インターネットに関連してよく発生し、しかも解決の難しい事例を取り上げた。

インターネットによる被害を最小限にするためには、インターネットの技術的知識を備えたうえで、インターネットに詳しい弁護士にアドバイスを受けること、また場合によっては警察のサイバー犯罪相談窓口に相談することである。

⑵ 匿名性に対する対処

インターネット上で行われる悪質デマなどの書き込みは、匿名で行われることが多い。このような場合、民事訴訟、刑事告訴などを行うために発信者の住所・氏名を知る必要があり、そのためには3の③に記述されたような面倒な手続を経る必要がある。しかも、早期に手続をとらないとプロバイダの情報の保存期間を徒過してしまうことになる。

インターネットの匿名性は、発信者の表現の自由などを外部の圧力から守る作用をもつ一方、発信者の書き込みによって名誉などの権利を侵害された者の救済を困難にする作用もあり、対立する権利の保護をどのようにバランスよく図るかが問題となる。わが国が独裁政権によって社会・政治活動が強権的に行われているなど匿名でなければ発言できない事情があるならともかく、現状では匿名であることが、多くのインターネット被害を生みその救済

Ⅰ 第2部第1章(悪質クレーマー)の補足解説

を困難にしていることの弊害のほうが大きいと考えられる(『発信者情報開示の手引』(民事法研究会)が参考になる)。

したがって、権利救済の法的技術を多くの会社が習得することのほか、調和のとれた立法措置を早期に講じることが望まれる。

4　第三者を介在させるクレーム(第1章4)

(1)　問題の所在

顧客の中には、会社に対して監督権限をもつ官庁やメインバンクなど有力な取引先に対して会社の悪口を述べ、または事実とは異なることをことさらに訴えかけ、会社にとっては平穏な関係を維持したいとの気持を逆手にとって不当な金を払わせようと図る者がいる。4ではこうしたケースへの対応を述べるものである。

このような類型の中には、監督官庁やメインバンクに会社の悪口を言うにとどまらず、監督官庁、有力な取引先の役員宅を訪問するとか職員を威圧するなどして音を上げさせ、会社に対して「何とかせよ」と早期の解決を求めさせ、その結果、会社に解決金を支払わせようと企む悪どいケースもある。以下に述べる判例は、このような悪どいケースに対して会社(X社)が仮処分申立てによって対抗したものであり、本書の執筆陣の1人が会社の代理人を務めた。

(2)　事例の検討

①　X社(依頼者)は、A社から営業譲渡を受けた。その対価のうち最終残金1,000万円も約定どおり支払い終えた。ところが、Y(相手方)はA社代表者を脅し、A社からX社に対する1,000万円の支払請求権が未払いである旨の念書を書かせた。そのうえで、YはA社から、この債権に関し、代理受領権を与えられた旨の書面を作成させた。

X社がA社に最終代金を支払ずみであることは客観的な証拠からも明白である。

このように、債権がないことがはっきりしているにもかかわらず、Yは、X社に対して債権があるかのような外形を強引に整えた。

②⑦　Yは、予約もないまま突然にX社を訪れ、代表者に対して威力を

〔第1部〕　第2章　各論（第2部）へのアプローチ

加えながら、1,000万円を支払うように迫った。しかし、YがX社に来たのはこの1回だけであり、次に述べるように、X社の主要取引先Z社に対して執ような嫌がらせをし、Z社からX社へ圧力をかけさせる方法でX社から1,000万円を支払わせようとした。

㋑　X社は飲食店を3店舗経営していた。これら店舗は、いずれもZ社が所有するビルの一画を賃借するものである。これら店舗は、Z社が所有するビルを利用することに意味があるのであり、Z社との関係が悪くなるようであれば、X社の社業を左右することになりかねない関係にあった。

㋒　Yは、Z社の管理職員に対して内容証明郵便を差し出して、X社が善処するよう働きかけることを求めた。これが功を奏しないとみると、Z社に直接出向き、管理職員や役員に対して文書を手交した。さらにZ社の役員の自宅まで行き、家人に文書を手交した。

　　Yがこのように執ようにZ社に対して接触するため、Z社はX社に対し、問題を「解決」するよう求め、店舗賃貸借契約の解除までほのめかすようになった。

　上記事例において、X社が業務妨害禁止の仮処分申立てをするのと同時にZ社も同様の仮処分申立てをするならば、Yによる妨害行為は仮処分決定により封じられるであろう。しかし、Z社は、争いごとに関与するのを嫌い、自ら仮処分申立てをすることなく、そのうえでX社に対し「何とかせよ」と、暗に金銭を支払ってでもYとの争いを解決するよう求めてきた。X社の立場がこのような危険にさらされるケースでは、X社の平穏に営業活動を行う権利を直接、間接に侵害するおそれがあるとして仮処分決定が発令されることがある（危機管理研究会編『危機管理の法理と実務』276頁）。

5　会社に対する業務妨害（無言電話その他さまざまな方法による）（第1章5）

⑴　対応の基本とそのあり方

　本書では、会社に対するさまざまな方法による嫌がらせ、業務妨害に対抗するための対策を論じている。業務妨害の形態は、無言電話、大量のFAX、

執ようで長い電話、予約のない突然の来社、自分の主張を会社が認めるまで帰ろうとせず居座る、「社長を出せ」などと無理な要求を突き付ける、インターネットへの悪質な書き込みをする、などさまざまである。

そして動機についても、自分の要求を通そうとする、会社にダメージを与える、インターネットなどを利用して面白半分に妨害に参加するものなどさまざまである。

私たち本書の執筆陣のうち8名（ただし民事介入暴力対策委員会との重複あり）は、東京弁護士会の弁護士業務妨害対策特別委員会に所属しており、弁護士に対して事件の相手方などから業務妨害行為がなされた場合に、支援活動を行い成果を上げている。上述の、会社に対する業務妨害の多くのものは、弁護士に対して行われるものと同じ態様である。そこで、日頃、弁護士業務妨害の支援活動を行っている、いわば業務妨害対策のベテラン弁護士が無言電話（5）、インターネット（3）、クレーマー（2）などについて日頃からの経験を生かして執筆している。

業務妨害対策において最も重要なことは何か。

それは、業務妨害が行われても、業務妨害が行われない通常の状態におけるのと同様の結論で処理することである。業務妨害がなされた際、業務妨害から早く脱しようとして業務妨害者に特別なはからいをし、これによって会社の運営や取引が歪曲されるならば、それは会社にとっても社会にとっても好ましいことではない。弁護士の場合も同様であり、業務妨害が行われ、それと戦うことがわずらわしいから、こわいから、苦労をするから、などといって戦うことを避けるならば、その弁護士の業務が不正常な形となるばかりでなく、多くの弁護士によって支えられている日本の司法がゆがめられたものとなる。これは、社会にとって大きなマイナスである。

業務妨害に遭ってもそれがない状態と同様に処理することは、言葉を変えれば毅然として対処する、ということである。

(2) 対応への心構え

こうした心構えができた後に、さまざまな業務妨害に対し、どのように対応したら最も有効であるかを考えることになる。その際のスキルについては、5をはじめ関係する項で触れてある。概略を述べれば、次のとおりである。

〔第1部〕 第2章　各論（第2部）へのアプローチ

　第1に、クレームに直接対応する社員の心構えが適切なものであるための指導・教育したうえで、その社員を支える社内体制をしっかりと構築することである。このようにして、全社的に対応することが重要である。

　第2に、弁護士を大いに活用することである。クレーマーに対して内容証明郵便を発する場合でも、会社が差出人になる場合と弁護士が会社の代理人として差し出す場合とでは、効果が大きく異なることが多々ある。また、クレーマーに対する対応窓口を弁護士とすることで会社の負担が軽減されるとともに、無法、不当なクレームに対して強く対抗することができる。また、仮処分という一種の簡易迅速な裁判手続を用いることで、当初は手のつけようがないと思われていたクレーマーの言動が沈静化することが多くあり、クレーマー対策としては極めて有効な方法である。

　第3に、クレーマーが、住居侵入（不退去）、暴行、脅迫、名誉毀損など刑事事件を起こしまたは起こしそうな場合には、ためらうことなく警察に相談することである。また、上記の仮処分が裁判所から発令されたのにこれを無視し守ろうとしないクレーマーが万一いた場合には、仮処分違反が多くの場合刑事法に抵触することから直ちに警察に相談のうえ、告訴などを行うことも大切である。

　クレーマーと戦うことは、しばらくの間は会社として苦労しなければならない。しかし、そうした試練を経ることが会社を不正義に負けない強い意思をもった会社に成長できるチャンスであると前向きにとらえていただければ幸いである。

14

Ⅱ　第2部第2章（反社会的勢力）の補足解説

1　暴力団に金が流れないような社会をつくる

⑴　「反社会的勢力」、「暴力団関係者」の最近の動向

　暴力団のない社会をつくるためには、ヒト、カネ、モノの面から暴力団を封じていくことが必要である。このうち、カネの面について述べると、暴力団に金を渡さないことはもちろんのこと、暴力団の周辺にあって暴力団を支え、協力し、暴力団からの恩恵を受ける団体や人物に対しても金が渡らないようにする必要がある。

　近時、さまざまな取引において取引の相手方などが反社会的勢力である場合には契約を解除することができる旨の条項（暴排条項）を挿入した契約書が普及し、反社会的勢力が取引から排除されつつある。

　また、各都道府県で施行されている暴力団排除条例では、契約の相手方ばかりでなく代理人、媒介者が暴力団関係者であることが判明した場合には、契約を解除することができることを定めた契約書を用いるように努めるもの、とされている。このようにして、暴力団ばかりでなく、反社会的勢力、暴力団関係者をも契約関係から排除することで暴力団への資金の流入をさせないための努力がなされている。

　さらに、暴排条例では、暴力団員等に利益供与をすることが禁じられており、これに違反した場合には一定の制裁が課される可能性があることとされている。

⑵　契約解消への対応

　こうした規制をする場合に考えておかなければならない問題がいくつかある。そうした問題のうち1①〜④では、相手方が暴力団員や反社会的勢力に該当するか否かを、どのようにして会社が調査したらよいかについて述べた。1③の内容は、詳細にわたって調査方法について触れている。しかし、それでも、完全な調査ができるわけではないことを述べている。

　まず、暴力団員であるか否かの情報については警察が正確に把握している

〔第1部〕 第2章 各論（第2部）へのアプローチ

はずであるが、私人からの照会に対する警察からの回答は、相当に制約された範囲でなされるにとどまっている。また、反社会的勢力となると、警察からの情報提供は現在のところはほとんど期待できないうえ、反社会的勢力とされる暴力団関係企業、総会屋、社会運動標ぼうゴロ、特殊知能暴力集団に相手方が該当するのか否かの判断が時として容易ではない。こうなると、会社は、相当に疑わしいとは思いつつも確実とはいえない資料に基づいて相手の属性の有無を判断しなければならない場面もありうる。会社としては、既に契約関係にある相手方との契約解消の場面においては慎重に、これから契約関係に入ろうかという相手方との場面には、契約自由の原則によりつつ暴力団に資金を流さないという公益目的のためには断固たる信念をもって対処する必要がある。

(3) 暴力団からの離脱者の支援

離脱を偽装する場合と異なり、真面目な気持から暴力団からの離脱を考える元暴力団員がおり、こうした者が更生するために、いかに社会が支援していくか、現在、試行錯誤がなされている。1②に述べられているように、弁護士会、警察、暴追センターなどが協力し、一定期間の就労実績が認められた離脱者に対しては、預金口座開設や各種取引ができるように支援をしていく制度を作るべきではないか、との提案がなされている。このような動きは、まだ小さなものではあるが順調に発展することを願うものであり、元暴力団員であってもきちんと反省したうえで社会復帰を願うのであればこれを受け容れる、懐の深い社会でありたいものである。

2　暴力団関係者の株主からの排除

会社は、個人では集めることができないような巨額の資金を集めることができ、これによって社会的に大きな影響をもつ業務を多方面にわたって行う組織体である。したがって、反社会的勢力が株主として会社に入り込むことはぜひとも避けたいところである。2③では、こうした観点から、株主からの反社会的勢力の排除のための方法を述べている。

この中で、定款に暴排条項を導入することの是非については執筆者同士でさまざまな議論を展開した。

16

II　第2部第2章（反社会的勢力）の補足解説

　さまざまな契約書に暴排条項を盛り込み、相手方が反社会的勢力であった場合には契約を解除することができることが普及している。会社の定款にも、これにならって暴排条項を挿入することができないか。

　残念ながら、現状では、暴排条項を定款に入れたとしてもそれに違反した場合に反社会的勢力たる株主の地位を失わせたり、株主権行使を否定することはできない、と思われる。会社法では、株主平等の原則、株式譲渡自由の原則が大原則として定められており、株取引の安全が強く要請されている。

　一方、ある株主が反社会的勢力に該当するか否か画一的に決定することができない場合があり、また、そうした調査・判断に時間がかかるため、取引の迅速性、安全性を害する。会社法などの予定する株式の大量、迅速な取引を犠牲にしてまで、暴排条項にそうした効力をもたせると考えることはできないであろう。

　しかしながら、暴排条項を効力規定とせず、任意的記載事項にとどめるとしても、定款中に暴排条項を定めることは、会社が反社会的勢力と縁を切ることを宣言する意味では価値のあることである。それは、予防・牽制機能、コンプライアンス遵守の公示、反社会的勢力の排除のツールとしての意味であり2で述べるとおりである。

　会社、とりわけ公開会社の場合に反社会的勢力を株主にさせないためには、定款に暴排条項を置くことによるのではなく、証券取引のために必要な口座を開設させないことなどの方法によることが実際的である。

3　みかじめ料の支払いをしないために

　暴力団の縄張内で営業を営む者に対して、名目のいかんを問わず、その営業を営むことを容認する対価としての金品のことを、「みかじめ料」と呼ぶ。

　1店舗あたりのみかじめ料は比較的少額であっても、その支払いが長期にわたり、また縄張内の多数の店舗から広く収奪するものであるため、合計すれば多額となり、暴力団の安定的な収入源として極めて重要であるとされている。

　平成4年に施行された暴力団対策法では、指定暴力団等の暴力団員によるみかじめ料要求行為を禁止し、禁止違反に対しては中止命令を発出すること

17

〔第1部〕 第2章 各論（第2部）へのアプローチ

でみかじめ料要求を抑制しようとした（同法9条4号）。しかし、こうした規制にもかかわらず、実態としては、みかじめ料の支払いはなかなか減らない状態が続いたとされている。みかじめ料の支払いが依然として続く大きな理由は、支払いを拒否した場合の暴力団からの報復をおそれてのことであるといわれている。

ところで、平成22年から平成23年にかけて全都道府県で暴力団排除条例が施行され、暴力団に対する利益供与が禁じられると、みかじめ料を要求した暴力団員ばかりでなく、みかじめ料を支払った者に対しても、それが利益供与にあたる場合には勧告、公表などの措置をとることができることになった。

しかし、みかじめ料の支払いを拒否した者の身体の安全を図らないまま暴排条例で利益供与を禁止しても実効性が上がるとは思えない。

そうした中で、暴排条例施行前である平成19年12月に、高知県でみかじめ料などの支払いを拒否するための「縁切り同盟」が結成されたのを皮切りに、平成22年以後平成29年6月までに11の県で縁切り同盟が結成されている。この「縁切り同盟」は、全県で一律一斉に結成するのではなく、飲食店が密集する地区とか業種別とかに分かれ、業者、弁護士会、警察、暴追センターが協力して組織化される。業者がまとまり、弁護士が暴力団あてに今後みかじめ料を支払わない旨記載した文書を送付し、警察が身体の安全を図る、という三者が一体とした体制をとり、1人ひとりが独力で暴力団と対峙するのではなく、皆でまとまって戦うというこの方法により、暴力団の団体数、構成員数が減少するなど上々の効果があったとのことである。そして、「縁切り同盟」に参加する会員数を次第に増やし、これを結成する業者種類を拡大し、また、他県でもこれを見習うということで次第に成果を上げつつある。

今後は、東京など大都市でもこうした動きが進むことが期待される。

盛り場における高額請求（ぼったくり）の背後には暴力団がいるといわれる。現在、東京都新宿区歌舞伎町のぼったくり被害対策として、地元商店街、新宿区、東京弁護士会（民暴委員会）が協力し、弁護士による巡回見回りをして、ぼったくり対策に成果を上げている。

みかじめ料に関する「縁切り同盟」や盛り場におけるぼったくり対策など、被害者が1人で孤立するのではなく、業界の団体、弁護士、警察、暴追セン

18

ター、行政などの幅広い連携、協力があるならば、相当な成果を上げられることがわかってきた。こうした努力が各業界および各地で行われることが望まれる。

4　暴力団員への飲食料品の販売に問題はないか

全国の都道府県で制定、施行された暴力団排除条例には、事業者（会社）が暴力団員などに対して利益供与することを禁止することが定められるとともに、これに違反した場合には勧告、公表などの措置がとられることが規定されている。ここにいう「利益供与」とは、金品その他の財産上の利益を供与することをいい、事業者が商品を販売し暴力団員などがそれに見合った適正な料金を支払うような場合でも、これに該当することがあると解釈されている。これは、暴力団の運営の活動に資する利益供与を禁止することで暴力団の活動を押さえることを目的としている。しかし、これを実行しようとすると、場合によっては現場で混乱が生じることもある。

4①では、コンビニで日用品を販売するケースを取り上げている。

設問のケースは「暴力団員が昼食時にコンビニに弁当や飲み物を毎日のように買いに来る」ケースである。この中には、さまざまな事案が含まれる。買い物に来る暴力団員が、コンビニには暴力団員であるとわかっている場合とそうでない場合とがある。その暴力団員が、付近の自宅から買い物に来る場合と組事務所に常駐していて組事務所から来る場合とがある。組事務所から来る場合に、弁当を1個購入する場合と10個、20個と大量に購入する場合などある。さらには、組事務所から買いに来る時期にその暴力団が他の暴力団と対立抗争中であって組事務所が抗争の拠点となっている場合もある、などである。

暴排条例は、暴力団員が個人として食料を得ることにまでは関与しておらず、暴力団としての活動を助長したり暴力団の運営に資する行為を禁じているのであるが、上述のように具体的にケースを想定してみると、コンビニで暴力団員に弁当などを販売することが、あたかもコンビニが暴力団の兵站基地であるかのような場合もあり、こうした事態は暴排条例の趣旨から好ましいことではない。

〔第1部〕　第2章　各論（第2部）へのアプローチ

　では、コンビニとして、また、その店員として、どう対応すべきだろうか。

　対立抗争の拠点になっている組事務所から暴力団員が弁当を大量に買いに来たとしよう。コンビニの店員はその客が暴力団員であることを知っており、現在、抗争中であることは新聞などで知っている。この場合に、このコンビニ店員に対し暴排条例に沿い弁当の販売を断れる義務を課すのは全く現実的でない。コンビニ店員は、毎日、暴力団員と接するであろうし、そうした対応によって時には生命の危険にもさらされるのである。

　たとえば東京都暴排条例（巻末資料に収録）では、利益供与禁止規定につき「正当な理由がある場合」を規制から除外しているし、仮に、規制に触れるとしてもその後の立入り調査、勧告、公表などについても必須の措置とはされていないので、こうした規定を用いながら現実に対処するのも一方法ではある。

　しかし、これでは根本的な解決にはならない。コンビニ店員の生命、身体の安全やコンビニを経営する会社の営業活動の自由を守りながら、組事務所に詰める暴力団員が大量の弁当を買い求めに来ることを拒絶する（利益供与をしない）ためにはどうしたらよいか、正面から考え、工夫すべきである。みかじめ料の支払いを拒絶するための「縁切り同盟」などの動きが参考になるであろう。業界、暴追センター、弁護士、警察が、どのような協力体制を築いたらよいかである。

　たとえば、コンビニの加盟する協会で、暴力団への利益供与と考えられる一定の場合には加盟店は食料品を一律に販売しないこととし、暴力団員には販売しない場合があることのケースを特定的に明示したうえで一般に周知させ、特定の組事務所には弁護士名での通知をし、日本全国にそうした方法を広めるとともに店舗にも貼り紙をし、暴力団員にも、弁当の購入を断られる場合があることを認識させる。このように、多少時間はかかっても、社会に広く、暴力団への利益供与をしない空気を形作っていけば、目的は達成される可能性があるのではないだろうか。

　このように、暴力団がコンビニに弁当を買いに来るというような、見逃されてしまいがちなケースであっても、市民が本当に暴力団からの絶縁を望むのであれば、見て見ぬふりをすべきではない。

20

Ⅱ　第２部第２章（反社会的勢力）の補足解説

5　逃げ道がないときの最良の選択

　私たちは、日々、２つ以上の選択肢の中から１つを選択する場面に遭遇する。こうした場合、どの道を選んでもプラス（成功）となる場合やある道を選べばプラスになり他の道を選べばマイナス（失敗）になる場合には、選択は容易である。しかし、時として、どの道を選んでもマイナスにしかならない場面では選択は苦しく、間違いをすることがある。5では、このような局面で、どのような方針で選択したら最良の選択となるかを考えることにしている。

　5③は、クラブのママとの不倫関係をバラす旨威迫され、暗に金を要求されている、とのケースである。考えを練るために、よくありそうなケースを想定してみたものである。

　不倫をバラされたくなければ金を払わなければならない、しかし、一度金を払えば次から次へと要求が拡大する可能性がある。そうさせないためには金を払わない、しかしそれでは不倫がバラされてしまう。どちらの道を選ぶにしても不安を抱えており、苦しい場面である。

　こうしたケースでは、人は往々にして目の前にある安易な道を選びがちである。すなわち、金を払ってでも不倫をバラさないように交渉しよう、という道である。この場面、暗に金を要求している男の素性はわからないし、この男がどのような思惑をもっているのかもわからない。また、その背後にどのような人がいるのかもわからない。しかし、この男と会ってみたところ、一見紳士風であり、お金の支払いは今回限りでよく、これでおしまいにしましょう、とやさしく言われたりすると、それまでに抱いていたこの男に対する疑惑が小さくしぼんでしまう、などということになりがちである。しかし、金を払ったあと、あなたのことを狙いやすいとみた男が前言を翻してさらに金を要求してくることもあるし、この男の知人がこの男の情報をもとに何食わぬ顔で金の要求をしてくることもある、さらには会社にかけ合ってくることもある。

　逆に、金を払わないことにした結果、不倫が会社にバレ、妻にもバレてしまい、会社での地位を失い家庭も崩壊してしまう、ということもありうる。

21

〔第1部〕 第2章 各論（第2部）へのアプローチ

　男から電話がきた時点では、どちらの方向を選択したら一体どのようになるのか予測もできず、最悪の場合を想定したら、どちらの道を選んでも暗たんたる結果が待っているように思えてしまい、大いに迷い、それなら金を払って解決するという、手軽なほうへ行ってしまえ、という判断もありうるであろう。

　5で記述したような、毅然とした態度を取る、という方法は一見正しそうには見えるものの、そのような正論だけでは対処できないこともあるのだ、と考えてしまう。

　私たちが本書で述べたかったのは、不当要求を許さない、という、いわば社会的な道理をあなたの個人的な利益に優先させよう、などということではない。追いつめられたときには、人間は往々にして、冷静な立場にある周囲の人の忠告も聞かずに、手っ取り早く楽になる道を選びがちである。そのことがワナを小さく見てしまう原因にもなること、社会的に非難される道を選びそのことが失敗に終わった場合には取り返しがつかない破目に陥ってしまうこと、そして、何より私たち弁護士は、安易な解決を求めた人が結果として思わぬダメージを受け、こんなことなら友人にアドバイスされたもう1つの道を選べばよかったと後悔する姿をしばしば見ていること、こうしたことを本書で、どうしても述べたかったのである。

22

第2部

具体的トラブル事例とその対応

第2部　具体的トラブル事例とその対応

〔第2部〕 第1章 悪質クレーマーとのトラブルとその対応

第1章
悪質クレーマーとのトラブルとその対応

1　商品クレームへの対応

①　商品に対するクレームがあった場合の社内対応のあり方はどうあるべきか

事例　当社製造の商品を買ったお客様から、「お宅は客に欠陥商品を買わせるのか。最近、お宅の商品を買ったが、すぐ故障して使えなくなった。新品の物と交換しろ」との電話がありました。ドスのきいた声で迫力のある言い方だったのでインターネットで調べてみたら、ある暴力団の組長と同姓同名でした。どのような点に注意して、対応すればよいでしょうか。

【ポイント】
1　商品自体に欠陥があり、正当クレームであった場合には、保証期間内であれば、たとえ当該顧客が暴力団員等の反社会的勢力の者であっても、欠陥の状況により無償で修理したり、欠陥のない商品と交換すべきである。

2 商品自体に欠陥がない場合には、不当クレームと言わざるを得ず、当
該顧客の要求に応ずるべきではない。

解　説　　1　正当クレームと不当クレームとの判別および対応

(1)　正当クレームと不当クレーム

正当クレームは商品やサービスにつき企業側に問題があることを前提とした正当な要求であり、不当クレームは要求内容が不当なもの、あるいは要求方法が不当なものである。正当クレームに対しては、顧客等の属性（反社会的勢力等）に関係なく、適正に対応すべきである。

(2)　正当クレームへの対応

正当クレームは、これに応じることは法的にも社会生活上も当然のことであるばかりでなく、製品や技術を向上させるきっかけになるものであるから、企業としては真摯に受け止めて、品質やサービスの向上に役立てるべきである。

逆に正当クレームを真摯に受け止めず、対応を誤れば、インターネット上に書き込まれたり、訴訟問題になったりして、イメージダウンになり、企業の命取りになりかねない。

(3)　不当クレームへの対応

これに対し不当クレームに対しては、その要求を直ちに受け入れるべきではない。

ただ、正当クレームと不当クレームの判別は、容易でない場合もある。一部正当な理由はあるが要求が過大である場合とか、悪意がない等の不当クレームは、丁寧かつ慎重な対応が必要である。また、対応の仕方も、不当クレームを述べてきた顧客等が、常習的なクレーマーか、一回限りのクレーマーか等も考慮すべきである。くれぐれも当該企業の顧客を敵対者に変貌させないよう、十分な注意が必要である。

そのためには、まずクレームを述べてきた顧客等の言い分をよく聞くべきである。そのうえで顧客等の主張する事実関係を確認し、調査するようにす

〔第2部〕 第1章 悪質クレーマーとのトラブルとその対応

べきである。

2 クレームが正当か否かの調査

商品に欠陥があるとのクレームを受けたときにまずすべきことは、顧客からその商品を受け取り、検査することである。

クレームを受けた部署は、品質保証部門や工場に速やかに連絡を取り、商品に欠陥がないか、通常の使い方をしていて生ずる故障か等を迅速に検査すべきである。

そして顧客に対しては、商品を受け取る際に、いつまでに検査の結果を報告するのかを伝えておく必要がある。

3 顧客情報およびクレーム情報の管理

(1) 顧客情報の管理

購入された商品については、購入者情報（名前・住所等）、購入時期、商品名・型番等を登録するなどして、顧客情報を管理しておくことが望ましい。このような顧客情報があると、商品の使用期間、過去の修理経歴等がわかるので、検査およびクレーム対応の際に有益である。

なお、多くの企業は個人情報の保護に関する法律（以下、「個人情報保護法」という）の適用対象である「個人情報取扱事業者」に該当すると思われるところ、上記顧客情報は特定の個人を識別できる内容が含まれているので、個人情報保護法にいう「個人情報」に該当する。そのため、当該企業が上記顧客情報を取得する場合は、留意する必要がある。

個人情報保護法によれば、個人情報取扱事業者が、申込書・契約書、アンケート用紙、懸賞応募はがき等による記載や自社のホームページの入力画面への打ち込み等により、直接本人から個人情報を取得する場合には、あらかじめ本人に対し、その利用目的を明示しなければならないとされている（個人情報保護法18条2項）。また、個人情報取扱事業者が、上記のような本人からの直接取得以外の方法により個人情報を取得した場合には、原則として、取得後速やかに、本人に対して利用目的を通知または公表しなければならないとされている（同条1項）が、例外がある（同条4項）。

26

さらに個人情報取扱業者は、その取り扱う個人データ（個人情報データベース等を構成する個人情報）の漏えい、滅失または毀損の防止その他個人データの安全管理のため、必要かつ適切な措置を講じなければならないとされている（個人情報保護法20条）。

(2) クレーム情報の管理

クレームを述べてきた顧客等との交渉経過を、時系列的に記載した報告書（【書式1】）を作成しておくべきである。このようなクレーム情報は、正当なクレームであってもクレームへの対応が終了するまでの一定期間保管しておくとともに、不当クレームである場合には今後の当該顧客への対応の参考資料として相当の期間情報を保管しておくべきである。

また、個人情報を削除したうえでクレーム情報を保存しておくと、品質改善やサービス向上に役立たせることができ、クレーム処理の先例としてクレーム対応にも利用できる。

なお、通話録音による個人情報の取得については、本項④を参照されたい。

4 社内体制の構築および警察との連携

(1) 苦情相談窓口の設置

クレーム対応窓口が決まっていないと、クレームを述べてきた顧客がたらい回しになったり、対応がまちまちになったりして、さらに状況が悪化するおそれがある。そのようなことを防止するためには、苦情相談窓口を設置することが有効である。苦情相談窓口を設置することにより、情報を集約化できるし、統一的な対応が可能となる。

上記のとおりクレーム情報は社内で共有するとともに、苦情相談窓口以外はクレーム対応をしないというルールを確立しておくことが望ましい。

苦情相談窓口の人員は、危険分散のため、また、窓口相談員のストレス過重を避けるため、複数が望ましい。面倒なクレーマーや慎重に対応すべきクレーム等、クレーム内容によっては、当初から複数でクレーム対応すべきである。

(2) 品質保証部門・工場との連携

商品に欠陥があるとのクレームを受けたときは、品質保証部門や工場に検

〔第2部〕 第1章 悪質クレーマーとのトラブルとその対応

査してもらう必要がある。そのためクレームがあったときは迅速に連携できるよう、苦情相談窓口と品質保証部門・工場とは普段からコミュニケーションをとっておくべきである。

特に顧客に対し、商品について詳細な説明をする必要がある場合には、品質保証部門担当者や技術者を同行すべきである。

(3) 法務部・顧問弁護士との連携

クレームによっては、調査および事実関係を確認して、法的責任の有無を判定し、法的責任がある場合には損害賠償の支払いなど適正な対応をすべきであるし、法的責任がないと判断した場合には、法的根拠を明らかにして、顧客等の要求を拒否する必要がある。

法的対応まで苦情相談窓口の相談員にすべて任せることは適切ではない。法的対応を適正に行うためには、法務部や顧問弁護士に早い段階から相談し引き継いでもらう体制を構築しておくべきである。

(4) 警察相談・110番通報

普段から最寄りの警察署や交番の連絡先を目につく場所に掲示しておくべきである。

クレームを述べてきた顧客等が来社して暴力を振るう危険があると察知される場合には、事前に警察署に相談しておくべきである。事前相談の場合には、事案の内容・顧客等の言動について記載した書面を用意し、それに沿った形で簡潔に状況の説明をするのが効率的である。

このような事前相談により不安もある程度解消するし、仮に暴力行為が行われた場合にも、110番通報後の警察官の迅速な臨場により被害を最小限に食い止めることができるようになる。

クレームを述べてきた顧客等が、実際に暴行、脅迫、恐喝等の違法行為を行った場合には、迷わず110番通報すべきである。

5 本事例の検討

販売店で購入した電気製品などには、メーカーが保証期間内に通常の使用による故障や不良に対して無償で修理や交換に応じる旨の保証書が添付されていることがある（保証責任）。本事例では、このような保証責任があるも

のとして検討する。

　顧客から商品を受け取り調査した結果、商品自体に欠陥があり、正当クレームであった場合には、保証期間内であれば、たとえ当該顧客が暴力団員等の反社会的勢力の者であっても、欠陥の状況により無償で修理するか、欠陥のない商品と交換すべきである。

　これとは逆に通常の使い方をしていれば生ずるはずのない故障とか、商品名や型番等からして購入してから相当期間が経っているなど、商品自体に欠陥がないとの検査結果が出た場合には、不当クレームと言わざるを得ず、当該顧客の要求に応ずるべきではない。また、要求方法が不当であるという意味での不当クレームに対しては、商品の欠陥があった場合に修理、交換に応じるのはよいとして、他の顧客との公平性を害するような不当な要求（たとえば、自分の商品の修理を他の顧客の商品の修理に優先せよ、など）に応じる必要はない。

●弁護士からのアドバイス●

　正当クレームか不当クレームかによってクレーム対応は異なってくる。正当クレームと不当クレームの判別をするためには、まずクレームを述べてきた顧客等の言い分をよく聴き、事実関係を確認し、社内で十分調査すべきである。この手間を省いて軽率に対応しないことが重要である。

29

〔第2部〕 第1章 悪質クレーマーとのトラブルとその対応

【書式1】 クレーム対応報告書（社内用）

クレーム受付年月日	年　月　日　時　分～　時　分
受付担当者	（部署）　　　　（氏名）
応対方法	□来訪　　□電話　　□その他（　　　　　　　）
応対場所	
連絡人の氏名・住所等	氏名　　　　　　　　　　　　　（男・女）
	住所
	連絡先（自宅・勤務先・携帯）
クレームのタイプ	□正当クレーム　□不当クレーム　□その他
クレーム内容	
交渉経過(時系列に記載) 　年 　月　日 　時　分～　時　分 　月　日 　時　分～　時　分 　　　　・ 　　　　・ 　　　　・ 　年 　月　日 　時　分～　時　分 　月　日 　時　分～　時　分 　　　　・ 　　　　・ 　　　　・	

30

1 商品クレームへの対応 ②

② 商品事故と損害賠償・謝罪文要求への対応はどうあるべきか

> **事 例** 当社製造の電気ヒゲ剃り機を買ったお客様から、「お宅の商品を使っていたら、けがをした。損害賠償として5000万円支払え。謝罪文も書け」との電話がありました。どのように対応すべきでしょうか。

【ポイント】

1　顧客に、5000万円の根拠を聞いておくことが、まず必要である。そのうえで、ヒゲ剃り機に欠陥があるのか否か、欠陥があったとしてその欠陥によってけがが生じたものか否か、さらにけがに直接起因する損害を超えた損害まで賠償すべきか否か、について検討することになる。それにしても、電気ヒゲ剃り機によるけがとして5000万円もの請求がなされたとなると、過大請求である可能性が大きい。そこで、損害額の算定にあたっては、くれぐれも慎重に検討すべきである。

2　謝罪文を交付することを一般的に否定するわけではないが、本事例のような過大請求の場合は、くれぐれも慎重に対処すべきである。

解 説

1　過大請求への対応は慎重に

当該商品に欠陥があり、そのためにこの商品を使用した顧客がヒゲ剃りをした際にけがをした場合には、けがによる損害についてはこれに相応な金額の賠償をすべきである。

しかし本事例は、顧客からの損害賠償請求額が5000万円という、一見して過大と思われる金額の要求がなされているケースである。このような要求がなされていても、顧客が実際に被った損害があるならば、その限度で賠償するなどの対応をとるべきである。しかし過大な請求が疑われる顧客であるだけに、揚げ足をとられないよう、くれぐれも細心の注意を払うべきである。

31

〔第2部〕　第1章　悪質クレーマーとのトラブルとその対応

2　交渉の姿勢、社内体制

　当該企業において対応の窓口となる社員の言葉づかい、応接の態度など、この顧客に付け入る隙を与えないよう、注意を払うべきである。また社内においても、この顧客と直接対応する社員とのコミュニケーションを密にし、十分にサポートする体制を整えるべきである。

3　顧客の要求への対応

(1)　損害賠償請求への対応

(A)　商品の検査

　まず、「けがによって被った損害を賠償せよ」との請求に対しては、その商品を受け取ったうえで欠陥があるか否かを検査することが必要である。

　この場合、社内での検査の前提として、顧客が商品を使用したときと、社内で商品を検査する際の商品の具合が一致している必要があるので、顧客から商品を預かる際の商品の具合を顧客とともに確認しながら、写真・ビデオなどで収録しておき、後日、この点についての争いの余地を生じないようにする工夫が必要である。

　また顧客が、どのようにしてこの商品を使用したのかという事実を、商品を預かる際に聴き取っておく必要がある。その際、無理な方法で使用していないか、商品の本来の使用方法を逸脱した方法で使用していないか、などの点も含めて詳細な事実聴取をしたうえで、聴取書を作成し、できれば顧客にも署名してもらい、この点についても争いの余地をなくしておく必要がある。

(B)　被害状況の調査

　けがについては医師の診断書を顧客に求めることとし、その診断書に診察時の傷の状況を詳しく記載してもらうよう求めておくとよいであろう。

　さらに損害額が5000万円になることの理由を、商品を預かる時などの早い段階で聴き取っておく必要がある。「重要な取引のある日の朝、ヒゲ剃りの際にけがをして取引に出席できなかった。そのために取引の機会を失って5000万円近い損害を被ってしまった」というのであれば、後日、別の口実が述べられることのないよう、取引に出席できないほどのけがであったのかど

32

うか、取引の当事者、顧客の役割、その内容、その日でなければならない理由、その顧客に代わる人の出席では取引ができない理由など、詳しく聞いておくべきである。

(C) 検討および対応

このようにして、いったん顧客から商品を預かったうえで社内で検査し、その結果、欠陥が発見され、この欠陥によって診断書記載の傷が生じたものと確認できたならば、その傷に応じた損害賠償をすることになる。一方、けがを直接の原因としない損害（5000万円近い損害）について、事実関係が不明確であるか、相当因果関係があるかどうか疑わしいような場合には、この損害については、支払うことができない旨を顧客に伝える。

そのうえで、顧客が譲歩し、本件事故に関する損害はけがを直接の原因とする範囲の金額を賠償することでよい、ということになれば、示談を進めることになる。これに対し、顧客があくまで5000万円を求めるのであれば、示談をすることはできないから、当該企業としては弁護士と相談し、けがを直接の原因とする損害を超える損害については当該企業に責任がない、との趣旨の債務不存在確認の訴え提起を検討すべきである。

ちなみに相当因果関係にある損害とは、当該欠陥があれば通常発生するものと考えられる範囲の損害である（民法416条1項）。特別の事情によって生じた損害（特別損害）については、当事者（企業）が特別の事情を予見し、または予見することができたときに限り、賠償を請求することができるとされている（同条2項）。

(2) 謝罪文の要求への対応

当該企業に非がある場合、謝罪文を顧客に渡すことで示談交渉が進むことが期待できるのであれば、事実に基づいた範囲での謝罪文（【書式2】）を出してもよい。ただし、後日、これを公表（マスコミ、インターネット等）されるおそれがないでもないので、謝罪文の文言については一言一句にまで細心の注意を払うべきであり、顧客が求める文言どおりの文書を安易に渡すべきではない。特に本事例のような過大請求が疑われる場合には、くれぐれも慎重に対処すべきである。

〔第2部〕 第1章 悪質クレーマーとのトラブルとその対応

●弁護士からのアドバイス●

　損害賠償請求に対しては、商品に欠陥があったのか、その欠陥によっててけがをしたのか、けがによって顧客に対して身体傷害を超えた損害を発生させたのか、顧客から資料を提供してもらい慎重に検討しなければならない。また、謝罪文については、仮にこれを交付するにしても、実際の被害の状況に基づき、何について謝罪しているのか明確にした文言のものとすべきである。

【書式2】 謝罪文例（お客様の求めに応じて出す場合）

平成○○年○月○日

○○　○○殿

○○○○株式会社
○○部○○課
担当＝○○　○○

謝　罪　文

拝啓　時下ますますご清祥のこととお慶び申し上げます。平素は格別のご愛顧を賜り、厚くお礼申し上げます。

　さて、去る○月○日、○○××様から当社製品をご使用中にお怪我をされたとのご連絡をいただきました。そこで、ご使用の当社製品を検査いたしましたところ、故障と思われる個所が発見されました。

　そこで、現在、今後のことにつき検討しており、なお若干のお時間を頂戴いたしたく存じますが、ご使用の当社製品に故障がございましたことに関しましては、深くお詫び申し上げます。

　略儀ではありますが、書面にてお詫びと再度のご連絡のご案内を申し上げます。

　時節柄、どうかご自愛ください。

敬具

3 商品に対するクレームをもつ顧客が突然本社へやってきた場合の対応はどうあるべきか

事 例　　当社製造の商品を買ったお客様から当社の苦情相談窓口に、「購入後すぐ壊れた。欠陥商品だから、新品と交換してほしい」との電話を受けたので、検査のためその商品を受け取り検査していたところ、あらかじめ通知していた検査期間中に、そのお客様が、突然本社まで来て、「責任者を出せ。早く新品と交換しろ。わざわざ会社まで来たのだから交通費も支払え」などと言っています。どのように対応すべきでしょうか。

【ポイント】

1　当該顧客に対しては、「現在、苦情相談窓口で対応していますので、そちらにご連絡ください」と伝えて、本社では当該顧客の要求には応じるべきではない。

2　交通費の要求に応ずる義務はなく、支払う必要はない。。

解 説　　**1　突然の来訪に対して**

(1) 苦情相談窓口対応の徹底

本事例は、すでに苦情相談窓口で対応しており、顧客に対しあらかじめ検査期間も明示している。その期間中にもかかわらず、当該顧客は、突然本社に来訪してクレームを述べているケースである。

このようなケースでは、会社側の対応が不統一にならないように、苦情相談窓口以外は一切応対すべきではない。

当該顧客に対しては、「現在、苦情相談窓口で対応していますので、そちらにご連絡ください」と伝えて、本社では当該顧客の要求には応じるべきではない。それでも当該顧客が本社から退去しない場合の対応については、本章①4(4)を参照されたい。

35

〔第2部〕 第1章 悪質クレーマーとのトラブルとその対応

(2) クレーム情報の社内共有とルールの確立

このような対応を可能とするためにも、クレーム情報を社内で共有するとともに、苦情相談窓口以外はクレーム対応をしないというルールを確立しておくことが必要である。

2 交通費の要求に対して

(1) 本事例の対応

本事例は、当該企業が顧客からの苦情に基づいて、販売した商品をいったん預かり、検査をしている最中に顧客が来社したケースである。当該企業は、あらかじめ検査に要する期間を告げており、顧客もこれを了解していたと思われるにもかかわらず、当該企業に予告もなく来社したのである。このような場合には、法的にはもちろんのこと、道義上も交通費を支払う必要はない。

(2) 顧客への連絡が不十分な場合の対応

これに対し、本事例とは異なるが、会社が検査のために商品を預かりながら、約束の期間に検査をせず、その後も顧客への連絡をしなかったために憤慨した顧客が会社に連絡することなく来社した場合は問題がある。

たとえば、会社と顧客とが期限を設定し、そのときまでに必ず検査をすることを会社が約束したことにより、欠陥商品への対応とは別に会社が商品の検査をすることが顧客に対する1つの独立した債務にまでなったといえる状況にもかかわらず、会社が約束の期限までに検査をせず必要な連絡もしなかったために憤慨した顧客が連絡なく来社したような場合には、交通費の全額または一部を会社が負担すべき義務が生じる場合もあろう。

顧客に販売した商品に欠陥があってもなくても、クレームに対しては誠実に対処すべきである。

36

●弁護士からのアドバイス●

　クレーム情報を社内で共有するとともに、苦情相談窓口以外はクレーム対応をしないというルールを確立しておくべきである。それとともに顧客からのクレームに対しては商品に欠陥がある場合はもちろんのこと、欠陥がない場合であっても会社としては誠実に対応すべきである。

〔第2部〕 第1章 悪質クレーマーとのトラブルとその対応

4 電話による商品に対するクレームの内容を録音する場合の対応はどうあるべきか

事 例 お客様から商品クレームの電話があった場合に、お客様との会話を無断で録音しても法律上問題はありませんか。また、録音するにあたり、どのような点に注意すべきでしょうか。

【ポイント】

1 顧客の会話を録音するについては、まずは顧客の同意を得ることができる場合は同意をえたうえで録音すべきである。

2 しかし、同意をえられそうにないか、同意をえることがためらわれる場合には、個人情報保護法に反しないよう、また、プライバシー権の侵害にならないよう留意すべきである。

解 説 ## 1 電話録音等の有用性と問題点

顧客のクレームへの対応において、後日、顧客との間で「言った言わない」のトラブルになったり、顧客の言動が脅迫罪・強要罪・恐喝罪等にあたるとして刑事告訴や民事訴訟に発展する場合もありうる。そのような場合に備えて、顧客との会話を録音しておくと、その録音データを証拠として利用することができる。

ただし、顧客の同意や事前の通知なく顧客等との通話を録音した場合（無断録音）には、①無断録音は個人情報保護法に違反するか、②そのような無断録音は顧客等のプライバシー権侵害として違法となるか、③無断録音データに証拠能力は認められるか、ということが問題となる。以下、順次検討する。

38

2 無断録音と個人情報保護法との関係

⑴ 無断録音は個人情報保護法に違反するか

通話内容を録音したデータの中に氏名や顧客番号など特定の個人を識別できる内容が含まれていれば、個人情報保護法にいう「個人情報」に該当する。では、企業が顧客の同意や事前の通知なく顧客との通話を録音すること（無断録音）は個人情報保護法に違反するか。多くの企業は、個人情報保護法の適用対象である「個人情報取扱事業者」に該当すると思われるので問題となる。

個人情報保護法は、利用目的を通知・公表する義務は定めているものの、書面により直接取得する場合以外は事後的な通知でもよいとされており（同法18条1項・2項）、同意を得て取得する義務までは定めていない。このことからすれば、無断録音をしても、録音した時点では録音が個人情報保護法に違反することにはならない。

ただし、個人情報保護法によれば、「個人情報」に該当する顧客との通話内容を録音した場合は、「あらかじめその利用目的を公表している場合を除き、速やかに、その利用目的を、本人に通知し、又は公表しなければならない」とされている（同法18条1項）。したがって、企業がホームページや電話の自動音声などであらかじめその利用目的を公表していない場合には、無断録音後、速やかにその利用目的を当該顧客等に通知するか、または公表しなければならない。

もっとも、個人情報保護法18条4項の適用除外事由に該当する場合には、上記「公表」も「通知」も不要である。そこで顧客等との通話録音が、上記適用除外事由に該当する場合があるか、以下、検討する。

⑵ 適用除外事由

⒜ 悪質クレーマーとの通話の無断録音の場合

個人情報保護法18条4項2号の「利用目的を本人に通知し、又は公表することにより当該個人情報取扱事業者の権利又は正当な利益を害するおそれがある場合」とは、通知等によって、暴力団等の反社会的勢力情報、疑わしい取引の届出の対象情報、業務妨害行為を行う悪質者情報等を本人または他の

〔第2部〕 第1章 悪質クレーマーとのトラブルとその対応

事業者から取得したことが明らかになることにより、当該情報を取得した企業に害が及ぶ場合とされている。

　悪質なクレーマーとの通話を録音した場合は、上記のうちの「通知等によって、業務妨害行為を行う悪質者情報等を本人から取得したことが明らかになることにより、当該情報を取得した企業に害が及ぶ場合」に該当すると思われる。したがって、この場合は上記「公表」も「通知」も不要であると考える。

(B) 一般の顧客との通話の無断録音の場合

　顧客との通話を録音することは、「取得状況からみて利用目的が明らかであると認められる場合」（個人情報保護法18条4項4号）といえるか。

　企業の顧客との通話録音は、顧客から寄せられたクレームを、企業が正確に把握するため（メモ代わり）に行われるという目的がある。そして何のために顧客からのクレームを正確に把握する必要があるかといえば、それは顧客からのクレームに適切に対応するためである。

　クレームを述べる顧客としても、自己のクレーム内容を正確に把握してもらわなければ、クレームを述べた意味がない。

　したがって、一般の顧客からのクレームを無断で録音したとしても個人情報保護法に抵触することにはならないと考えられる。ただし、後日、この録音をめぐって個人情報保護法の問題が生じないようにするため、社内において、録音はクレーム対応部署の従業員がクレームを正確に把握するために行うものであること、この録音はクレームをめぐる対応の仕方を社内で協議するためにのみ使用するものであること、クレームの処理が終了したのちは録音データを廃棄すること、などを内規（【書式3】）で取り決めておくとよい。

(C) まとめ

　このように、悪質なクレーマーばかりでなく、一般の顧客からのクレームの通話を録音する際は、個人情報保護法上の「公表」や「通知」をしなくてもよいと考える。したがって、はじめは一般の顧客として対応していたところ、途中から悪質なクレーマーに変わってしまったような顧客の通話も、はじめの録音部分を含めて顧客に断ることなしに録音しても個人情報保護法には抵触しないことになる。

40

なお、本書は、上記の場合に個人情報保護法上の「公表」や「通知」をしなくてもよいという立場であって、「公表」や「通知」をすべきではないというものではない。それゆえ、各企業が、クレーム対応を含めた顧客等からの通話録音すべてについて個人情報保護法上の「公表」や「通知」をすることを各企業の判断として行うことは個人情報保護法に関しては全く差し支えない。

3 無断録音の適法性──プライバシー権との関係

(1) 無断録音とプライバシー権

顧客からクレームの電話があったときに、企業が顧客との通話を無断で録音すること（無断録音）が、プライバシー権侵害として違法となるか問題となる。

プライバシー権の意味については、みだりに私生活（私的生活領域）に侵入されない権利とか、自己に関する情報をコントロールする権利などの見解が有力である。

たとえば、収入、病歴、学歴、職歴、家族構成、住居、個人の容ぼう、指紋、声紋など、プライバシー権の保護という視点から考察をすべき個人情報は多々ある。

プライバシー権は、本来は、個人の権利が国家から侵害されないためのもの、すなわち、個人対国家の関係において考えられるものであるが、そのようにして論じられるところのものが私人間（会社と個人）においてもほぼ同様な内容の権利があるとして論じられることから、以下の記述は、私人間の関係においても妥当するものとして進める。

ところで、個人情報を保護すべき要請は絶対的に無制約であるものではなく、これと対抗する他の権利を守ることとの対比によってその制約のあり方が決められるべきものである。そして、さまざまな個人情報でも、極めて厳格に守られるべきものから他人による入手が比較的容易なものまで、その保護の程度は一様ではない。

(2) プライバシー権の対象

では、無断録音は、どのように考えるべきか。個人の声、発言内容も個人

〔第2部〕 第1章 悪質クレーマーとのトラブルとその対応

情報の1つとしてプライバシー権の対象であるといえよう。通話において相手方によって録音されると、個人の声紋を確保されてしまうことのほか通話中の発言が収録されると、あやふやな知識のまま発言したことや一時の感情的な発言が固定化されてしまい、その通話中の発言が本人の真意とは異なるように固定化されてしまうという不利益を受けることがある。

(3) 通話録音データの管理と適法性

しかしながら、企業が顧客のクレームを録音する場面に限って考えてみると、まず、一般の顧客からのクレームを企業が録音することについては、企業としては、クレームを正確に把握したうえでクレームに対して適切に対応する必要があり、このことは顧客にとっても利益になることである。

また、録音の目的は、あくまでもクレームに正しく対応するためにクレームを正確に把握するためである。さらに、録音を聞く人の範囲は、クレーム対応の部署の者に限るものとし、しかも半永久的に録音を保存するのではなく、クレーム処理が終了した場合には消却するとしておく。このように限定された範囲でならば、無断録音したとしても個人のプライバシー権が不当に侵害されたことにはならず、無断録音は違法とはいえないであろう。

(4) 企業防衛の観点からみた通話録音

次に、企業が悪質クレーマーとの通話を無断録音した場合はどうか。

一般の顧客からのクレームとは異なり、企業としては企業防衛の必要がある。そのためには、悪質クレーマーからどのような発言がなされたかを正確に記録化し、もし後日訴訟にでもなった場合には、録音に基づく客観性のある証拠が必要である。これに対し、悪質クレーマーのプライバシー保護の利益は小さいと考えられ、無断録音は違法とはいえないであろう。

4 関連問題

(1) 「この会話を録音しているのか」と質問されたときの対応

関連する問題として、無断録音しているときに、当該顧客等から「この会話を録音しているのか」と質問された場合にどのように対応すべきか、というものである。

この場合には、録音していることを正直に認めたうえで、「相談対応の適

正さを確保するため、通話内容を録音させていただいております」とか、「後日のトラブルを避けるため、お客様との会話内容を録音させていただいております」と回答し、当該顧客等から理解を得るよう努めるべきである。

(2) 「録音するな」と言われたときの対応

それにとどまらず、顧客等から「録音するな」と言われた場合には、どのように対応すべきであろうか。

この場合にも、まず上記と同様に通話録音の目的を説明して、理解を得るよう努めるべきである。しかし、上記説得にもかかわらず、顧客等が納得しない場合には、どうすべきか。

悪質なクレーマーが相手の場合には、通話内容を録音しておく必要性が大きい。そこで、会社としてはあくまで「録音させていただきます」として録音を継続することも1つの方法である。また、通話を打ち切ることも1つの方法である。これに対して一般の顧客との通話については、無理矢理録音しておくまでもないので録音を中止し、録音に関して顧客とトラブルを起こさないようにしたほうがよいと思われる。

(3) 「録音しない」という合意の効果

逆に顧客等との間で録音しないことについて明示的な約束をした場合は、契約の効果として録音することが禁止されるから、録音は違法と評価されることになる。

5 無断録音データの証拠能力

(1) 無断録音データの証拠能力

訴訟において無断録音されたテープ等の録音データが証拠として提出された場合に、プライバシー権を侵害し違法に収集された証拠であるから、証拠能力（裁判所の証拠調べの対象となりうる資格）がないと争われることがある。

(2) 民事事件の裁判例

この点に関して民事事件では、無断録音データの証拠能力を認めた裁判例が多数存在する（東京地判昭和46・4・26判時641号81頁、東京高判昭和52・7・15判時867号60頁、盛岡地判昭和59・8・10判タ532号253頁、東京地判平成4・

43

〔第2部〕 第1章 悪質クレーマーとのトラブルとその対応

7・27判時1431号162、千葉地判平成6・1・26判タ839号260頁、東京地判平成
28・7・20・平成27年(ワ)第22898号)。

　裁判例の中では、無断録音データの証拠能力を判断する基準としては、著
しく反社会的な手段を用いて収集されたか否か、というものが多いようであ
る（前掲・東京高判昭和52・7・15、同・東京地判平成4・7・27、同・千葉地
判平成6・1・26、同・東京地判平成28・7・20）。

(3)　刑事事件の裁判例

　①恐喝の被害者が、加害者との電話での会話を後日の証拠とする目的で録
音した（東京高判昭和51・2・24東京高裁判決時報27巻2号刑22頁）、②新聞記
者が、取材の結果を正確に記録しておくために電話での会話を録音した（最
決昭和56・11・20刑集35巻8号797頁）、③殺人未遂教唆等事件の被告人との殺
害に関する会話の録音について、録音した者に、ことさら相手方を陥れたり、
誘導等により虚偽の供述を引き出そうとするなどの不当な目的がなかった
（松江地判昭和57・2・2判時1051号162頁）、④警察官が令状による捜索差押え
の際、執行に立ち会った者との会話を小型録音機で密かに録音した場合につ
いて、脅迫電話の事実の探索を目的としたもので、相手方を挑発し、欺罔な
いし偽計を用い、あるいは誘導するなど不当な手段を用いていなかった（東
京地判平成2・7・26判時1358号151頁）、⑤詐欺の被害者が後日の証拠とする
ため、加害者との電話での会話を密かに録音した（最決平成12・7・12刑集54
巻6号513頁）、という事案において無断録音は適法とされている。

　このように、刑事事件の裁判例の多くは、会話当事者間では相手方は聞く
ことを容認されており、会話内容の秘密性は会話の相手方に委ねられている
という前提に立ったうえで、無断録音の目的、対象となる会話内容の性質、
方法等を考慮して無断録音の適法性を判断しており、無断録音の適法性が認
められた場合には、その無断録音データの証拠能力も認めている。

●弁護士からのアドバイス●

　顧客との電話を録音するについては、録音する理由を説明し、相手方
の同意をえたうえで録音することをまず考えるべきである。しかし、事

情によっては無断で録音せざるを得ない場合がある。この場合には、上述のように個人情報保護法との関係、プライバシー保護の関係で違法とならないように配慮したうえで行うべきである。

〔参考資料〕　個人情報の保護に関する法律（抄）

第2条（定義）

1〜4　略

5　この法律において「個人情報取扱事業者」とは、個人情報データベース等を事業の用に供している者をいう。ただし、次に掲げる者を除く

一　国の機関

二　地方公共団体

三　独立行政法人等（独立行政法人等の保有する個人情報の保護に関する法律（平成15年法律第59号）第2条第1項に規定する独立行政法人等をいう。以下同じ。）

四　地方独立行政法人（地方独立行政法人法（平成15年法律第118号）第2条第1項に規定する地方独立行政法人をいう。以下同じ。）

第18条（取得に際しての利用目的の通知等）

1　個人情報取扱事業者は、個人情報を取得した場合は、あらかじめその利用目的を公表している場合を除き、速やかに、その利用目的を、本人に通知し、又は公表しなければならない。

2　個人情報取扱事業者は、前項の規定にかかわらず、本人との間で契約を締結することに伴って契約書その他の書面（電磁的記録を含む。以下この項において同じ。）に記載された当該本人の個人情報を取得する場合その他本人から直接書面に記載された当該本人の個人情報を取得する場合は、あらかじめ、本人に対し、その利用目的を明示しなければならない。ただし、人の生命、身体又は財産の保護のために緊急に必要がある場合は、この限りでない。

3　個人情報取扱事業者は、利用目的を変更した場合は、変更された利用目的について、本人に通知し、又は公表しなければならない。

4　前3項の規定は、次に掲げる場合については、適用しない。

一　利用目的を本人に通知し、又は公表することにより本人又は第三者の生

〔第2部〕 第1章 悪質クレーマーとのトラブルとその対応

命、身体、財産その他の権利利益を害するおそれがある場合

二 利用目的を本人に通知し、又は公表することにより当該個人情報取扱事業者の権利又は正当な利益を害するおそれがある場合

三 国の機関又は地方公共団体が法令の定める事務を遂行することに対して協力する必要がある場合であって、利用目的を本人に通知し、又は公表することにより当該事務の遂行に支障を及ぼすおそれがあるとき。

四 取得の状況からみて利用目的が明らかであると認められる場合

【書式3】 お客様からの電話によるクレームを録音する場合の社内規則例

○○株式会社（総務部）

平成30年8月1日制定・施行

電話録音に関する社内規則

1 電話での会話を録音しようとする場合は、できるだけお客様の了解を得るよう心がける。

2 やむを得ずお客様の了解なく通話を録音した場合の処理は、以下のように行う。

(1) 録音を再生して聞く場合には、必要最小限の人数で聞く。

(2) 録音テープをダビングすることは極力避ける。

(3) お客様のクレームが正当なものである場合には、録音テープは「お客様対応係」（クレーム対応部署）がクレームの内容を正確に把握すること、およびクレームをめぐる当社の対応の仕方を社内協議するためにのみ用いるものとする。

　そのうえでクレームに応じた処理をしたのち、この処理の方法をお客様に伝え、これをお客様が了解した後、2週間以内に録音テープを廃棄する。

(4) お客様のクレームが不当なものであると考えられる場合には、録音テープを10年間保管する。

　ただし、このお客様と当社とのトラブルが示談などで完全に解決した場合には、その日から2週間以内に録音テープを廃棄する。

2　多様なクレームへの対応　1

2　多様なクレームへの対応

1　会社に落ち度があり「社長を出せ！」という要求がなされた場合、どう対応すべきか

事例　当社では、総務担当の社員が、取引先からのクレームに対処しています。この度、顧客から受けているクレームは当社にも落ち度があるため、担当者が懸命に対応していたところでした。しかし、担当社員に対し、「あなたでは話にならない。社長を出してほしい。社長とでなければ話をしない」と言われてしまいました。社長に対応をお願いしてもよいのでしょうか。

【ポイント】
1　基本的には、これまでの担当者が引き続き対応すべきである。
2　担当者を上司に変更する場合であっても、変更の理由は社内の事情であって、クレーマーの要求によるものではないことを明確に告げる。
3　社長には絶対にクレーマー対応をさせない、という方針を社内で徹底しておく。

解説　**1　責任者が対応する必要性**

　クレームの原因には、会社の落ち度があるということなので、一応は正当クレームと判断できる。そのため、担当者としては、当初から会社の落ち度について謝罪し、誠実な対応をしてきたものと思われる。もっとも、そうであれば、誠実な謝罪や適正な補償でクレームが収束していたはずであるから、担当者の対応に不満があって要求をエスカレートさせた

47

〔第2部〕 第1章 悪質クレーマーとのトラブルと対応

とも考えられる。

　そうすると、現在の「社長を出してほしい」というクレーマーからの要求は、もともとは正当クレームであったものが不当クレーム化したものといえそうである。そして、クレーマーからのこのような要求は、クレーマー対策の実務上は極めて典型的なものである。

　基本的には、これまでの担当者が引き続き対応すればよく、「私が責任者ですので、これからも私が責任をもって対応させていただきます」とし、続けて、「上席の者には（会社には）私から報告しておりますので、私の対応が会社の対応とお考えいただいて結構です」と答えればそれで足りる。

2　担当者を上司に変更する場合の対応

　ただし、当初の担当者が入社して日が浅く、会社に関する知識が不足している場合や、担当者の対応にミスがあった場合など、クレーム対応の過程で、担当者を上司（あるいは上席の社員）に変更すべきと考えられる場合には、担当者を変更することもありうる。この場合、担当者の変更が、あくまで社内の判断によるものであって、「社長を出せ」というクレームを受けてのものでないことを、変更時にクレーマーに明確に告げておくことが望ましい。

3　社長に対応を委ねることは避ける

　では、このようなクレームの対応に苦慮している社員を見かね、社長が対応してもよいか。

　確かに、クレーマーの要求は「社長と話をすること」であるから、社長が直接対応すれば収束するのではないか、と考えがちである。しかし、実際には期待どおりにいかない可能性のほうが極めて高いので、社長が対応することは絶対避けるべきである。以下、考えられる理由をあげる。

(1)　社長は会社に関する最終的な判断をする立場にあること

　社長は会社の代表者であり、社長が外部に伝えたことは、その一言一句が、対外的には会社の決定と受け止められる。したがって、社長には直接のクレーム対応をさせず、対応方針の検討結果の報告や相談をするのにとどめておくべきである。

48

クレーム対応をする場合には、事案をきちんと把握していないと、クレームがさらに拡大化しかねない。すると、その結果不当な要求をのんでしまうことも、あながちありえない話ではないためである。

(2) **要求がさらにエスカレートするであろうこと**

クレーマーの「社長を出してほしい」という要求をのんで、社長に対応を任せることは、クレーマーの要求に従ったということにほかならない。そうすると、クレーマーは味をしめ、次なる要求を社長に対し突き付けてくることが容易に想像できる。つまり、社長が出てきてくれたからそれで納得して引き下がるというのは期待できない、ということである。結果、このクレーマーへの対応は終わりが見えなくなってしまう。

したがって、どのような場合であっても、社内では絶対に社長にクレーマー対応をさせないという方針を徹底しておく必要がある。

●弁護士からのアドバイス●

クレーマーの立場に立ってみるとよくわかるが、「社長を出せ」と言いたくなるのは、その担当者が手強く、自分の思いどおりに交渉が進んでいないことの現れであることも多い。その場合、苦し紛れに担当者を変えさせるために「社長とでなければ話をしない」と言っているだけなので、弱気になることなく、「本件の担当者は私であり、上司には適正に報告しております」との対応に終始すべきである。

〔第2部〕 第1章 悪質クレーマーとのトラブルと対応

②　「また電話する」、「電話してこい」というしつこいクレームにどう対応するか

> **事例**　これまでに何度も電話がかかってきているクレームなのですが、担当した社員に聞くと、
>
> ①　相手は毎回電話を切るときに納得している様子はなく、必ず、「また電話する」と言ってくるそうです。この電話は、たいていは同じ話の蒸し返しで、長いと1時間にも及んでしまうとのことです。
>
> ②　いつも「俺は忙しい、夜の10時に折り返しの電話をよこせ、電話してこないときは会社が責任を認めたってことでいいんだな」と言ってくるそうです。
>
> 内容的に会社に落ち度があるクレームではないと捉えていますが、どうしたらこれらのクレームを終わらせることができるのでしょうか。

【ポイント】

1　クレーム対応の長期化を避けるため、最初の段階で、社内調査に必要な事実を聞き取ることと、要求内容を確認することを目標に置くとよい。

2　①の事例は、「当社としては応じられない要求であると判断したことはお伝えしたとおりであり、今後お電話をいただいても回答は同じです」と伝えるとよい。

3　②の事例は、「当社としてはこれ以上の対応はできかねるので、こちらから電話をおかけすることはお約束できません。もちろん責任を認めたという趣旨ではございません」との対応をする。

解　説　　**1　クレーム対応の長期化を避けるために必要なこと**

クレームの初期対応を誤ると、本事例のようにクレーム対応が長期化してしまうこととなり、その結果、対応する社員にとっても、また会社にとって

50

も負担となってしまう。

　最初にクレームの電話を受けるときには、とかく要点をまとめようと相手の話を遮りがちであるが、初めての電話であれば、話が長くなるのはいたしかたないことでもある。特に、相手が一方的にクレームをまくしたててきた場合には、その話しぶりだけで不当クレーマーと判断してしまいかねない。しかし、その内容が正当なクレームである場合には、会社の対応のまずさにより不当クレーム化してしまいかねないことから、注意が必要である。

　とはいえ、漫然と話を聞いていることは時間の浪費につながるので、失礼にならない程度に、話を区切りつつ誘導することは必要である。そして、クレームの内容が正当なものかどうかを判断するための社内調査に必要な事実を聞き取ることと、相手の要求内容を確認することを、まずは主な目標に置くとよい。

2　繰り返し「また電話する」というクレームの場合

　設例①の事例のように、電話での交渉が続いているにもかかわらずクレーマーが納得しないという場合は、事実関係と要求内容の聞き取りや、社内での確認内容の伝達が不十分な可能性がある。したがって、もう一度これらを電話で確認したうえで、会社の見解を明確に伝える。これにより、このクレームに対する会社のスタンスを明らかに示すことができ、応じるべき要求には応じるし、要求に応じられないということであれば毅然として伝える。

　これにより、会社のスタンスは明確になったのであるから、クレーマーから何度電話がかかってきても、それ以降は一貫した対応をとることになる。具体的には、「当社としては応じられない要求であると判断したことは、お伝えしたとおりであり、今後お電話をいただいても回答は同じです」と答えればよい。この場合、担当者は固定し、クレーマーへの対応を一貫させるようにする。

　また、長い電話を途中で切る必要がある場合もある。この場合は、「一旦電話を切らせていただきます」として、きっぱりと途中で会話を中断する。「途中で電話を切るな」などといって再び電話がかかってきても、「当社としては応じられません」と述べて電話を切る。これを何度かくり返すことで電

〔第2部〕　第1章　悪質クレーマーとのトラブルと対応

話をかけ続けることを断念させることを考えるとよい。

3　折り返しの電話を強要するというクレームの場合

　基本的には、これも①の事例と同様、事実関係と要求内容の聞き取りや、社内での確認内容の伝達が不十分な可能性があるので、一度、会社の見解を明確に伝える。その後は、「当社としては、これ以上の対応はできかねるので、こちらから電話をおかけすることはお約束できません。もちろん責任を認めたという趣旨ではございません」との回答に終始すればよい。

●弁護士からのアドバイス●

　①の事例の場合に、クレーマーにとってのガス抜きという観点から、直ちに電話を切るのではなく話を聞くという選択もありうるが、なかなか電話を切らせてもらえず電話対応が長時間にわたってしまうケースは珍しくない。クレーマーの話を聞くという選択をした場合であっても、同じ話の繰り返しになってきたり、ある程度の時間の経過により、他の業務の存在を理由として、電話を終了することを考えてよい。

2　多様なクレームへの対応　③

③　予告なく店舗にやってきて執拗なクレームを行う者にどう対応するか

事例　当社が経営する惣菜店で弁当を購入したお客様より、虫が入っていたとのクレームを受けました。そのお客様は、店舗に弁当をお持ちになりましたので、それを受け取るとともに、事情を詳細にお聞きし、10日以内に社内で検討した結果を回答する旨をお伝えして、お帰りいただきました。

①　しかし、この訪問から7日後の今日、「回答が待てない、早く回答しろ」、と店舗に突然乗り込んできました。居合わせた店員が怖がっているのですが、どのように対応すればよいのでしょうか。

②　虫が入っていたとのクレームは虚偽であることが社内の調査で判明しました。このお客様には、回答期限内にクレームの事実が確認できなかったため、会社としては今後対応できない旨を伝えました。すると、その日から毎日のように店舗へ来て、店員に対し「弁当に虫が入っていたことの責任を取れ」と騒ぐようになり、長いと3時間も店に滞在します。他のお客様のご迷惑なので何とかやめさせたいのですが、どうしたらよいのでしょうか。

【ポイント】

1　クレーム内容が正当か不当かを判断する前であれば、「会社からの回答をお待ちください」、と対応すれば足りる。

2　仮に、クレームの内容が不当なものであった場合には、今後は会社として対応できない旨を伝え、お引き取り願うことになる。それでもなお店舗への訪問を止めない場合には、弁護士に相談のうえ、以下の手段を検討すべきである。

①　弁護士から警告文（【書式4】）を発送する。

②　店舗の訪問禁止等の仮処分（【書式5】）を申し立てる。

③　債務不存在確認訴訟（【書式6】）や損害賠償請求訴訟（【書式7】）

53

〔第2部〕 第1章 悪質クレーマーとのトラブルと対応

を提起する。

④ 所轄の警察署へ相談する。

| 解　説 | **1　クレーム内容が正当なものか不当なものかを判断する前の段階の対応** |

　本事例①は、クレームのために店舗を訪問してきたという場合であるが、そのクレームでの訪問が初めてか2度目以降の訪問か、で対応は変わる。すなわち、初めて店舗を訪問してきた場合であれば、多少時間がかかっても、クレームに至った事実経過を聞き取る必要がある。これについては、本項②（「また電話する」等のクレーム）、⑧（「自宅へ来い」とのクレーム）を参照されたい。

　クレーマーが同じ内容のクレームでそれ以降に店舗を訪問してきた場合には、すでに店舗としてもクレームになっている事実関係を把握している以上、初回と同様の対応をする必要はない。むしろ、このような場合にも社員が話を聞くなどして対応してしまうと、当初把握していた事実が過大に表現されることにより社内でさらなる検討が必要になりかねず、また検討に時間がかかっているとして、無用の非難を受けることにもなりかねない。そのような事態を避けるためにも、初回の訪問で聞き取った事実関係に基づいた調査を行っていることを告げ、当方より回答する旨を改めて明確に告げたうえで、それ以上は対応しない、という対応を徹底すべきである。なお、当然のことながら、お客として店舗を利用するための訪問であれば、通常どおり対応して問題はないし、仮に以前伝えられたクレームと異なる内容のクレームを改めて伝えに来たということであれば、改めて事実関係を聞き取ることになる。

　もっとも、本事例では、早く回答しろと迫ったにすぎないということなので、そこまでの対応は不要と考える。

2　検討の結果、内容が不当なクレームの場合の対応

　社内で検討した結果、不当な内容のクレームだったということであれば、今後会社として対応しない旨をクレーマーに対し知らせることになる。その

後もなお店舗を訪問し、クレームの内容や社会の対応について繰り返し不満を述べる場合もあり得るが、それによって会社の対応が変わることがあってはならず、会社の見解を伝えて、速やかにお引き取り願うことになる。

問題は、それでも店舗への訪問をやめず、会社に対し同様のクレームをつけ続けた場合である。その場合には、速やかに弁護士に相談し、クレーマーへの対応を検討することになる。通常考えられる手段は、以下のとおりである。

(1) 弁護士から警告文の発送

まず、依頼した弁護士より、クレーマーに対し、「クレームの内容は理由がないので、今後会社や店舗に対して、手段を問わず接触しないことを求める」という内容の警告文を発送することが考えられる。

多くの場合、この警告文は内容証明郵便で発送され、クレーマーに対し一定の抑止効果が期待できる。

(2) 店舗の訪問禁止等の仮処分の申立て

弁護士からの警告文を受け取ってもなお訪問が続く場合には、裁判所に、店舗の訪問禁止等の仮処分の申立てを行うことも検討すべきである。

これは、店舗の運営会社を申立人として、クレーマーを相手方として、クレーマーの店舗への訪問を禁止する旨を裁判所に認めてもらうものである。ただし、その過程で、裁判所にて、会社の代理人弁護士とクレーマーとが直接相対することもある。警告文の発送、仮処分の申立てなどの手段をとっていくうちに、クレーマーがおとなしくなることが期待できる。

(3) 債務不存在確認訴訟や損害賠償請求訴訟の提起

クレームが不当なものである以上、会社にはクレーマーに対し金銭を支払う理由はないのであるから、先手を打って、会社からクレーマーに対し、債務不存在確認訴訟を提起してしまうことも考えられる。

このほか、クレーマーの訪問により、店舗に具体的な損害が生じているのであれば、その賠償を求めて損害賠償請求訴訟を提起することも考えられる。

(4) 所轄の警察署へ相談

店舗を管轄する警察署に赴き、クレーマーの度重なる訪問が店舗の営業を妨害していることや、会社に対し、理由がないにもかかわらず、金銭を要求

〔第2部〕　第1章　悪質クレーマーとのトラブルと対応

していることなどを理由に、刑事告訴や被害相談を行うことが考えられる。特に、店舗内で騒いでいるときには、威力業務妨害罪の現行犯が成立している可能性が高いので、速やかに110番通報することを積極的に検討されたい。

●弁護士からのアドバイス●

　クレーマーの訪問について、現行犯での通報が難しい場合であれば、警察は、裁判所の判断（前記(2)の訪問禁止仮処分決定など）に違反しているという事情を重視するので、裁判所を通じた法的手続と並行して、警察に相談することが有効である。

【書式4】　店舗訪問に対する警告文

　　　　　　　　　　　　　　　　　　　平成○○年○○月○○日

警　告　文

○○　　○○殿

　　　　　　　　　　　　　　　　○○株式会社Ａストア
　　　　　　　　　　　　　　　　代理人弁護士　　○○　　○○

前略　当職は○○の代理人として、貴殿に以下のとおり警告いたします。

　貴殿より、××所在の「Ａストア」にて、○○が販売する弁当をお買い求めのうえお召し上がりの際、虫が入っていたとご指摘いただきました。しかしながら、○○において調査いたしましたところ、貴殿からご指摘の事実を確認することができなかったため、今後、その事実について○○において対応できない旨お伝え済みです。

　それにもかかわらず、先日来、貴殿が「Ａストア」を来訪し、同店従業員に対し「弁当に虫が入っていたことの責任をとれ」などと申し向けることで、同店の営業に著しい支障が出ております。

　ついては、今後、「Ａストア」を直来訪することはもちろん、架電による場合も含め、直接または間接を問わず、一切接触しないことを求める旨、本書を

もってお伝えいたします。

　万一、貴殿からの接触が続く場合には、刑事手続及び民事手続において、法的手段による解決を検討しておりますので、その点あらかじめお知らせいたします。

草々

【書式5】　店舗訪問禁止等仮処分命令申立書

店舗訪問禁止等仮処分命令申立書

平成○年○月○日

東京地方裁判所民事第9部　御中

債　権　者　　○○株式会社
代表取締役　　○○　○○　　㊞

　　当事者の表示　　別紙当事者目録記載のとおり

申立ての趣旨

　債務者は、債務者自ら又は第三者をして、下記内容の行為をしてはならない

記

1　債権者が経営する「Aストア」（東京都○○区○○町○丁目○番○号）に立ち入ること
2　債権者の役員及び従業員に対し、架電し、または面会を求めるなどの方法で、債権者の役員および従業員に直接交渉することを強要すること
との裁判を求める。

申立ての理由

第1　被保全権利
　1　被保全権利は、人格権（平穏に営業を行う権利）に基づく妨害予防請求権である。その内容は、次のとおりである。
　2　債権者は、食品販売を主たる目的とする株式会社であり、東京都○○区

〔第2部〕 第1章 悪質クレーマーとのトラブルと対応

　　○○町○丁目○番○号において「Aストア」を営んでいる。
　3　債務者は、別紙のとおり、平成○年○月○日から同年○月○日までの間、
　　○○回にわたって「Aストア」を訪問し、「弁当に虫が入っていたことの
　　責任をとれ」など大声を出すなどの行為を繰り返した。
　4　これにより、債務者の販売する食品に対する信用を低下させたうえ、同
　　店従業員らに債務者への応対を余儀なくさせて、他の購買客への対応など
　　といった債権者の正常な業務の遂行に著しい支障を生じさせている。
　　　よって、債権者は債務者に対し、平穏に営業を行う権利に基づき、債権
　　者の営業を妨害させないため申立ての趣旨記載の各行為をしないよう求め
　　ることができる。
第2　保全の必要性
　1　債権者は、平成○年○月○日、債務者に対し「Aストア」への訪問をや
　　めるよう書面により警告を発したが、債務者は改めず、同日以降も○月○
　　日および同月○日に「Aストア」を訪問し、債権者の業務の遂行は現に害
　　され、心身の被害を訴える従業員も散見されるに至っている。
　2　債権者は、債務者に対し、侵害行為の差し止めおよび損害賠償請求訴訟
　　を提起すべく準備中であるが、本案判決を得るまで債務者の上記行為が継
　　続しては本案判決確定まで甚大な損害を被るので、本申立てをする。

疎　明　方　法

1　経過説明書
2　警告書
3　ビデオ録画

添　付　書　類

1　証拠資料写し　　　　　　　各1通
2　商業登記事項証明書　　　　　1通

当事者目録

　住所　〒○○○─○○○○　東京都○○区○○町○丁目○番○号
　　　　（送達場所）
　　　　　　　　　電　話　○○─○○○○─○○○○

58

```
            ＦＡＸ    ○○―○○○○―○○○○
            債権者      ○○株式会社
            代表取締役  ○○   ○○
住所 〒○○○―○○○○   東京都○○区○○町○丁目○番○号
            債務者      ○○   ○○
```

【書式6】 債務不存在確認請求訴訟訴状

```
                    訴   状

                        平成○○年○○月○○日
○○地方裁判所民事部   御中


                原告訴訟代理人弁護士    甲山   一夫 ㊞
        〒○○○―○○○○   ○○県○○市○○町○丁目○番○号
                原        告  ○○株式会社
                原告代表者代表取締役    甲野   太郎
        （送達場所）
        〒○○○―○○○○   ○○県○○市○○町○丁目○番○号
                甲山法律事務所
                原告訴訟代理人弁護士    甲山   一夫
                電 話     ○○―○○○○―○○○○
                ＦＡＸ     ○○―○○○○―○○○○
        〒○○○―○○○○   ○○県○○市○○町○丁目○番○号
                被        告  乙野   次郎


    債務不存在確認請求事件
        訴訟物の価額     金   160万0000円
        貼用印紙代       金   1万3000円


第1   請求の趣旨
  1   原告の被告に対する、平成○年○月○日付け弁当売買契約の債務不履行
     責任に基づく損害賠償債務は存在しないことを確認する
```

〔第2部〕 第1章　悪質クレーマーとのトラブルと対応

　2　訴訟費用は被告の負担とする

との判決を求める。

　第2　請求の原因

　1　原告と被告との間の売買契約

　　　被告は、平成○年○月○日、×××所在の原告の経営する「Aストア」

　　において、原告が製造した弁当を650円で購入した。

　2　被告からのクレームと原告の対応

　　⑴　原告は、○月○日、同店舗を訪問した被告より、○月○日に「Aスト

　　　ア」にて購入した弁当に虫が入っていた旨の指摘を受け、その弁当を預

　　　かった。その際、原告は、10日以内に社内で調査のうえ結果を回答する

　　　旨を伝えた。

　　⑵　原告が当該弁当ガラを調査した結果、虫が混入していたという被告の

　　　指摘する事実は確認できなかったため、○月○日、被告に対し、書面に

　　　てその旨回答した。

　3　被告による度重なる「Aストア」訪問

　　　その後、被告は、平成○年○月○日から同年○月○日までの間、○回に

　　わたって、その営業時間中に「Aストア」を訪問し、「弁当に虫が入って

　　いたことの責任をとれ」など大声を出すなどの行為を繰り返した。

　4　原告に何ら落ち度がないこと

　　　しかしながら、平成○年○月○日に被告が「Aストア」にて購入した弁

　　当に虫が入っていたという事実は存在しない以上、原告において被告に対

　　する債務不履行責任は発生していない。

　5　確認の利益

　　　被告は原告に対して賠償責任を求めており、今後も請求を続ける旨を明

　　言している。そこで原告にとっては、被告との間で請求の趣旨記載の債務

　　が存在しないことを確認しておく利益がある。

　6　結語

　　　よって、原告は、請求の趣旨第1項に記載したとおり、被告に対する損

　　害賠償債務が存在しないことの確認を求めるべく本訴に及んだ次第である。

　　　　　　　　　　　　　　　　　　　　　　　　　　　　　　　　　以上

2 多様なクレームへの対応 ③

証拠方法

甲第1号証……

附属書類

1	訴状副本	1通
2	甲号証の写し	各2通
3	証拠説明書	2通
4	資格証明書	1通
5	訴訟委任状	1通

【書式7】 店舗訪問による損害賠償請求訴訟訴状

訴　　状

平成○○年○○月○○日

○○地方裁判所民事部　御中

　　　　　　　　　　　原告訴訟代理人弁護士　　甲山　一夫　㊞
　〒○○○―○○○○　○○県○○市○○町○丁目○番○号
　　　　　　　　　　　原　　　　　告　○○株式会社
　　　　　　　　　　　原告代表者代表取締役　　甲野　太郎
　（送達場所）
　〒○○○―○○○○　○○県○○市○○町○丁目○番○号
　　　　　　　　　　　甲山法律事務所
　　　　　　　　　　　原告訴訟代理人弁護士　　甲山　一夫
　　　　　　　　　　　電　話　　○○―○○○○―○○○○
　　　　　　　　　　　ＦＡＸ　　○○―○○○○―○○○○
　〒○○○―○○○○　○○県○○市○○町○丁目○番○号
　　　　　　　　　　　被　　　　　告　　乙野　次郎

61

〔第2部〕 第1章 悪質クレーマーとのトラブルと対応

　　損害賠償請求事件
　　　訴訟物の価額　　　　金○○○万円
　　　貼用印紙代　　　　　金○○○○円

第1　請求の趣旨
　1　被告は、原告に対し、金○○○万円および本訴状送達の日の翌日から支
　　払い済みまで年5分の割合の金員を支払え
　2　訴訟費用は被告の負担とする
　との判決並びに第1項について仮執行宣言を求める。

第2　請求の原因
　1　原告と被告との間の売買契約
　　　被告は、平成○年○月○日、××所在の原告の経営する「Aストア」に
　　おいて、原告が製造した弁当を650円で購入した。
　2　被告からのクレームと原告の対応
　　⑴　原告は、○月○日、同店舗を訪問した被告より、○月○日に「Aスト
　　　ア」にて購入した弁当に虫が入っていた旨の指摘を受け、その弁当を預
　　　かった。その際、原告は、10日以内に社内で調査のうえ結果を回答する
　　　旨を伝えた。
　　⑵　原告が当該弁当ガラを調査した結果、虫が混入していたという被告の
　　　指摘する事実は確認できなかったため、○月○日、被告に対し、書面に
　　　てその旨回答した。
　3　被告による度重なる「Aストア」訪問
　　　その後、被告は、平成○年○月○日から同年○月○日までの間、○回に
　　わたって、その営業時間中に「Aストア」を訪問し、「弁当に虫が入って
　　いたことの責任をとれ」など大声を出すなどの行為を繰り返した。
　4　原告による被告への警告及び店舗訪問禁止等仮処分の申し立て
　　⑴　原告は、被告に対し、○月○日、今後、「Aストア」を来訪したり架
　　　電するなど直接または間接を問わず、一切接触しないことを求める旨を
　　　求める警告文を内容証明郵便にて発送し、同警告文は翌○日に被告に到
　　　達した。
　　⑵　それでもなお被告が「Aストア」を訪問したため、原告は、平成○年
　　　○月○日、自身を債権者、被告を債務者として、御庁に店舗訪問等禁止
　　　仮処分の申し立てを行い、同月○日に仮処分決定を受けた（御庁平成○

年（ヨ）○○号）。

5　被告の訪問による原告に生じた被害

　　上記仮処分決定以降、現在までの間、被告からの「Ａストア」への訪問は止まっているものの、原告においては、被告による「Ａストア」訪問時に応対した従業員がその心身の不調を訴えて欠勤したり、不意の被告の訪問に備えて従業員を増員したりなどの対応に追われた。そのうえ、昼食時など、多数の客が来店している中で、被告が大声で弁当に虫が入っていたかのごとき発言を大声で繰り返したことにより、「Ａストア」の売上の減少が認められた。

　　被告のこれら一連の行動により原告が被った損害は、少なく見積もっても○○○万円を下ることはない。

6　結語

　　よって、原告は、不法行為に基づく損害賠償請求（民法709条）として、金○○○万円およびこれに対する本訴状送達の日の翌日から支払い済みまで民法所定年５分の割合の遅延損害金の支払いを求める。

以上

証拠方法

甲第１号証……

附属書類

1	訴状副本	1通
2	甲号証の写し	各2通
3	証拠説明書	2通
4	資格証明書	1通
5	訴訟委任状	1通

〔第2部〕 第1章 悪質クレーマーとのトラブルと対応

4 連日メールやファックスでクレームを送り続けてくる場合にどう対応するか

事例 　最近、会社に毎日必ずファックスが届くようになりました。発信者はすべて同じ人で、会社へのクレームの内容も全く同じで、ただ発信日を変えているだけです。どのようにこれらのファックスに対応すればよいでしょうか。

　また、ファックスではなく、同様の内容の電子メールが送られてきている場合はどうしたらよいでしょうか。

【ポイント】

1　ファックスに記載された内容を確認し、不当クレームに分類できるかどうかを検討する。

2　不当クレームであれば、徹底して無視する。

3　電話のファックス受信拒否機能を利用すれば、ファックスを受信せずに済む。

4　送信者に対して法的責任を追及するのであれば、ファックスが貯まった後で、弁護士に送信者への警告を、警察に威力業務妨害罪での告訴を、それぞれ相談する。

5　電子メールであれば、ウイルスが添付されている可能性もあるので、開封には特に慎重になるべきである。

解説 　**1　クレーム内容の把握と不当クレームへの分類**

　本事例では、クレームの申し入れにファックスが使われていることから、クレーマーからすると、一方的に会社へクレームを申し入れていることになり、会社からすると、それを一方的に受け取っているということになる。なお、ファックスと電子メールとで大きく対応が異なる点は、後記4にて指摘

64

するので、ひとまずはファックスで統一して話を進める。

まずは、そのファックスに書かれたクレームの内容が正当かどうかを社内で確認することが必要である。たとえば、会社において回答漏れがあったなどの場合には、速やかに対応することで、収束が期待できることもある。

とはいえ、クレームの内容が正当なものであっても、このようにして同じ内容のファックスを毎日毎日送ってくるというのは、その訴え方がもはや常軌を逸したものといえ、積極的に不当クレームに分類して対応を考えてよい。

2 不当クレームであれば無視すべき

そして、不当クレームと判断される場合には、当面は対応しなくてよい。クレーマーからすれば、送ったファックスに対し会社が何らかの反応をしてくることを待っているのであるから、回答するとかえってクレーマーのペースに乗ってしまいかねない。また、連日ファックスを送り続けたにもかかわらず、会社から反応がない場合には、諦めてクレームをやめる場合もある。しかし、クレーマーの中には自分が無視されていると考えて電話などのより直接的な方法で接触してくる者もいあると考えられる。その場合には、ファックスだけで一方的にクレームを受けていたという状況を脱して、より具体的なクレーム対応が可能となり、本書のノウハウを駆使して対応していただければよい。

3 今後の取りうる手段および弁護士と警察への相談

連日のように送られてくるファックスへの対応が煩わしく、ファックスを受信せずに済めばそれでよい（送信者に対し法的責任を追及することまでは考えない）というのであれば、送信元の電話番号からファックスの拒否設定を行えばよい。

他方で、送信者に対し、弁護士を通じた法的手続や、警察への相談を考えるのであれば、証拠として提出することを見越し、送られてくるファックスを保管しておく必要がある。

そして、具体的には、弁護士から、今後のファックスの送信を止める旨の警告（【書式8】）を内容証明郵便で行い、それでも止めない場合には、裁判

〔第2部〕 第1章 悪質クレーマーとのトラブルと対応

所へファックス送信禁止仮処分（【書式9】）の法的手段を取ることも考えられる。

　また、警察には、威力業務妨害罪での告訴を念頭に置いて、会社の管轄警察署へ相談に行くことになる。

4　本事例における電子メール特有の問題点

　クレーマーに対応した社員の名刺にメールアドレスを記載している場合には、クレーマーから連日のように電子メールが送られてくることもあり得る。とはいえ、事例がファックスでなく電子メールであっても、基本的には同じ対応でよい。ただし、内容をそのまま読めるファックスとは違い、電子メールにはウイルスが添付されている可能性がある。ウイルスには、添付ファイルを開くと感染するもの、本文に記載された URL をクリックしてアクセスすると感染するもの、メールを開いて表示しただけで感染するもの、とさまざまである。送信元に心当たりのない電子メールは不用意に開かないよう、日常業務から意識するようにしたい。

●弁護士からのアドバイス●

　電子メールは一方的に送られてきてしまうものであるから、名刺にメールアドレスを記載すると、ウイルスが添付された電子メールを大量に送られたり、身に覚えのないサイトにメールアドレスを登録されて、ダイレクトメールが送られてきてしまう可能性がある。

　そこで、名刺にメールドレスを記載する必要があるか、あるとして、個人のメールアドレスではなく会社（あるいは部署）共通のメールアドレスでは不都合なのか、を社内で協議してもよいのではないかと思われる。一例として、クレーマーに渡すための名刺にはメールアドレスを書かない、という会社もある。不当クレーマーへの対応には有効である。

2　多様なクレームへの対応　④

【書式8】 ファックス送信に対する警告文

平成○○年○○月○○日

警　告　文

○○　○○殿

○○株式会社
代理人弁護士　○○　○○

前略　当職は○○の代理人として、貴殿に以下のとおり警告いたします。

平成○○年○月○日以降、依頼者は、貴殿より、連日ファクシミリにより書面の送信を受けております。

しかしながら、依頼者から貴殿に対しすでにご回答済みのとおり、これらファクシミリにより送信いただいている書面に記載された内容について、依頼者に責任はございません。

ついては、今後、同様の内容にて書面をお送りいただいても一切対応いたしかねる旨、改めて本書をもってお知らせいたします。

なお、貴殿より、今後もファクシミリにより書面の送信が継続されるのであれば、刑事手続および民事手続において、法的手段による解決を検討しておりますので、その点あらかじめお知らせいたします。

草々

【書式9】 ファックス送信禁止仮処分命令申立書

ファクシミリ送信禁止仮処分命令申立書

平成○○年○月○日

東京地方裁判所民事第9部　御中

債　権　者　○○株式会社
代表取締役　○○　○○　　㊞

〔第2部〕 第1章 悪質クレーマーとのトラブルと対応

　　　当事者の表示　　　別紙当事者目録記載のとおり

申立ての趣旨

　債務者は、債務者自らもしくは第三者をして、下記内容の行為をしてはならない

記

　債権者に対し、ファクシミリ送信をすること
との裁判を求める。

申立ての理由

第1　被保全権利
　1　被保全権利は、人格権（平穏に営業を行う権利）に基づく妨害予防請求権である。その内容は、次のとおりである。
　2　債権者は、食品販売を主たる目的とする株式会社であり、東京都○○区○○町○丁目○番○号において「Aストア」を営んでいる。
　3　債務者は、平成○○年○月○日ころより、連日、債権者事務所へ宛てて、「『Aストア』で買った弁当に虫が入っていたことの責任をとれ」と記載した書面をファクシミリ送信している。
　4　債権者においては、債務者からの上記ファクシミリ送信行為により取引先等からのファクシミリの受信に支障が生じているほか、その内容により、債権者担当者および代表者においては、債務者からのさらなる嫌がらせ行為がなされるのではないかとの不安を募らせている。
　5　よって、債権者は債務者に対し、平穏に営業を行う権利に基づき債権者の業務妨害をさせないため申立ての趣旨記載の行為をしないよう求めることができる。
第2　保全の必要性
　1　債権者は、平成○○年○月○日、債務者に対し、上記書面のファクシミリ送信をやめるよう書面により警告を発したが、債務者は改めず、同日以降も連日書面をファクシミリ送信し続けており、債権者の業務の遂行は現在も害されている。
　2　債権者は、債務者に対し、侵害行為の差し止めおよび損害賠償請求訴訟を提起すべく準備中であるが、本案判決を得るまで債務者の上記行為が継続しては本案判決確定まで甚大な損害を被るので、本申立てをする。

疎　明　方　法

1　経過説明書
2　警告書
3　債務者から送信されたファクシミリ書面
4　…………

添　付　書　類

1　証拠資料写し　　　各1通
2　商業登記事項証明書　　1通

当事者目録

住所　〒○○○-○○○○　東京都○○区○○町○丁目○番○号
（送達場所）
電　話　○○-○○○○-○○○○
ＦＡＸ　○○-○○○○-○○○○
債権者　　　○○株式会社
代表取締役　○○　○○
住所　〒○○○-○○○○　東京都○○区○○町○丁目○番○号
債務者　　　○○　○○

〔第2部〕 第1章 悪質クレーマーとのトラブルと対応

5 社員のプライベートな落ち度を理由にしたクレームがきた場合にどう対応すべきか

> **事 例** 当社は不動産の営業を行う会社です。「おたくの社員が俺の女房と浮気してんだよ！ 俺の家庭を壊しやがって、どうしてくれるんだよ！」というクレームが入りました。社員のプライベートに関することではありますが、会社はどのように対応すればよいのでしょうか。

【ポイント】

1 クレームの対象である不貞行為を理由に、当該社員に対して懲戒処分を行うことができるかは、場合によっては、弁護士に相談しながら、人事を担当する部署において、慎重に調査・検討する。

2 調査の結果、対象の社員に対し懲戒処分を行ったか否かは、クレーマーに伝える必要はない。あくまで、会社の調査に協力してもらったという関係にとどまることをあらかじめ伝えておく。

3 会社に金銭の要求などのクレームが続くようであれば、本書を活用して対応していただきたい。

解 説

1 プライベートな事実が懲戒処分の対象となるか

そもそも、会社は、不貞行為という従業員のプライベートな行為をもってその従業員に対し懲戒処分を行うことができるか。

最高裁判所の判例では、「営利を目的とする会社がその名誉、信用その他相当の社会的評価を維持することは、会社の存立ないし事業の運営にとつて不可欠であるから、会社の社会的評価に重大な悪影響を与えるような従業員の行為については、それが職務遂行と直接関係のない私生活上で行われたものであつても、これに対して会社の規制を及ぼしうることは当然認められな

70

ければならない」として私生活上の行為への懲戒処分を一般論として認めつつ、「従業員の不名誉な行為が会社の体面を著しく汚したというためには、必ずしも具体的な業務阻害の結果や取引上の不利益の発生を必要とするものではないが、当該行為の性質、情状のほか、会社の事業の種類、態様・規模、会社の経済界に占める地位、経営方針及びその従業員の会社における地位・職種等諸般の事情から総合的に判断して、右行為により会社の社会的評価に及ぼす悪影響が相当重大であると客観的に評価される場合でなければならない」として、会社が実際に懲戒処分を行う場合を制限している（最判昭和49・3・15民集28巻2号265頁：日本鋼管事件）。

社員の不貞行為という事実を告げられた以上、その内容があまりに荒唐無稽なものでない限り、会社としては、ひとまずは事実関係の調査をする必要があろう。

そこで、まずは、クレーマーに対し、具体的な事実と裏付けを示してもらうように申し入れ、人事担当部署において、就業規則上の非違行為に該当するかどうかを調査することになる。

2　調査後のクレーマーへの対応

もっとも、社内での調査結果に基づいて対象社員に対し処分を行ったかどうかを、クレーマーに伝える必要はない。また、事実関係の調査を行うにあたり、クレーマーに対し調査への協力への感謝を述べることはあっても、調査結果に基づく懲戒処分の有無については絶対に知らせることはできない旨を前もって伝えておくべきである。

仮に懲戒処分の有無を教えないこと、あるいは懲戒処分をしていないことを知りえてそれに対しさらにクレームをつけてきたとしても、本事例はあくまで会社内部で判断すべき問題であって、第三者に対しそれ以上の対応はできないことを明確に伝える。それでもなおクレームが続く場合には、本項2の「また電話する」、「電話してこい」というクレームなどを参照のうえ対応されたい。

〔第2部〕 第1章 悪質クレーマーとのトラブルと対応

●弁護士からのアドバイス●

　本事例において、クレーマーが、社員の不貞行為を理由に会社に対して使用者責任に基づいて損害賠償を請求してくることも考えられる。会社が損害賠償責任を負うかは業務の内容や社員の監督状況などの具体的な事情によるので、請求に応じるべきか否かは、弁護士に相談しながら慎重に検討すべきである。

2 多様なクレームへの対応 6

6 ささいな対応ミスに付け込み過大な要求をするクレーマーにどのように対応すべきか

事例　当社が経営する惣菜店で弁当を購入したお客様より、「虫が入っていた」とのクレームを受けました。社内で調査を行った結果、その可能性があると判断し、当社の責任と賠償についてやり取りを続けているところでした。こちらから、「明日の午後3時に電話をかけます」と約束したのですが、担当者が電話するのをうっかり忘れてしまったところ、そのお客様のほうから、電話がきました。

　電話がなかったことを大変怒っているようで、もともとは、「大事にせずに穏便に済ませましょう」と言ってくれていたにもかかわらず、「この会社はクレームに対し不誠実な会社だとネットに書きまくってやる。嫌だったら、すぐに100万円支払え」と態度が豹変し、とても困っています。会社はどのように対応したらよいのでしょうか。

【ポイント】

1　対応ミスについては、きちんと謝罪することが必要である。ただし、あくまでクレームの内容とは別物であるから、謝罪の対象は対応ミスの点に限るように注意する。

2　本事例では、正当なクレームが不当化してしまっているので、元の交渉内容に戻るよう提案し、クレーマーの態度が軟化しなければ、弁護士に対応を依頼することも検討すべきである。

解説　1　対応ミスが生じた場合に素直に謝罪する必要性

　クレーム対応の過程で、会社においてミスが発生することがある。当初のクレームが正当なものであれば会社の対応ミスはそれほど大事にならないことが多いが、不当なものであった場合、相手はそのミスに付け込んでくるこ

73

〔第2部〕 第1章 悪質クレーマーとのトラブルと対応

とが多い。

とはいえ、たとえ元が不当クレームであっても、会社に対応ミスがあったことは事実であるから、この点について触れないままクレーム対応を続けていくべきではない。

対応ミスについて触れるのを避けることで、もともとは正当クレームであっても、誠意がないと見られて不当クレームになっていくこともある。また、当初から不当なクレームであった場合には、クレーマーにとって有利な攻撃材料を与えることになり、より強気な態度をとることを許すきっかけとなってしまう結果、クレーマーの態度が硬化してしまいかねないのである。したがって、当然のことながら、対応ミスについては十分に謝罪し、できる限り速やかに本題に戻るよう努めるべきである。

その場合の謝罪は、くれぐれも、もともとのクレーム内容そのものに対して会社が責任を認めたと捉えられることのないよう心がける。というのも、対応ミスは会社の落ち度であるものの、当然のことながら本来のクレームの内容と無関係だからである。

そこで、たとえば、「お約束の時間にお電話すべきところ、当方の不注意にてお約束を違えました点についてお詫び申し上げます」などとし、あくまで約束の時間に電話しなかった点についてのみ謝罪することを明言すべきである。

2　正当なクレームが不当化した本事例でとるべき対応

本事例では、電話をかけ忘れたことをきっかけに、要求内容が不当化してしまっている。当然のことながら、会社の対応ミスとクレームへの対処とは全くの別物である以上、クレーマーの要求に応じるかのような姿勢をわずかでも見せてはいけない。

会社としては、対応ミスを謝罪をしたのであれば、それ以前からの交渉経過に立ち戻ることをクレーマーに提案することになる。また、それでもクレーマーの態度が軟化しない場合には、弁護士を代理人として対応することも検討すべきであろう。

74

2　多様なクレームへの対応　6

●弁護士からのアドバイス●

　電話が遅れたことについて丁寧に謝罪すれば、会社としての対応は十分である。

　そもそも、この事例での会社のミスは電話をかけ忘れたということであって、それとクレーマーの要求する100万円の支払いとの間には因果関係がない。担当者の謝罪で交渉が立ち戻ればよいが、そうではなくこのような要求が続くのであれば、完全に不当クレーム化してしまったと判断して対処すべきである。

〔第２部〕 第１章 悪質クレーマーとのトラブルと対応

⑦ 弁護士にクレーム対応を依頼した後も続くクレームに どのように対応すべきか

事例　　設例⑥のクレームに関してさらに続けますが、その内容
は当社にも非があるものの、請求されている賠償金の額が
大きすぎるうえに、電話も頻繁にかかってくることから、このたび当社
の顧問弁護士に対応を依頼しました。弁護士からすぐにそのクレーマー
に対し、「今後は弁護士が窓口となるので、会社への直接の連絡は控え
るように」と通知してもらい、その通知が届いていることも確認してい
ます。

　それなのに、数日経ってからクレーマーから電話があり、「あんな弁
護士と話していても埒が明かないから、もうあいつとは話をしない」と
一方的に言われ、また当社に電話がかかってくるようになりました。弁
護士からは、「私（弁護士）が対応するので、対応しなくていい」と言
われていますが、どうしたらよいのでしょうか。

【ポイント】

1　クレーマーとの交渉が長期化しそうな場合や、適正な賠償内容を説明
　しているにもかかわらず、納得してもらえない場合などには、弁護士に
　対応を依頼する必要性が高い。

2　弁護士に依頼すると、基本的に会社はクレーマーに直接対応する必要
　がなくなる。というよりも、むしろ、クレーマーから連絡があっても直
　接対応してはいけない。そのため、それまでの交渉経過を正確に引き継
　ぐことが重要である。

解　説　　**1　弁護士が対応するのが望ましい場合とは**

　　まず、弁護士にクレーマー対応を依頼するのが望まし
い場合とは、どのような場合か。

76

弁護士は、会社の代理人として、クレーマーとの対応を一手に引き受けることになることから、会社の担当者がそれ以上クレーマーへの直接の対応をする必要がなくなり、業務に集中することができる。さらには、弁護士は相手方との交渉のプロであるから、解決内容を大きく誤ることはない。したがって、本事例のように会社担当者（その上席社員も含む）の手に余るようであれば、弁護士に対応を依頼するメリットは大きい。

弁護士に依頼する場合というのは、事案によってさまざまと思われるが、たとえば、クレーマーと担当者との交渉が平行線で長期化しそうなときや、本事例のように、請求されている金額が被害額や一般の場合に比べて高すぎ、適正と思われる賠償額を説明しても納得してもらえない場合などがあげられよう。逆にいえば、担当者とクレーマーとの間で、適正な解決案に向けた交渉が穏当に進められている場合には、弁護士に相談しながら進めることはあるとしても、弁護士に代理人としての対応を依頼する必要性は低いといえるだろう。

2 弁護士に依頼する場合の注意点

(1) 弁護士に依頼するときの対応

当然のことながら、弁護士にそれまでのクレーマーとのやり取りの経過を正確に引き継がなければならない。代理人弁護士が、クレーマーと交渉するときに困らないようにすることが求められるのである。

(2) 弁護士に依頼してからの対応

弁護士からクレーマーへ通知し、今後は会社ではなく弁護士が窓口になることを伝えているのであるから、それ以降会社に電話があっても、「すでに弁護士からご連絡差し上げておりますとおり、対応は弁護士に一任しておりますため、当社としては対応いたしかねます」と答えておけばそれでよい。これは、会社がクレーマーへの対応から解放されるという効果があることに加え、会社が弁護士と別の見解や提案をクレーマーへ伝えてしまうことで、交渉が混乱することを防ぐ、という目的もある。

また、弁護士からクレーマーに対し、会社へ電話したことの注意や抗議をする必要があるため、クレーマーが会社に接触してきた場合には、すぐにそ

〔第2部〕 第1章 悪質クレーマーとのトラブルと対応

の様子を伝えるようにする。

3　本事例の対応

　本事例は、まさに弁護士がクレーマーと交渉している最中に、直接会社へ電話してきたというものであるから、この弁護士のアドバイスどおり、会社がクレーマーに対応してはいけない。あくまで、交渉は代理人弁護士に一任しているというスタンスを崩さず、対応は弁護士に任せているという回答に終始すべきであるし、長々と対応することなく速やかに電話を打ち切ってよい。

　そして、この時の電話の様子をすぐに弁護士に報告する。

●弁護士からのアドバイス●

　弁護士に依頼することで、クレーマーとの対決姿勢を明らかにしてしまうことを懸念する会社も稀ではない。クレーマーの態度が硬化してしまうのではないか、という心配があるようだが、弁護士は交渉のプロであるから、安心して解決を任せてよい。

　もちろん、弁護士がクレーマーに対応するには会社にはそのための協力が不可欠であるので、弁護士と二人三脚で乗り切っていただきたい。

78

2 多様なクレームへの対応 8

8 「自宅へ謝罪に来てほしい」というクレームがあった場合にどう対応すべきか

> **事例** 先ほど、「おたくの店で弁当を買って食べたら、急に吐き気がしてきた。気持が悪くて寝込んでいる。弁当はもう捨ててしまったから残っていないが、どうしてくれるのか。とりあえず、今すぐ自宅に謝罪に来てほしい」というクレームの電話が入りました。
>
> 自宅へ出向いてもよいのでしょうか。また、訪問するときには、どのような点に気をつければよいのでしょうか。

【ポイント】

1 自宅を訪問することにはさまざまなリスクがあることから、5W1Hをもとに慎重に事情を聴取し、裏付けとなる資料があることも確認して、慎重に決すべきである

2 自宅を訪問すると決めた場合には、怠りなく準備をしてから向かうべきである。具体的には、複数名で訪問し、会話内容は録音しておくべきである。

解 説 ## 1 自宅を訪問するかどうかは慎重な判断を

(1) 会社全体で慎重に判断する

このクレームを受けた時点では、店舗が販売した弁当がクレームの内容である体調不良の直接の原因かどうか判断ができない。このように、少なくとも体調不良の原因となった可能性を否定できない場合には、会社が誠実に対応する意思があることを示す必要がある。しかし、会社として十分な準備ができないことや、訪問した場合の数々のリスクを考えると、直ちに自宅を訪問するのは避け、まずは訪問するかどうかを慎重に検討すべきである。

とかく、最初に電話対応をした社員は、電話口のクレーマーの勢いに押され、速やかに謝罪のために訪問すべきと考えてしまいがちである。しかし、

79

〔第2部〕 第1章 悪質クレーマーとのトラブルと対応

以下のとおり、訪問しない、と判断すべき場合も往々にしてあることから、他の社員も交えて冷静かつ慎重に検討する必要がある。

(2) 自宅を訪問するかどうかの判断基準

自宅を訪問するかどうかは、クレームの電話の内容から判断することになる。

本事例では、会社の経営する店舗で販売した弁当を食べたら体調を崩したとのことであるから、いわゆる5W1Hに基づいて、

・いつ
・どこの店舗で
・どの商品を
・誰が買って
・どのようにして食べた

という基本的な情報を聴取し、併せて裏付け資料(本事例であれば、レシート、弁当ガラ、診断書などが考えられる)があるかどうかを確認することになる。

また、体調を崩していることがうかがわれるような様子であったかなど、電話の際の口調も判断材料となるだろう。クレームの内容に合致しないようであれば、クレーム自体を疑うことになる。

これらの聴取した事情を基に訪問するかを判断することになるが、クレーマーの自宅を訪問することそれ自体に極めて大きなリスクがあることから、クレーム内容が正当なものであることは当然の前提であり、クレーマーの口調などからも訪問の危険がないと判断された場合に限ってよい。

一方、訪問しないと判断した場合、クレーマーに対しどのように伝えるかが問題となるが、この場合は、「お申し出の内容を社内で調査させていただきまして、またご連絡させていただきます」などと電話で回答するにとどめる。

2　自宅を訪問する際の留意点

自宅を訪問すると判断した場合でも、クレーマーの指定する場所へ赴くことから、以下の点に注意する。

⑴ 複数名で訪問する

訪問の際には、1名で訪問するのは絶対に避け、複数名体制をとるべきである。不当クレームであった場合のリスク（後述する）のほか、1名では訪問時のやり取りの証人がいなくなってしまうこと、が理由としてあげられる。

⑵ 証拠収集への協力の要請

購入した事実を示すレシート類や弁当ガラなどは、重要な証拠物件となるので、クレーマーの許可を得て預かって帰る。相手が求めた場合には、写真やコピーを、その場で間違いなく渡すようにする。

また、体調不良の原因を明らかにすることはお互いにとって有益であることを説明し、できるだけ早いうちに病院で診察を受けるよう促すことも必須である。

⑶ 訪問時に想定されるリスク

訪問時には、以下のようなリスクが想定されるので、それぞれ対策を検討しておきたい。また、いずれのリスクに関しても、クレーマーとの会話内容を録音しておくことは極めて有効である（録音については、第2部第1章1④を参照）。

① なかなか帰らせてもらえず、監禁されるリスク

複数名で訪問することで、監禁されるリスクは軽減できる。もっとも、それでも監禁されるリスクがないわけではないので、たとえば、訪問後30分経過ごとに、会社から担当者の携帯電話へ連絡して、安全を確認することも考えられる。

なお、会社内で正当クレームと判断し訪問した場合で、当初はにこやかに対応してもらっていたのが、突然怒り出して監禁された、という事例もあることから、長居は禁物である。

② 脅迫的な言動を受けて要求を呑んでしまうリスク

クレーマーから脅迫的に要求を伝えられ、何とかその場を脱するために、要求を呑んでしまうと、後日、話が違うと言いがかりをつけられる格好の材料を与えてしまう。

このように言質を取られることを避けるためにも、訪問先では絶対に判断せず、「会社に持ち帰って、社内で検討のうえ、お返事します」と

〔第2部〕 第1章 悪質クレーマーとのトラブルと対応

回答することを担当者間であらかじめ示し合わせておく。

③ 訪問がなかったと言いがかりをつけられるリスク

　事前に訪問を約束した日時に故意に留守にし、会社に誠意がないと言いがかりをつけてくることが考えられる。約束をするときには、住所と日時を入念に確認し、相手の連絡先として携帯電話の番号を聞き取っておき、約束の日時に電話をかけたことの記録を、電話画面を写真に撮るなどして残しておく。

④ 調度品を壊したと言いがかりをつけられるリスク

　自宅の調度品を壊してしまい、クレームをさらに大きくすることは避けたいので、自宅では特に慎重に行動する。

　なお、座布団を勧められ座ったところ、下に隠されていた眼鏡を壊されたと言いがかりをつけられたという話もある。

●弁護士からのアドバイス●

(1) 手土産を持参するか

　訪問するとして、手土産に何を持参すべきかは難しい問題である。明らかに会社に非があるクレームへの謝罪を目的として訪問する場合には、菓子折りなどを持参することが考えられる。

　しかし、本事例のように、会社に責任があるか判断できず、クレーマーの様子を確認するために訪問する場合は不当クレームの可能性もあり、そうすると持参した手土産までもクレームの材料とされかねない。とすると、会社が明確に謝罪をするために訪問するのであれば持参するが、そうでない場合には持参しない、というのが無難であろう。

(2) 訪問したときの対応

　クレーマーの自宅を訪問するとしても、事実関係を十分に確認できていない時点で、不用意に謝罪の言葉を述べることは、会社がこの件の責任を認めたと捉えられかねない。したがって、クレームの内容について責任を認めたと捉えられる言い方は避け、「お忙しいところ、本日はお時間を割いていただくこととなり、申し訳ございません」などの言い方

82

にとどめるのが望ましい。

〔第2部〕 第1章 悪質クレーマーとのトラブルと対応

9 従業員が犯した些細なミスに対してパワハラまがいの罵詈雑言をあびせ、土下座まで要求する顧客にどう対応すべきか

> **事例** 当社はレストランを経営していますが、ウェイトレスの手元が滑り、料理をテーブルの上にこぼしてしまいました。幸いお客様の着衣を汚すことはありませんでしたので、すぐに不手際を謝罪し、新しく料理を作り直す旨を伝えましたが、腹を立てたお客様がウェイトレスに対して大声でパワハラまがいの罵詈雑言をあびせたうえ、土下座をして謝れと要求してきました。いくら丁寧に謝っても許してくれないお客様に対して、どのように対処すればよいのでしょうか。

【ポイント】

1 仮に、店員や従業員に非がある場合であっても、土下座をする必要はなく、また、すべきでもない。

2 相応の謝罪をしてもなおも土下座を要求する客に対しては、警察に通報すべきである。

解 説

1 謝罪のポイントと対応策

近時、クレーマーが衣料品店、ボーリング場やコンビニエンスストアにおいて、店員に土下座を強要し、一部ではクレーマー自身が、店員が土下座する姿を撮影し、インターネット上に掲載をしたという事例が報道された。

ある労働組合が行ったアンケート[1]では、接客対応をしている流通サービス業従業員約5万人中、3万6002人が暴言等の迷惑行為・不当クレームを経験し、内1580件もの土下座強要事案があった。迷惑行為・不当クレームに対応した約9割がストレスを抱え、317人が精神疾患を発症したとのデータもあ

---

1 全国繊維化学食品流通サービス一般労働組合ホームページ、UAゼンセン流通部調査「〔速報版〕悪質クレーム対策（迷惑行為）アンケート調査結果（2017年10月）」5頁。

84

る。

このような現実を受け、厚生労働省が顧客からの不当クレームの対策の検討に着手したとの報道もなされている。

土下座を要求するクレーマーは珍しいものとはいえず、対策が必要である。

後に説明するように、土下座を強要するクレーマーの行為は、民事上は不法行為、刑事上は強要罪等の犯罪を構成しうるものであり、店員は民事上・刑事上の被害者である。土下座の要求に応じる必要はなく、してはならない。

土下座を要求するクレームは他の不当クレーム同様、あらかじめ対応をルール化しておき、複数で対応、証拠保全をし、謝罪は店員の落ち度ある部分に限定してなすなどすべきである。

もっとも、複数対応については、その対応者の1名以上がクレーマー対策に相当長じていなければ、有効な対策として機能せず、かえって被害を受ける店員が増えることがある。後述する事例においては、対応した2名以上の店員が土下座をさせられている。むしろ店員のうち1名が警察に連絡したほうが対策として有効である場合がある。

証拠保全については、クレーマーとのやり取りが店舗の防犯カメラにより撮影されていれば、それがその1つである。防犯カメラは、コンビニエンスストアなどの店舗等、万引きや強盗等の犯罪の防止・証拠保全の必要性・相当性がある場所に設置されているが、飲食店においても、たとえば、深夜営業を少数で行う店舗において導入されている例がある。

さらにいえば、脅迫を受け強要・恐喝された、あるいは退去を求めたが応じなかったなどの事実は、発言の有無・内容も重要であり、音声を録音することが望ましい。本事例のごとき状況に臨場する店員は、客がクレーマーとなりそうと予見された段階から、ICレコーダー等によって、やりとりを録音すべきである。この際、クレーマーの承諾を得ることなく、無断で密かに録音をすることも許されると解する（無断録音につき本章1④参照）。

相応の謝罪をしたとしても、クレーマーがおさまらず、罵詈雑言を続け、土下座を強要する場合、それ以上の謝罪や説明をして解決しようするのではなく、「ご不満のことについて、私共ができる謝罪は以上がすべてです。他のお客様へのご迷惑や、私共の仕事にも支障がでますので、お引き取りくだ

85

〔第2部〕 第1章 悪質クレーマーとのトラブルと対応

さい。お引き取りいただけない場合には、警察を呼ばせていただくことになります」旨を告げ、なおもクレーマーが退去しない場合、後述する犯罪が現に行われているとして、警察に通報をし、警察官による警告や逮捕を求めるべきである。むろん、緊急性がある場合には、この告知をすることなく警察に通報してよい。

クレーマーが警察への通報を妨害するならば、防犯ブザーを押す、他の店員、他の客にこれを求める、それらもできない場合、店舗外に出て警察に駆け込むか、誰かに警察を呼んでほしいと助けを求めるべきである。

土下座を要求するクレーマーは、自らの加害行為をインターネットに掲載する者があるように、少なくとも行為時には自己の行為に非があるものと考えず、人格障害など何らかの精神疾患が疑われ、あるいは、謝罪以上の不当な利得を求めようとしているのだから、合理的な謝罪・説得に納得することはない。被害を回避するには、警察の対応を求めることが最善であると考える。

そして、罵詈雑言を加え土下座を要求された店員は、相当のストレスを感じ困惑しているであろうから、上記の対応は、現場の判断に委ねるのではなく、店舗や社内においてこれらをあらかじめルール化して、店員においてルールに沿って実行すべきである。

以下では、本事案類型におけるクレーマーの法的責任を、近時の裁判例とともに説明する。本事例のようなクレーマーの言動は違法である。

2　民事上の責任

クレーマーの本事例の行為は、店員に対する不法行為、店舗の営業が害されるに至れば店舗に対する不法行為となりうる。

前者に関し、東京地判平成28・11・10LLI/DB判例秘書登載の事例がある。

すなわち、スーパーマーケットにおいて、常連客と店員が商品の陳列の仕方について言い争いをし、店員が客に「帰れ」と怒鳴って追い返した。後日、怒鳴って追い返したことについて、店員から客への謝罪の場が設けられたが、かえって店員は謝罪をせず、警察を呼んだ。そのため、客が怒り強い口調で、「俺は客なんだよ」、「警察官なんて呼んで、お前自分が正しいと思ってんの」

86

と文句を言い、警察が来ても、店員に対し「なんでてめえなんかに対して謝らなきゃいけないと思ってるんだろ、てめえ」、「謝って済むことじゃねえか」、「お客さんに喜んでもらうのが仕事だろう」、「この仕事辞めろよ」と少し声を荒げて文句を言い続け、店員を両手で押しのけ、「てめえ、いい加減にしろよ」と声を荒げたり、「馬鹿かお前は」と罵倒したり、「悪いこと言ったなとは思わなかったのかよ」、「なんでマネージャーが頭下げないといけないんだよ」、「土下座しろよ」などと10分以上にわたり文句を言ったりして謝罪を求めた。

店員は、客の行為が不法行為であるとして、損害賠償の訴えを起こし、1審で勝訴した。

控訴審裁判所も、客の行為を全く理解できないものではないとしつつも、私生活上の受忍限度を超えた行為と言わざるを得ないとし、客のこれらの発言が10分以上繰り返されていること、声を荒げて店員を罵倒し土下座を要求していること、店員を両手で押しのけたことを評価して、慰謝料を認めた1審判決を維持した。

本裁判例は、店員に落ち度があったとしても、土下座の要求等が不法行為に該当するとして、店員からの慰謝料の請求を認めたものである。

3　刑事上の責任の検討

本事例のクレーマーの行為や、これに関連し、以下のような犯罪が成立する可能性がある。

(1)　脅迫罪（刑法222条）

クレーマーが店員の生命・身体等に害悪を加える旨を告知すれば脅迫罪が成立する。仮に店員が土下座等を強いられるに至らずとも、同罪あるいは強要未遂罪となる。

(2)　強要罪（刑法223条）

暴行または脅迫して、土下座など義務なきことを行わせれば強要罪が成立する。

大津地判平成27・3・18（LLI/DB 判例秘書登載）は、深夜のボーリング場で、店員が未成年者の年齢確認を求めたところ、一緒に来ていた成年者であ

〔第2部〕 第1章 悪質クレーマーとのトラブルと対応

る被告人が、接客態度が悪いとして因縁を付け、手に持った財布を店員の顔に近付け振りながら、「なんで今さら言ってくるねん」、「未成年やってわかってたやろ」、「わかってて受付をしたんやろ」、「土下座して謝れ」、「土下座せえへんのやったら、店のもん壊したろか」、「めちゃくちゃにしたるで」などと怒鳴りつけ、未成年者の客は「はよやりぃさ」などと言い、店員に土下座させ謝罪させたとして、強要罪の成立を認めた事例である。

(3) 恐喝罪（刑法249条）

暴行または脅迫によって人を畏怖させ財物を交付させれば恐喝罪（同条1項）が、代金の全部または一部の請求を一時断念させるなど、不法の利益を得た場合には、恐喝利得罪（同条2項）が成立する。

大阪地判平成26・11・20（LLI/DB判例秘書登載）は、4名が共謀して、夜のコンビニエンスストアにおいて、店員と経営者に「誰に口聞いてるんや。われ」「お前殴るで」、「ファミマに車突っ込む言うてるで」、「手ぶらで行きまんのか、おたく、謝りに行く時」、「これやて、タバコ」、「潰してしまいや」、「お前ら、何時間な、ここおらす気やねん」、「3カートンずつ持っといで。早よ」などと言って、タバコ6カートンを脅し取ったとして、恐喝罪の成立が認められた事例である。

また、判示されていないが、報道によれば、当該加害者らは3名の店員らに土下座をさせ、その姿を動画で撮影し、動画投稿サイトに掲載した。

(4) 名誉毀損罪（刑法230条1項）

店員の姿をインターネット等で公表し、店員の名誉を毀損すれば、名誉毀損罪が成立する。

衣料品店で、顧客が、購入した商品が不良品であるとクレームをつけて店員2名を土下座させ、土下座する店員の写真をツイッターに掲載したことをもって名誉毀損罪の成立が認められ有罪とされた事例がある。

(5) 威力業務妨害罪（刑法234条）

罵詈雑言・土下座の要求等の暴行・脅迫により、店舗の業務が害されるに至れば、店舗に対する威力業務妨害罪が成立する。

(6) 不退去罪（刑法130条後段）

退去の要求を受けたにもかかわらず、正当な理由なく店舗から退去しなけ

れば、不退去罪が成立する。

(7)　その他

本事例の言動を超えて、クレーマーが店員を突き飛ばすなど、身体への有形力の行使をすれば暴行罪（刑法202条）が成立する。

●弁護士からのアドバイス●

　自らの犯罪行為を、インターネットにあげるようなクレーマーもおり、土下座を要求する者に対し、いかなる誠意を尽くしても理解を得られる可能性は少なく、警察に通報するなり被害届（【書式10】）を出すなどすべきである。強要罪等といえるか判然とせずとも、退去を求め、退去しなければ、少なくとも不退去罪は問いうる。

　クレーマーが、店員の謝罪・説得や警察の臨場により退去した後も、来店・電話等によりクレームを継続する場合には、警察への被害届、弁護士による警告の他、仮処分・本案訴訟・被害届の提出・刑事告訴等（【書式11】）の法的手続をとることもできるので、弁護士に相談されたい（第2部第1章1④、本項⑦参照）。

【書式10】　土下座強要に対する被害届

被　害　届

平成○○年○○月○○日

○○警察署長　殿

　　　　　〒○○○－○○○○　東京都○○区○○町○丁目○番○号

　　　　　電話　○○－○○○○－○○○○

　　　　　届出人　　○○　　○○　㊞

　次の通り、強要被害がありましたからお届けします。

第1　被害者の住所、職業、氏名、年齢

〔第2部〕 第1章 悪質クレーマーとのトラブルと対応

　　　　東京都○○区○○町○丁目○番○号
　　　　飲食店従業員
　　　　○○　○○（○○歳）
　第2　被害の年月日
　　　　平成○年○月○日午後○時○分ころ
　第3　被害の場所
　　　　東京都○○区○○町○丁目○番○号飲食店「○○」内
　第4　被害の模様
　　　　私は、被害場所において午後○時から接客の営業をしていました。
　　　　○時○分頃、犯人が酔っ払って入店し騒いでいたので、私は「他のお客様
　　　の迷惑になりますので」と静かにするようお願いしたところ、犯人は逆上し
　　　て「客に対してその言い方はなんだ」と怒鳴り始め、私に謝るよう要求しま
　　　した。私は何度か穏便に収まるよう説得をしましたが、犯人は「誠意を見せ
　　　ろ」「この店がどうなってもいいのか」「土下座しろ」と大声でわめき、テー
　　　ブルをたたき、私に殴りかかろうとしたので、私は土下座して謝らざるを得
　　　ませんでした。
　第5　犯人の住所、氏名または通称、人相、着衣、特徴等
　　　　住所、氏名不詳。
　　　　防犯カメラに犯人の姿が記録されています。
　第6　遺留品その他参考となるべき事項
　　　　防犯カメラのデータ

【書式11】　土下座強要に対する告訴状

　　　　　　　　　　　　　　告　訴　状

　　　　住所　〒○○○－○○○○　東京都○○区○○町○丁目○番○号
　　　　　　　　　　　　　　　　告訴人　　○○　○○
　　　　住所　〒○○○－○○○○　東京都○○区○○町○丁目○番○号
　　　　　　　　　　　　　　　　被告訴人　○○　○○

　　被告訴人の次の告訴事実に記載の行為は、刑法223条（強要罪）に該当する
　と思料いたしますので、捜査の上、厳重に処罰されたく告訴いたします。

第1　告訴事実

　　被告訴人は、平成○年○月○日午前○時○分ころ、東京都○○区○○町○丁目○番○号所在の○○において、同店店員である告訴人（当時○歳）の接客態度が悪いとして因縁を付け、告訴人に対し、○○などと怒鳴りつけ、土下座して謝罪することを要求し、この要求に応じなければ告訴人の身体等にどのような危害を加えるかもしれない気勢を示して脅迫して告訴人を畏怖させ、よって、そのころ、同所において、告訴人に土下座して謝罪させ、もって、告訴人に義務のないことを行わせたものである。

第2　告訴に至る経緯
　　1　…………
　　2　…………
　　3　…………

証　拠　資　料

　　1　経過説明書
　　2　録画データ
　　3　…………

添　付　書　類

　　1　証拠資料写し　　各1通
　　2　…………

　　　　　　　　　　　　　　　　　　　平成○○年○○月○○日

○○警察署長　殿

　　　　　　　　　　　　　　　　　告訴人　○○　○○　㊞

〔第2部〕 第1章 悪質クレーマーとのトラブルと対応

---

3 インターネットによる業務妨害への対応

1 ハッカーによる不正アクセス行為によりデータが流出し金銭要求がされた場合、どのように対応すべきか

事例 当社の営業秘密情報が多数保存されているサーバは外部に公開されており、また、その管理用パスワードは、導入当初から簡単なパスワード「password」で運用していました。そのため、ハッカーによってインターネットを介して当該サーバに不正にログインされ、営業秘密情報を含む多数のデータが盗まれました。その後、ハッカーからメールが届き、「営業秘密情報をインターネットに公開されたくなければ、金銭を支払え」と要求されています。どのように対応すべきでしょうか。

【ポイント】

1 ハッカー[1]による不正アクセス禁止法違反、不正競争防止法違反および恐喝事案であり、警察に届け出る。

2 セキュリティ体制の見直しを実施する。

3 ハッカーに対しては、断固として金銭要求の支払いを拒絶するとともに、盗まれた資料の確認、公開された場合の対応の準備、影響等を検討する。

---

1 本来「ハッカー」とは、コンピュータ等について一般人より深い技術的知識をもち、その知識を利用して技術的な課題をクリアする人々のことを指すが、ここではサイバー犯罪を行う者を便宜上「ハッカー」と呼ぶ。

3　インターネットによる業務妨害への対応　□

［解　説］

1　警察への届出

(1)　不正アクセス禁止法違反

　本事例のハッカーの行為は、不正アクセス行為（不正アクセス禁止法3条）に該当するか検討する。

　まず、「不正アクセス行為」とは、「アクセス制御機能を有する」サーバ等のコンピュータに対してインターネット「を通じて」「他人の識別符号を入力して」コンピュータを動作させ、制限されている機能を「利用し得る状態にさせる行為」をいう（不正アクセス禁止法2条4項1号）。ここで、「他人の識別符号」とは、サーバ等のコンピュータの管理者によって付された「その内容をみだりに第三者に知らせてはならないものとされている符号」（不正アクセス禁止法2条2項1号）等のこと、すなわち、パスワード等のことを指す。

　本事例の被害を受けた企業のサーバは、簡単なパスワード「password」を設定していたためにハッカーに推測されて突破されているが、簡単なパスワードであっても識別符号を付与して保護していたことには変わりがないため、アクセス制御機能は有効に機能していたといえる。

　本事例は、ハッカーが当該サーバの管理用パスワードを推測して不正にログインしており、これは、「不正アクセス行為」（不正アクセス禁止法3条）に該当する。

　この被害を警察に届け出る（【書式12】）ためには、被疑者（特定できないのであれば被疑者不詳）、被害特定に至った状況、被害内容、当該サーバへのログイン履歴やアクセスログ（接続した際に保存されている接続履歴）、これらのログを解析した解析結果報告書等を提出する必要がある。

(2)　不正競争防止法違反

　本事例のハッカーが企業の営業秘密を盗んだ行為は、営業秘密侵害罪（不正競争防止法21条1項1号）に該当するか検討する。

　まず、企業は、自社の保有する営業秘密情報が盗まれたかどうかを確認する必要がある。ハッカーによる虚偽の恐喝かもしれず、どのような情報が盗まれたのかを確認することは、被害状況把握の第一歩であり、重要な過程で

93

〔第2部〕 第1章 悪質クレーマーとのトラブルと対応

ある。盗まれた情報が前記(1)の不正アクセスの調査等によって特定できたのであれば、この情報が営業秘密に該当するかどうかを検討する必要がある。ここで、「営業秘密」とは、①秘密として管理されていること（秘密管理性）、②事業活動に有用な技術上または営業上の情報であること（有用性）、③公然と知られていない情報であること（非公知性）の3要件を満たすものをいい（不正競争防止法2条6項）、これに該当することを確認する。

　盗まれた情報が営業秘密に該当するのであれば、本事例は、ハッカーが、営業秘密の保有者である企業に対して、インターネット上に公開されたくなければ金銭を支払うよう要求しているので、「不正の利益を得る目的」、または企業に対して「損害を加える目的」で、保有者の管理を害する行為である「管理侵害行為」（不正アクセス行為（不正アクセス禁止法2条4項1号）を含む）により営業秘密を取得したのであり、営業秘密侵害罪（不正競争防止法21条1項1号）に該当する。

　また、本事例のハッカーがこの営業秘密をインターネットに公開した場合には、「管理侵害行為により取得した営業秘密を、不正の利益を得る目的で、又はその保有者」である企業に対して「損害を加える目的」で「開示した者」に該当し、不正競争防止法21条1項2号にも該当する。

　この被害を警察に届け出るためには、被疑者（特定できないのであれば被疑者不詳）、被害特定に至った状況、被害内容、営業秘密該当性としての3要件を満たすことを説明する資料、上記(1)の不正アクセス行為の該当性を説明する資料等を提出する必要がある。

(3) 恐喝未遂罪

　本事例のハッカーは、営業秘密をインターネットに公開されたくなければ、金銭を支払うように要求している。営業秘密は、企業にとって非常に重要な情報であり、公開されてしまえば取り返しがつかなくなることから、ハッカーの要求を受け入れて金銭を支払わざるを得ない状況に陥ってしまう。よって、ハッカーのこのような行為は脅迫行為に該当し、企業に対して金銭を支払うように要求したことは「恐喝」に該当する。

　企業がハッカーの恐喝に屈して金銭を支払えば、ハッカーに恐喝既遂罪（刑法249条1項）が成立し、金銭を支払わなければ、恐喝未遂罪（刑法249条

94

1項、250条）が成立する。

　警察に届け出る場合には、恐喝されているメールを印刷した物、公開すると脅されている営業秘密の説明資料等を提出する必要がある。

2　セキュリティ体制の見直し

⑴　パスワードの変更

　本事例のハッカーによる不正アクセス行為は、重要な営業秘密情報が保存されているサーバの管理用パスワードが簡単なものであったために発生してしまっている。そこで、パスワードを8文字以上、記号および英数字を含むランダムな文字列に変更し、管理者および業務に必要な担当者以外には周知しないようにする必要がある。

　また、パスワードの変更は、定期的な変更ではなく、今回のように不正アクセスの被害に遭った場合や、コンピュータがウイルスに感染した場合、管理者が交代した場合などに実施することが望ましいとされている。

　さらに、重要な営業秘密情報が保存されているサーバに対しては、特定のコンピュータからしか接続できないように設定することや、利用するユーザーごとにIDとパスワードを付与してアクセスできるファイルやフォルダを制限して管理すること、パスワード以外にスマートフォン等に届いたショートメッセージ（SMS）に記載された数字を入力するなどの二段階認証システムの導入も検討すべきである。

⑵　ログの監視

　本事例のハッカーによる不正アクセス行為により、営業秘密情報が盗まれているが、この被害に気付かず、ハッカーから恐喝メールを受領している。ハッカーが不正に侵入した段階や、ファイルを盗み出そうとした段階等、早期に発見することができていれば、より被害を最小限に抑えられた可能性がある。そこで、営業秘密情報が保存されているサーバ等に対して、特定のユーザーがログインした場合や一定回数ログインに失敗した場合にはアラートを発するようなシステムの導入を検討すべきである。

⑶　外部業者の検討

　ITシステムを外部業者に委託して導入している企業においては、委託事

〔第2部〕 第1章 悪質クレーマーとのトラブルと対応

業者にセキュリティ対策も丸投げしているところも少なくないだろう。しかし、IT システムを導入する委託事業者だからといってサイバーセキュリティの専門家であるとは限らない。にもかかわらず、そのようなサイバーセキュリティの専門家であるかどうかを確認せず、外部委託事業者にセキュリティ対策も丸投げしているようでは経営者として失格である。

　サイバーセキュリティは、最新のサイバー攻撃手法やサイバーセキュリティ情勢に精通しており、企業内のシステムの構築状況を把握していること、サイバー攻撃等が発生した場合には、侵害経路の特定、ウイルスの除去、ログ等の解析、侵害されたシステムの復旧、外部への届出や報告、公表、再発防止策の検討等、多岐にわたる様々な知見が必要になる。このような知見のない外部業者に委託したとしても適切な対策や対応を期待することができないのは明白であろう。

　このようなサイバーセキュリティの専門家を企業内の人材として育成することができればよいが、そのようなことができる企業は稀であり、ほとんどの企業はサイバーセキュリティの知見を有した信頼できる外部業者を見つけることから始める必要がある。このような外部業者を選定する基準としては、事件発生時の対応体制の整備状況、夜間や休日対応状況、実際の利用者による口コミ等を参考に判断するのがよいだろう。

3　対応に関する法的責任（取締役らの善管注意義務違反）の検討

⑴　営業秘密情報を含むデータが盗まれたことの法的責任

　本事例において、ハッカーに営業秘密情報を盗まれたのは、簡単な管理用パスワードを設定していたからである。このようなセキュリティ状況を作出したことは、昨今のセキュリティ情勢に鑑みれば、会社にできるだけ損失を与えないように適切なリスク管理を実施するという善管注意義務を取締役らが怠ったといえ、このような状況のまま放置していたことに対する過失も認められ、取締役らは、会社に対して、任務懈怠に基づく損害賠償責任を負う（会社法423条1項）可能性が高い。また、第三者に損害が発生した場合にも損害賠償責任を負う（会社法429条1項）可能性が高い。

⑵ 支払ったことによる損害の責任

取締役らが、ハッカーに対して金銭を支払ったとしても、営業秘密情報は
ハッカーの手元に残ったままであり何ら状況は変化しない。公開しないとい
う約束が守られる保証はどこにもなく、さらなる金銭要求をされるおそれも
考えられ、ハッカーによる金銭支払いの要求は断固として拒絶すべきである。
にもかかわらず、営業秘密が公開されることをおそれ、その場しのぎのため
にハッカーに金銭を支払った場合は、この金銭による損失に対して重大な過
失があったともいえるため、会社および第三者に対して任務懈怠に基づく損
害賠償責任を負う可能性が高い。

また、このようなハッカーは反社会的勢力である可能性があり、これを企
業が明確に認識しつつ金銭を支払ったのであれば、反社会的勢力に対する利
益供与にも該当し得るため、より慎重な対応が求められる。このような事情
を考慮することなくハッカーに対して金銭を支払ったことは、やはり任務懈
怠があったといえるだろう。

4　営業秘密情報が公開されたときの準備等

本事例の企業は、営業秘密情報が公開されてしまった場合の準備等を検討
する必要がある。勘違いしてはならないことは、営業秘密情報が公開された
からといって、当該情報が営業秘密でなくなるわけではないことである。仮
に公開された営業秘密情報を第三者が入手したとしても、保有企業からこの
第三者に対して、当該情報が不正にハッカーに取得された営業秘密であるこ
とを通知し、認識させておけば、この第三者が営業秘密を使用、開示した場
合には不正競争行為に該当することになる（不正競争防止法2条1項6号）。
この場合、営業秘密情報の保有企業は、この第三者に対して、差止め【書
式N】等の請求（同法3条）や損害賠償請求（同法4条本文）をすることが
できる。ただし、第三者が正当な契約等の取引により情報を入手した場合で
あれば、当該取引によって取得した権原の範囲内においてのみ使用または開
示することは可能であるが（同法19条1項6号）、この権原の範囲を超えて使
用または開示をした場合には、差止め等の請求をすることができる。

ハッカーにより営業秘密情報が公開された場合は、公開されたWebサイ

〔第2部〕 第1章 悪質クレーマーとのトラブルと対応

トの管理者等に対して、当該情報が営業秘密情報であることを通知し、削除
するように請求する必要がある。

　さらに、マスコミ等や自社の Web サイト上において、当該情報が公開さ
れたことを公表することも考えられるが、これによって、いまだ入手してい
なかった第三者が興味本位で入手し、拡散してしまうことも考えられるため、
慎重に検討する必要があるだろう。

●弁護士からのアドバイス●

　不正アクセスや企業恐喝の被害に対し、適切に対応するには、弁護士
に相談し、どのような対応を取るべきかのアドバイスを求めることが必
要である。取締役らの独断と偏見で判断をすることは、冷静さを欠いた
り知見を持たない判断であったりするため、事態は最悪な方向に進むこ
とになりかねない。

　サイバー攻撃は年々高度化、巧妙化しており、100％の防御は不可能
であるため、攻撃を受けた場合の対処を検討しておく必要がある。この
検討を怠れば、取締役らの任務を全うするという責任を果たしたという
ことはできないだろう。

　警察への相談や被害の届出を実施する際にも弁護士に適切なアドバイ
スを求めることで、スムーズな対応が期待できる。特に、必要な資料を
検討したり、被害届（【書式P】）・告訴状（【書式O】）を作成したり、警
察へ捜査の交渉をしたりするには、弁護士の知見が必要になる。

【書式12】　不正アクセスに対する被害届

被　害　届

平成○○年○○月○○日

○○○警察署長　殿

届出人

　　　　　住　所　〒○○○—○○○○

　　　　　　　　　○○県○○市○○—○—○

　　　　　氏名　　○　　○　　○　　○　㊞

　　　　　電　話　○○○—○○○—○○○○

　次のとおり、不正アクセスの禁止等に関する法律違反の被害がありました
からお届けします。

記

1　被害者の住所、職業、氏名、年齢

　　住　所　〒○○○-○○○○

　　　　　　　○○県○○市○○—○—○

　　職　業　○○業

　　氏　名　名称　○○○株式会社

　　　　　　代表取締役　○　　○　　○　　○

　　年　齢　○○歳（昭和○○年○○月○○日生）

2　被害の年月日時

　　平成○○年○○月○○日○○時○○分ころから同日○○時○○分ころまで
　の間

3　被害の場所

　　被害者の住所に所在し、被害者が管理するファイルサーバ

4　被害の模様

　　犯人は、法定の除外事由がないのに、平成○○年○○月○○日○○時○○
　分ころ、電気通信回線を介し、アクセス管理者である被害者が被害者の住所
　に設置したアクセス制御機能を有するファイルサーバに、被害者の従業員を
　利用権者として付された識別符号であるパスワード「password」を入力し、
　上記ファイルサーバを作動させ、アクセス制御機能により制限されている特
　定利用をし得る状態にさせて不正にアクセス行為をしました。その後、犯人
　は、上記ファイルサーバ内に保存されていた公開されていない業務上有用な
　複数のファイルをコピーしました。

　　被害者は、同年○○月○○日○○時○○分ころ、被害者の管理部門におい
　て、アクセスログの異変に気付いたため、当該管理部門が調査を開始したと
　ころ、同年○○月○○日○○時○○分ころから同日○○時○○分ころまでの

〔第2部〕 第1章 悪質クレーマーとのトラブルと対応

間、複数回不正にアクセスされた痕跡が上記ファイルサーバのアクセスログに保存されていることを発見しました。

5　被疑者の住所、氏名または通称、職業等

　　住　所　　　　不詳

　　氏名又は通称　不詳

　　職　業　　　　不詳

6　添付書類

　　平成〇〇年〇〇月〇〇日〇〇時〇〇分ころから同日〇〇時〇〇分ころまでの間における、被害者のファイルサーバに保存されていたアクセスログをコピーしたDVD-R　1枚

以上

②　フィッシングサイトの被害者から連絡があった場合、どのように対応すべきか

事　例　　当社は Web サイトを使用してインターネットの通信販売をしている会社です。ある顧客から、「貴社から緊急のお知らせと題した電子メールが届き、『あなたのアカウントが攻撃者によって盗まれた可能性があります。すぐに下記 URL をクリックしてログインし、不審な購入履歴がないか確認してください』という内容が記載されていたので、URL をクリックして接続したところ、貴社の Web サイトと全く同じ Web サイトに接続したので、私の ID およびパスワードを入力しました。しかし、ログインエラーが表示されてログインができませんでした。数日後、再度ログインをしてみたところ、今度はログインができたので、購入履歴を確認したら、覚えのない購入履歴を発見しました。何とかしてほしい」との連絡がありました。

この方は、他人の ID やパスワードを盗み取るフィッシングサイトによるフィッシング詐欺被害に遭ったのだと思いますが、どのように対応すべきでしょうか。

【ポイント】

1　フィッシング詐欺の被害状況を把握し、アカウントを停止する。

2　フィッシングサイトの停止を依頼する。

3　自社の Web サイトに、フィッシングサイトに誘導する電子メール、フィッシングサイトの URL、そのようなサイトに ID およびパスワードを入力しないよう注意喚起をする。

4　他人の ID およびパスワードを盗み取るフィッシングサイトの構築はフィッシング罪に、盗み取った ID およびパスワードでログインする行為は不正アクセス罪にそれぞれ該当するので警察に届け出る。

5　委託事業者と連携して対応する。

101

〔第2部〕 第1章 悪質クレーマーとのトラブルと対応

| 解 説 | **1　フィッシング詐欺被害状況の把握およびアカウントの停止** |

(1)　フィッシング詐欺について

「フィッシング詐欺」とは、利用者に偽物の Web サイトを本来の Web サイトであるかのように誤認させたり、Web サイトの管理者から送信された電子メールであると誤認させたりするなどして利用者を騙し、アカウント情報である ID やパスワード、クレジットカード情報などを入力させ、盗み出す行為のことをいう。このような行為によって情報を盗み取った攻撃者が、利用者になりすまして本来の Web サイトにログインすることにより、インターネットショッピングをしたりオンラインバンキングの不正送金をしたりするなど、Web サイトのサービスを悪用できてしまうことになる。

　Web サイトを構築し、サービスを提供している企業として、フィッシング詐欺対策を実施することは重要である。フィッシングに関する情報収集・提供、注意喚起等の活動を中心とした対策の促進を目的に設立されたフィッシング対策協議会から、ガイドラインが公開されており[2]、フィッシング詐欺被害の発生を抑止するための対策等が記載されているため、参考にしてほしい。

(2)　被害状況の把握およびアカウントの停止

　本事例のフィッシング詐欺による被害者からの連絡が真実かどうかを確認し、被害状況を把握する必要がある。そのためには、被害者から受領したフィッシングサイトに誘導させる電子メールに記載された URL に接続し[3]、フィッシングサイトを調査する必要がある。

　フィッシングサイトに接続して確認し、被害者からの連絡内容が真実であった場合には、被害者のアカウントを停止し、利用できなくするとともに、被害者の ID およびパスワードを用いてログインした接続元 IP アドレスと

2　https://www.antiphishing.jp/report/guideline/antiphishing_guideline2017.html
3　フィッシング被害の連絡を装って、接続するだけでウイルスに感染させられる URL へ誘導する標的型攻撃と呼ばれる特定の企業や組織を狙ったサイバー攻撃かもしれないため、フィッシングサイトを確認する際には、ウイルス対策ソフトのアップデートやパソコンを最新の状態にしてから接続すること。

102

同じ IP アドレスからログインされたアカウントが他にないかも確認する（同じ IP アドレスから別のアカウントにログインされていれば、このアカウントもフィッシング詐欺に遭っている可能性が高いため）。仮にログインされたアカウントが他にも存在した場合は、そのアカウントも停止し、当該アカウントの利用者に対し、被害に遭っていないかを確認する必要がある。

　また、フィッシングサイトに接続して、ID およびパスワードを入力したことがないにもかかわらず、身に覚えのない購入履歴が存在すると連絡してきた被害者についても、被害状況を確認し、場合によってはアカウントを停止し、調査する必要がある。

2　フィッシングサイトの停止依頼

(1)　企業による対応

　フィッシングサイトを放置していれば、被害者が増加するおそれがあるため、フィッシングサイトを停止するようウェブサイト管理者等に依頼する必要がある。フィッシングサイトの停止依頼を企業自らが実施する場合は、フィッシングサイトが構築されている Web サイトの管理者に直接連絡をするのではなく、フィッシングサイトの IP アドレスを管理している ISP（インターネットサービスプロバイダ：インターネット接続の電気通信役務を提供している組織のことである）に連絡を取ることが望ましい[4]。フィッシングサイトを構築した者は、第三者が管理する Web サイトに不正アクセスを行って構築した可能性が高く、不正アクセスされた Web サイトの管理者はフィッシングサイトが構築されたことを把握していない可能性が高い。そのため、企業自らがこのようなフィッシングサイトを把握していない Web サイトの管理者に対し、突然連絡を行っても対応してくれない可能性がある。

　そこで、国内の ISP の場合、会員によるフィッシングサイト等の迷惑行為に関する問い合わせ窓口を設置している ISP も多いので[5]、この窓口に連絡して対応を依頼することが望ましい。一方、海外の ISP の場合は、電子メールでの問い合わせになる。

4　フィッシングサイトの IP アドレスを管理している ISP の調査方法は本項[4]参照のこと。

5　OCN の場合：http://www.ocn.ne.jp/info/rules/abuse/

〔第2部〕 第1章 悪質クレーマーとのトラブルと対応

　また、企業自らが停止依頼を実施する場合であっても、下記(2)の専門機関に支援依頼を行うことが望ましい。

(2)　専門機関による対応

　専門機関による対応としては、JPCERT/CC がフィッシングサイトの停止依頼を受け付けている。停止依頼には、「インシデント対応依頼[6]」を参照し、電子メールの件名に「サイト停止希望」と明記したうえで、フィッシングサイトの URL、フィッシングサイトを確認した日時等を報告様式に従って記載して送信する[7]。

　すでに上記(1)による企業自身で ISP に停止依頼をしている場合には、連絡日時と連絡先、連絡内容なども報告様式に記載する。

3　注意喚起

(1)　問い合わせ窓口の準備

　本事例のように、ある被害者から被害の連絡があったということは、他にも被害者が存在する可能性が高いと考えられる。フィッシング詐欺は、フィッシングサイトを構築し、フィッシングサイトに誘導する大量の電子メールを送信することで、騙された利用者がフィッシングサイトに接続し、ID やパスワード等を盗まれてしまう被害が多数発生する可能性がある。そのため、他の被害者やフィッシングサイトに誘導する電子メールを受信した利用者からの問合せが殺到することも考えられる。

　そこで、電話や電子メールによる問い合わせの情報を一元的に管理する窓口を設置し、利用者に対して電子メールや自社の Web サイト等に問い合わせ先を記載する。この窓口の設置と同時に、問い合わせに対する基本的な回答事項（Q&A 集）をあらかじめ作成して、担当者に配布しておき、できる限り同一内容の回答ができるようにするなどの準備をすることが望ましい。

(2)　利用者への通知、広報等の注意喚起

　フィッシングサイトの存在を確認した場合、被害発生や被害拡大を防止するため、フィッシングサイトの停止依頼を実施すると同時に、利用者に対し

6　https://www.jpcert.or.jp/form/

7　https://www.jpcert.or.jp/form/form.txt

てフィッシング詐欺被害に遭わないようにするために早急に通知や広報を行う必要がある。フィッシングサイトを放置してしまうと、被害に遭った利用者は当該企業のサービスを利用しなくなってしまうし、被害に遭ったことをSNS等に書き込み、これを見たり聞いたりした未来の顧客らがサービスの新規登録をして利用しようとはしなくなることから、これを回避しなければならないからである。

利用者に対する通知内容として、フィッシングサイトに誘導する電子メールが大量に送信されていること、当該電子メールの件名や本文を紹介すること、実際にフィッシングサイトが公開されているのを確認したこと、フィッシングサイトの URL およびこの URL には接続しないように注意することなどを記載した電子メールや郵便などにより周知する必要がある。このとき、すでに被害に遭ってしまった利用者が相談できる窓口も併記しておくことが重要である。

他には、自社の Web サイトにも同様の内容を掲載し、周知する必要がある。また、被害の重要度、深刻度によっては各種メディアへの告知も実施することが望ましい。

4 警察への届出

本事例のフィッシングサイトを構築・公開した行為は、フィッシング行為（不正アクセス禁止法7条）に該当する。フィッシング行為によって、アカウント情報を盗み取った者が利用者になりすまして本来の Web サイトにログインすることにより、インターネットショッピングをしたりオンラインバンキングの不正送金をしたりするなど Web サイトのサービスを悪用できてしまうことから、これを防ぐ必要があるためにフィッシング行為を犯罪として規定している。

フィッシング罪は、フィッシングサイトを構築し、公開することで他人のID およびパスワードを詐取することを手口とする行為（不正アクセス禁止法7条1号）、あるいは、電子メールによって ID およびパスワードを詐取しようとする行為（不正アクセス禁止法7条2号）が処罰の対象となっている。本事例の行為は、ショッピングサイトを運営する企業の Web サイトと全く同

〔第2部〕 第1章 悪質クレーマーとのトラブルと対応

一の Web サイトを構築して公開しており、他人である利用者が本来の Web サイトと誤認して、ID およびパスワードを入力するよう促していることから、フィッシング罪（不正アクセス禁止法7条1号）に該当する。

　本事例は、フィッシングサイトを構築・公開され、ID およびパスワードが盗まれて不正にログインされたのであるから、不正アクセス罪（不正アクセス禁止法3条）にも該当する。そのため、Web サイトの管理者である企業は、本社を所管する都道府県警察のサイバー犯罪相談窓口[8]に対して連絡を行い、被害の相談をすることが望ましい。

　この被害を警察に届け出る（【書式13】）ためには、被疑者（特定できていない場合は被疑者不詳）、被害特定に至った状況、被害内容、企業の Web サイトへのログイン履歴やアクセスログ（接続した際に保存されている接続履歴）、ログ解析を実施した場合には解析結果報告書等を提出する必要がある。

　また、被害者に対しても、フィッシングサイトによる被害に遭ったのであるから、上記3(2)の通知の際に、最寄りの警察署や都道府県警察のサイバー犯罪相談窓口に被害相談をするよう併記することが重要である。さらに、クレジットカード番号を入力してしまった場合には、すぐにクレジットカード会社に連絡するよう警告することも忘れないように通知する。

5　委託事業者への相談

　Web サイトの構築や運用、管理を外部業者に委託している場合は、委託事業者と連携を取りながら、これまで解説してきた内容を実施することが望ましい。ただし、その場合にも委託事業者に丸投げをするのではなく、被害者に対する適切な対応や被害拡大防止に努めるなど、Web サイトの責任者として適切な判断をしなければならない。

●弁護士からのアドバイス●

　警察へ相談したり、被害の届出を実施したりする際は、弁護士に適切なアドバイスを求めることで、スムーズな対応が期待できる。対応の迅

8　http://www.npa.go.jp/cyber/soudan.htm

速さと適切さが要求されるため、日頃から弁護士とは密な連携をしておく必要がある。

被害者に対する被害補償は、企業に落ち度がない場合は原則不要である。もっとも、海外の同一の接続元 IP アドレスから大量にログインに成功していた場合（ID にメールアドレスを使用している Web サイトで、パスワードの使い回しをしている利用者が多い場合は、他の Web サイトから不正に収集したメールアドレスおよびパスワードのリストを使ってログインを試行すると、次々にログインできてしまうリスト型攻撃による不正アクセス）は、本来、このような事象はあり得ないにもかかわらず、これを検出して対応しなかった企業側にも一定の落ち度があるといえるため、このような場合には被害補償を検討するとよいだろう。なお、銀行のWeb サイトのフィッシングサイトが構築され、騙されてアカウント情報等を盗まれ、不正送金被害に遭った被害者については、全国銀行協会から、インターネット・バンキングによる預金等の不正な払戻しが発生した際に、銀行が無過失の場合でも顧客に過失がないときは原則補償することを申し合わせている。[9]

フィッシング対策協議会では、提供された情報を事例調査や利用者への注意喚起のためフィッシング対策協議会の Web サイトに掲載して活用するとともに、対策機関との連携に活用しているため、フィッシング情報をフィッシング対策協議会に提供することを推奨する。[10]

9　一般顧客については、平成20年2月19日付け（https://www.zenginkyo.or.jp/news/detail/nid/2933/）に、法人については、平成26年7月17日付け（https://www.zenginkyo.or.jp/news/detail/nid/3349/）にそれぞれ申し合わせ結果が公表されている。

10　Web サイトは https://www.antiphising.jp、電子メールアドレスは、info@antiphishing.jp である。

〔第２部〕 第１章 悪質クレーマーとのトラブルと対応

【書式13】 不正アクセス（フィッシングサイト）に対する被害届

被 害 届

平成○○年○○月○○日

○○○警察署長　殿

届出人
住　所　〒○○○—○○○○
　　　　　○○県○○市○○—○—○
氏　名　　○　　○　　○　　○　㊞
電　話　○○○—○○○—○○○○

　次のとおり、不正アクセスの禁止等に関する法律違反の被害がありましたからお届けします。

記

１　被害者の住所、職業、氏名、年齢
　　住　所　〒○○○—○○○○
　　　　　　　○○県○○市○○　○—○—○
　　職　業　○○業
　　氏　名　名称　○○○株式会社
　　　　　　代表取締役○　○　○　○
　　年　齢　○○歳（昭和○○年○○月○○日生）
２　被害の年月日時
　　平成○○年○○月○○日○○時○○分ころから同日○○時○○分ころまでの間
３　被害の場所
　被害者の住所に所在し、被害者が管理する Web サーバ
４　被害の模様
　　犯人は、法定の除外事由がないのに、平成○○年○○月○○日○○時○○分ころ、電気通信回線を介し、アクセス管理者である被害者が被害者の住所に設置したアクセス制御機能を有する Web サーバに対し、被害者の利用者Ａとして付された識別符号である ID 及びパスワードを入力し、被害者のWeb サーバを作動させ、アクセス制御機能により制限されている特定利用

3 インターネットによる業務妨害への対応 ②

をし得る状態にさせて不正にアクセス行為をしました。その後、犯人は、被害者の Web サーバにアクセスし、利用者Ａの承諾なく不正に添付書類(2)記載の商品を購入しました。

　被害者は、同年○○月○○日○○時○○分ころ、利用者Ａからの報告により、被害者の管理部門が調査を開始したところ、同年○○月○○日○○時○○分ころから同日○○時○○分ころまでの間、利用者Ａのアカウントに対して、不正にログインされた痕跡が Web サーバのアクセスログに保存されていることを発見しました。

5　被疑者の住所、氏名又は通称、職業等

　　住　所　　　　不詳

　　氏名又は通称　不詳

　　職　業　　　　不詳

6　添付書類

(1)　平成○○年○○月○○日○○時○○分ころから同日○○時○○分ころまでの間における、被害者の Web サーバに保存されていたアクセスログをコピーした DVD-R　1枚

(2)　利用者Ａの被害状況報告書　1通

以上

〔第2部〕 第1章 悪質クレーマーとのトラブルと対応

③ 店舗の利用客によるインターネット上のクレームがきっかけで炎上してしまった場合の対応はどうするか

事 例 　当社が経営する店舗で従業員とお客様とのトラブルが発生してしまいました。当社の従業員に落ち度がありお客様にけがをさせてしまったようなのですが、怒ったお客様が従業員に対するクレームをインターネット上に書き込み、それを見た人たちがお客様の投稿を拡散したことで、インターネット上で当社に対する批判が殺到して炎上しているようです。当社で確認できただけでも、当社へのクレームの投稿は1000を超えているようです。

　当社はどのように対応すればよいでしょうか。炎上の影響を最小限に抑えるためにはどうすればよいでしょうか。

【ポイント】

1　インターネット上の炎上の状況を正確に把握する。

2　迅速かつ慎重に炎上の対象となっている事実関係の調査を行う。

3　対外的な広報や投稿の削除など対応策を検討する。

解 説　　**1　炎上の状況の把握**

(1)　炎上とは何か

　炎上とは、ウェブ上の特定の対象に対して批判が殺到し、収まりがつかなそうな状態のことをいう。[11]会社に関するものだけでも、利用客の投稿をきっかけとする炎上、従業員の不適切な投稿による炎上、企業広告による炎上、個人情報の流出による炎上などさまざまなケースが想定される。その中には、会社に大きな落ち度があるケースもあれば、会社にはほとんど落ち度がないケースまでさまざまなものがあり、会社にはその状況に応じた適切な対応が求められる。

11　尾上チキ『ウェブ炎上―ネット群衆の暴走と可能性』7頁。

110

(2) 炎上の状況の分析

インターネット上で炎上したときに、炎上している当事者から見ると到底収まりがつかない状況であっても、実際の炎上参加者はそれほど多くないということもある。炎上参加者といっても、「9割以上が一言感想を述べる程度」で、「複数回書き込みをしていて、直接攻撃の予備軍と考えらえる人はこの中の数％」であるとの研究結果もある。[12] そのため、炎上してしまったらどうにもならないと考えるのではなく、会社は冷静に炎上の状態を分析し、対応策を検討する必要がある。

具体的には、炎上の原因が自社に落ち度のあるものかどうか、インターネット上のどの範囲、およびどのサイトで炎上しているのか、原因となる事実の発生や炎上の発生からどれくらいの時間が経過しているかなどを押さえておく必要がある。

2 炎上時の対応

(1) 事実関係の調査

従業員に落ち度のある行動が原因で炎上した場合には、まずは迅速かつ慎重に事実関係の調査をする必要がある。この場合、従業員から聴き取りを行うことが重要であるが、処分を免れるため従業員が虚偽の事実を述べてしまうことも珍しいことではない。そこで、ただ従業員の主観的な言い分を鵜呑みにするのではなく、客観的な事実を整理し、従業員の言い分と客の言い分がそれらの客観的事実と整合性があるのかどうか慎重に検討すべきである。

炎上の初期段階では、事実関係のすべてが明らかになっていないことも多いと思われるが、仮に初期段階で公表する場合には、基本的に客観的に明らかな事実のみを公表することとし、事実関係があいまいな部分について安易に事実を公表することは控えるべきである。特にインターネット上で炎上している状況においては、公表した事実が後に誤りであったことによってさらなる炎上を招くおそれも大きい。対応を決定する前提として、聴き取った事実が明らかなものかどうかよく整理しておく必要がある。

---

12 田中辰雄＝山口真一『ネット炎上の研究〔初版〕』137頁。

〔第2部〕 第1章 悪質クレーマーとのトラブルと対応

(2) 対応窓口の設置

インターネット上で炎上した際には、対応の窓口を決め、統一的な対応をすることが特に重要である。炎上している状況では、炎上参加者は会社の対応も含めた動向を注視しており、行動の1つひとつがインターネット上にまとめられる（組み合わせて発信される）ことも少なくない。そのため、社内で異なった対応をしていれば、その点がネット上で明らかになることで批判を受けることになるため、社外からの問い合わせに対し誰が対応するのか、個々の従業員に対してどのような指示をするのか、社内の対応について誰が決定するのかなどを明らかにしておく必要がある。

(3) 対応の方針

(A) 何もしない

ある程度の規模をもってインターネット上で炎上している状況においては、何もすることなく速やかに炎上状態が収まっていくことはあまりない。また、炎上による被害が広まっていくときに、当事者である会社にとって何もせずに黙ってみていることも難しいものである。そのため、インターネット上で炎上した場合において、何もしないことが最良の選択となるのは、炎上の規模が小さく、特段企業活動への影響がないか、何もしなければ収まりそうであるなどの事情がある場合ということになろう。

(B) 反論する

会社がインターネット上で炎上した場合、会社側に何らかの落ち度があることが多い。そのため、多くの場合反論が功を奏することは考え難く、基本的には反論することにより事態を収束させようとすることは避けるべきである。

もっとも、反論したことにより炎上が収まった例が全くないわけではないが、それは極めて例外的なものである。反論を選択すべき場面は、根拠を示して具体的に反論でき、炎上参加者を説得する見通しが立てられるようなごく一部の場合に限られるであろう。

(C) 謝罪する

会社側に何らかの落ち度があって炎上した場合には、謝罪をするのが基本的な対応になる。謝罪の際には、自社の落ち度を認め真摯に謝罪し、被害者

にも配慮しながら再発防止のための具体的な対応策を提案することなどが重要となる。反対に、自社を正当化して弁解を繰り返したり、被害者側を非難することで会社の被害者意識を強調したりすれば、その謝罪自体が非難される結果になりかねないので注意が必要である。

会社側だけでなく被害者にも落ち度がある場合であっても、会社側の落ち度が否定できない以上、炎上し、批判されやすい状況にあることから、基本的には謝罪の対応をすることが無難である。仮に被害者側の落ち度が大きかったとしても、会社の落ち度が小さいことについて根拠を示して具体的に説明でき、炎上参加者を説得する見通しが立てられるような限定的な場合でなければ、反論をすることは慎重であるべきである。

(4)　処分、告訴

炎上した原因が従業員個人に非があるものであった場合、従業員への処分や告訴も視野に入れる必要があり、適切な処分を行ったことを公表することが炎上を収束させることにつながることもある。

(5)　対外的な広報

炎上を鎮静化させるためには、会社から対外的な広報を行うことも考えられる。具体的には、プレスリリースの配信、記者会見を行うなどのメディア向けのものもあれば、ホームページなどで広報を行うことも考えられる。

炎上に際してインターネット上で事実とは異なった認識が広まってしまったような場合には、会社名を検索した際に上位に表示されるホームページなどを利用して事実とは異なることを発信することも有用である。

(6)　削除請求・発信者情報開示請求

炎上している際の削除請求や発信者情報開示請求は、さらなる炎上を招くおそれがあることに注意すべきである。

削除請求の相手方であるサイト管理者等から発信者に意見照会がなされた場合はもちろん、同一のサイト内で番号順に並んでいた複数の投稿の途中の投稿番号が消えている場合など、会社が自社に対する投稿を削除していることが発信者および第三者に明らかになる契機は存在する。

発信者情報開示請求についても、発信者本人への意見照会があった際に、発信者自身が炎上参加者であった場合には、さらなる炎上を生むため発信者

〔第2部〕 第1章 悪質クレーマーとのトラブルと対応

情報開示請求をされているという事実自体がインターネット上で公にされる
ケースも少なくない。

　法的手続を行うことによりさらなる炎上を招くリスクを考慮すれば、炎上
がある程度沈静化するまでは、1つひとつの投稿への対応や発信者の特定を
控えるという判断が必要な場合もある。

●弁護士からのアドバイス●

　誰もがインターネット上に投稿できるようになった現代では、会社が
インターネットによる発信を行っているかどうかにかかわらず、どの会
社も炎上のリスクを抱えている。過去に他社がどのような場合に炎上し
ているのかを知り、自社がどのような炎上リスクを抱えているのかを把
握しておくだけでも、炎上対策の第一歩となる。どの会社もインター
ネットによる炎上問題を他人ごとと捉えず、社内会議や弁護士等の外部
の専門家を招いて議論することで、いざというときの対応策を検討して
いくことが必要となる。

　また、実際に炎上してしまった場合には、炎上している当事者は冷静
な判断ができないことも多いため、安易な判断によりさらなる炎上を招
くことがないようあらかじめ慎重な判断ができる体制作りをしておくも
重要な課題といえる。

3 インターネットによる業務妨害への対応 4

4 匿名で虚偽の事実をインターネット上に書き込まれた場合、どう対応すべきか

事例　当社は近年急激に売り上げを伸ばしていることもあり、同業他社には当社のことをよく思わない会社も多いようです。それでも、当社は社員が働きやすい会社を目指し日々努力しています。ところが、転職サイトの当社に関するインターネットページに、匿名で、「この会社は従業員に1日18時間働かせているブラック企業です。仕事がつらくて辞めようか迷っています。みんなで勤務時間を減らすように働きかけましょう。」という書き込みがありました。当社は社員にほとんど残業をさせておらず、全くの事実無根です。きっと当社のことをよく思わない同業他社による書き込みだと思います。

　この書き込みによって、会社にはどのような影響が考えられるのでしょうか。当社は匿名の書き込みに対してどのように対応していけばよいのでしょうか。

【ポイント】

1　虚偽の書き込みがインターネット上でどのように広がっていくのかを知り、会社への影響を正確に把握する。

2　迅速に事実関係および会社への影響を調査するとともに、インターネット上に書き込みがあったことを証拠に残しておく。

3　虚偽の書き込みに対してどのような対応ができるか検討し、投稿記事の削除や匿名の発信者の特定など、必要に応じ法的手段も用いて対応する。

解説　　**1　書き込みによる会社への影響の把握**

　　(1)　虚偽の書き込みがあった場合のインターネット上の広がり

会社に関する虚偽の書き込みがとあるサイトになされた場合、その影響は

115

〔第2部〕 第1章 悪質クレーマーとのトラブルと対応

そのサイトを見た者だけにとどまるわけではない。当初は会社の名前で検索しても検索結果として表示されなかったものが、時間の経過等により、GoogleやYahoo!を利用して検索した際の検索結果の上位に表示されることもある。問題のサイトが注目されていくにつれ、会社名を検索キーワードとして入力するだけで、検索キーワードの候補に「ブラック企業」と表示されることも考えられる。

(2) どのような影響があるか

転職サイトに会社に対する虚偽の書き込みがなされた場合、直接的な影響としては、その会社への就職を検討している人が面接に来なかったり、内定を辞退したりすることが考えられる。その影響は、就職の場面に限られない。検索結果や検索キーワードの候補に「ブラック企業」と表示されれば、それが事実であるかどうかにかかわらず、会社の社会的評価の低下は免れないであろう。いつでも誰でもインターネットに触れることのできる現代では、商品やサービスを利用しようとしている消費者や、今後取引先となるであろう会社などが、インターネット上の評価を気にして取引を躊躇することも少なくないのである。

2 事実関係および会社への影響の調査と証拠収集

(1) 事実関係の調査

「ブラック企業」とは、その単語の認知度も高まった近年においては、「労働法規を遵守していない、従業員にとって望ましくない会社[13]」を意味するものと考えられる。「ブラック企業」といった書き込みがなされた場合であっても、法律に違反して過大な残業をさせているような場合など、書き込み内容が真実の場合には、名誉権を侵害しているとして削除等の法的な対応を行うことは難しい場合が多い。そこでまずは、自社の労務管理の状況を調査し、投稿の内容が虚偽であるといえるかどうかを確認する必要がある。

インターネット上の書き込みは匿名で行われることも多いが、発信者の人物像がわかれば、その後の対応方針が立てやすくなる。そのため、発信者の

---

13 清水陽平＝神田知宏＝中澤佑一『ケース・スタディ　ネット権利侵害対応の実務—発信者情報開示請求と削除請求—』106頁。

他の投稿があるか、他の投稿の内容および頻度、発信者が公開しているプロフィールなどを確認し、発信者が会社と関係のある人物か、会社に対して害意をもって投稿をしているか、投稿が繰り返される可能性があるかなどを分析していくことも有用である。

(2)　会社への影響の調査

インターネット上の書き込みに対応する場合、それを弁護士等に依頼するかどうかにかかわらず、会社は一定のコストを負担することになる。そのため、会社がコストを負担してまで対応する必要があるほどの影響があるかどうかについて検討することも重要である。

具体的には、書き込みがあるサイトの内容・利用者数・利用者層、書き込みをしている人の属性、書き込みに対する反応、会社名など取引先等が検索をする可能性が高いキーワードで検索した場合に何番目の検索結果として表示されるかなどを調査し、対応の必要性、緊急性などを判断することになる。

(3)　証拠の収集

会社に関する虚偽の書き込みを見つけた場合、会社に対する何らかの影響が考えられ、削除や発信者の特定等を行う可能性があるときは、その後の手続に備え、問題のインターネットページの書き込みを証拠として残しておくことが必要である。

問題になりそうな投稿を見つけたら、プリントアウトして保存しておくことは重要である。その際、インターネット上に表示した日付やプリントアウトするページと URL の結びつきを証拠として残すため、ヘッダーおよびフッターに印刷日、URL を記載するように設定しておくとよいだろう。URL を記載する際は、URL が途中で切れていないか確認することも必要である。パソコンの画面のスクリーンショットや、デジタルカメラ等でパソコン画面を写真に残しておくことにも意味がある。また、可能であれば、後にHTML ソースを分析するため、インターネットページをファイルとして保存しておくことも意味を持つ場合がある。

「ブラック企業」ではないことを立証するための証拠としては、就業規則、賃金台帳、タイムカードなど、勤務時間や給与の支払状況などを明らかにできるものが例としてあげられる。具体的に法的手続等を検討する場合には、

117

〔第2部〕 第1章 悪質クレーマーとのトラブルと対応

社内の誰が勤務時間や給与の支払状況を把握しているのかを確認したうえで、その者にブラック企業ではないことの証拠として陳述書の作成を依頼することができるかどうかといった点も検討することになる。

3　虚偽の書き込みに対する対応

(1)　削除請求

(A)　任意の削除請求

　サイト管理者等に任意の削除を求める手段としては、オンラインフォームやメールによる削除依頼などが考えられる。問題の投稿があるサイト内を探せば、オンラインフォームや連絡先のメールアドレス、電話番号などが見つかることが多い。書面を郵送して削除請求を行う際には、プロバイダなどの事業者を会員とする一般社団法人テレコムサービス協会（以下、「テレサ協」という）の書式（【書式14】）を利用するとよい。[14]

　削除請求をした場合、サイト管理者等から発信者に対し、削除に同意するかどうかの意見照会をされることが多いため、発信者が意見照会によって削除を請求されていることを知ることにより、さらなる名誉権を侵害する投稿が行われる可能性にも配慮する必要がある。

　また投稿自体が削除されたとしても、検索結果にはマイナスの情報が一定期間残ることもある。この場合は、「Google」ウェブマスターツールを利用[15]することで、削除されたページが検索結果に表示されないようにすることができる。

(B)　削除仮処分

　任意の削除請求により対応がなされない場合には、裁判による削除を検討することになる。この場合、通常の裁判ではなく、迅速に手続が行われる仮処分（【書式16】）という裁判手続を利用することが多い。仮処分などの裁判手続を利用する場合には、法的な権利侵害の有無について任意の削除請求の場合と比べてより慎重な検討が必要となる。

(C)　検索結果の削除

14　http://www.isplaw.jp/p_form.pdf

15　https://www.google.com/webmasters/tools/removals?hl = ja

投稿記事そのものを削除できない場合や、会社の権利を侵害する投稿が大量にあり、1つひとつ対応していた場合にはコストが膨大となる場合などは、検索結果の削除を検討することも考えられる。

検索結果の削除とは、投稿された記事そのものではなく、検索エンジンにより表示されるタイトル、URL、スニペットと呼ばれる短い説明文が権利を侵害していることを理由として削除を求めるものである。仮に会社の権利を侵害する投稿がインターネット上に残っていたとしても、GoogleやYahoo!の検索エンジンで検索した際に検索結果の上位に問題の投稿が表示されなければ、企業活動への影響は小さい。そのため、検索結果の削除を検討することも重要である。

(D) **検索キーワードの候補の削除**

会社の権利を侵害する投稿や検索結果があるかどうかにかかわらず、たとえば、「○○社」と検索しようとしたとき、「○○社　ブラック企業」といったように、検索キーワードの候補に権利を侵害する情報が表示されることもある。これは、会社を検索し会社について何らかの情報を得ようとしている会社や人物にマイナスの印象を与えることになる。このような検索キーワードの候補はサジェストとも呼ばれるが、この「特定の検索キーワードを検索サイトで入力した際、自動的に別のキーワードが追加されたり、自動入力されたり、検索キーワードの候補がリストに表示されたりする機能[16]」については、東京高等裁判所が削除を否定しているようである。そのため、検索サイトが用意している任意削除請求ウェブフォームの利用が推奨されている[17]。

(E) **削除ができない場合等の対応**

これまで述べてきたのは、基本的に投稿内容に法的な問題があるケースである。しかし、投稿内容が真実である場合など、投稿を法的に削除することが難しい場合も少なくない。

その場合は、逆SEO対策などにより、マイナスの情報が掲載されていないサイトを検索結果の上位に表示させることによって、企業活動への影響を最小限に抑える方法もある。そもそも、インターネットによる広告等を行っ

16　清水＝神田＝中澤・前掲（注13）17頁。

17　清水＝神田＝中澤・前掲（注13）17頁。

〔第2部〕 第1章 悪質クレーマーとのトラブルと対応

ておらず、インターネット上に会社に関する情報が少ないほど、マイナスの情報を書き込まれた場合にそれが検索結果の上位に表示されることが多く影響が大きい。そのため、インターネットによる権利侵害が想定される業種などにおいては、自社のホームページなどを充実させておくことなどにより、検索結果の上位にマイナスの情報を表示させないようにするということも、インターネット上の権利侵害による影響を抑えるための予防策になる。

(2) 発信者情報開示請求

(A) プロバイダ責任制限法に基づく開示請求

インターネット上で行われる権利を侵害する書き込みは、匿名で行われることも多い。しかしながら、発信者に対して損害賠償請求の裁判をしたり、同様の書き込みをさせないように裁判を行ったりする場合には、その前提として発信者の住所氏名を特定しなければならない。

そこで、プロバイダ責任制限法4条1項[18]は、インターネット上の投稿などにより権利を侵害された者が住所氏名等の開示請求をできる旨を定めている。

もっとも、サイト管理者等が発信者の住所氏名の情報を保有していることは少なく、基本的には、第1段階としてサイト管理者等にIPアドレスとタイムスタンプの開示を求め、第2段階としてプロバイダ等に住所氏名の開示を求めるという2段階の手続を踏むことが多い。

(B) 任意の発信者情報開示請求

サイト管理者等に任意の発信者情報開示請求を行う手段としては、まず、オンラインフォームやメール等によることが考えられる。そして、書面で発信者情報開示請求を行う場合には、削除請求の場合と同じく、テレサ協が発信者情報開示請求書の書式（【書式15】）[19]を用意していることから、それを利用することが簡易的である。

(C) 発信者情報開示の仮処分

任意ではサイト管理者等からIPアドレスとタイムスタンプの開示を受けられない場合などは、仮処分手続（【書式17】）により発信者情報開示を求めることになる。通常の裁判ではなく仮処分という迅速な手続により開示を求

---

18 特定電気通信役務提供者の損害賠償責任の制限及び発信者情報の開示に関する法律
19 http://www.isplaw.jp/d_form.pdf

120

めるのは、プロバイダが保有するアクセスログの保存期間の問題があるからである。

プロバイダは、IPアドレスおよびタイムスタンプと契約者を結びつける情報を永久に保存しているわけではない。アクセスログの保存期間は、「2週間ないし3週間とする文献もあるが、実際にはおおむね3か月程度であることが多い[20]」とされている。

そのため、ほとんどの場合、遅くとも3か月以内に発信者がどのプロバイダを利用していたのかが明らかになっていなければ、発信者を特定することが難しくなってしまう。そのため、発信者情報の開示を求めることを検討する場合には、問題の投稿がなされてからできるだけ早く手続を開始しなければならない。

(D) 発信者情報開示請求訴訟

サイト管理者等から発信者が利用していたIPアドレスが開示されると、インターネット上のWHOIS（フーイズ）というIPアドレスに関する情報をユーザーが参照できるサービスを用いることで、発信者が契約し利用しているプロバイダが明らかになることが多い。

プロバイダが明らかになると、基本的に、プロバイダに対して発信者情報開示請求訴訟を提起することになる。その際注意すべきは、発信者情報開示請求訴訟（【書式18】）を提起すると、プロバイダ責任制限法4条2項により、プロバイダは「開示するかどうかについて当該発信者の意見を聴かなければならない」とされていることである。これにより、発信者の住所氏名を特定する前に、発信者に発信者情報開示請求を行っていることが伝わることが一般的である。そして、発信者情報開示請求は、裁判手続によった場合でも発信者の情報を特定できないリスクを内包する手続であり、発信者情報開示請求を行ったことは発信者に伝わるが、発信者の特定はできなかったというリスクも念頭に置いて手続を行うかどうかを検討する必要がある。

20　八木一洋＝関述之編『民事保全の実務〔第3版増補版〕(上)』358頁。

〔第2部〕 第1章 悪質クレーマーとのトラブルと対応

●弁護士からのアドバイス●

　本事例のように、会社が「ブラック企業」などと虚偽の事実をインターネット上に書き込まれることは少なくない。実際に、平成29年4月26日の東京地方裁判所の判決では、転職サイトに「将来性はないに等しい。社長に逆らうとクビになる。過去何人も退職に追い込まれた。平均勤続年数は3年未満というところ」などと投稿された事案について、「投稿内容が事実であるとは認められない」として、発信者のメールアドレスの開示等が認められている。[21]　会社としては、このような過去の事例を知っておくことも重要であろう。

　また、インターネット上で自社の権利を侵害する書き込みをされた当事者は、発信者に対して強い怒りの感情を持ち、何としてでも発信者を突き止めたいと考えることも珍しくない。しかし、インターネット上の書き込みによる企業活動への影響と対応することによって得られる利益を正確に分析できなければ、対応することによるコストに見合った結果を得られるとは限らない。インターネット社会で活動する会社は、インターネット上で書き込みをされた場合に取り得る手段について十分に理解し、会社に対してマイナスの影響を与えるインターネット上の書き込みに備えるとともに、実際に虚偽の投稿などがなされた場合には、適切かつ冷静に対応できなければならないのである。

　なお、遅くとも3か月以内に発信者がどのプロバイダを利用していたのかが明らかにならなければ発信者を特定することが難しくなるというアクセスログの保存期間の問題は、インターネットの誹謗中傷等の被害者救済の観点からすれば、プロバイダに一定期間のアクセスログの保存を義務付けるなどの法改正が待たれるところである。もっとも、現状においては、発信者を特定する必要がある投稿を確認した場合、速やかに発信者の特定を行うかどうかを判断し、発信者の特定を行う場合には迅速に手続を行うことが求められることを心得ておく必要がある。

21　八木＝関編・前掲（注20）358頁。

【書式14】 侵害情報の通知書兼送信防止措置依頼書（テレコムサービス書式）

年　月　日

至　［特定電気通信役務提供者の名称］御中

［権利を侵害されたと主張する者］
住所
氏名　　（記名）　　　　　　　　　　　㊞
連絡先　（電話番号）
　　　　（e-mail アドレス）

侵害情報の通知書　兼　送信防止措置依頼書

　あなたが管理する特定電気通信設備に掲載されている下記の情報の流通により私の権利が侵害されたので、あなたに対し当該情報の送信を防止する措置を講じるよう依頼します。

記

掲載されている場所		URL： その他情報の特定に必要な情報：（掲示板の名称、掲示板内の書き込み場所、日付、ファイル名等）
掲載されている情報		例）弊社の会社名、住所を掲載したうえで、「この会社はブラック企業で従業員に毎日10時間の残業をさせている。絶対に入社しないほうがよい」という、弊社が違法な残業をさせているかのように装った書き込みが行われています。
侵害情報等	侵害されたとする権利	例）名誉権
	権利が侵害されたとする理由（被害の状況など）	例）上記記載は、貴社が運営する○○というサイトに、弊社に関する投稿がなされたものです。弊社が違法な残業をさせているという事実が摘示されており、弊社の社会的評価を低下させる内容となっています。 　しかし、弊社では、残業ゼロを目指した取り組み

〔第2部〕 第1章 悪質クレーマーとのトラブルと対応

侵害情報等		を進め、現在ほとんど残業が行われていない状況にあります（証拠名）。 　よって、上記記載は事実に反するものであり、違法性阻却事由も認められず、弊社の名誉権を侵害することは明らかです。

上記太枠内に記載された内容は、事実に相違なく、あなたから発信者にそのまま通知されることになることに同意いたします。

発信者へ氏名を開示して差し支えない場合は、左欄に〇を記入してください。〇印のない場合、氏名開示には同意していないものとします。

【書式15】　発信者情報開示請求書（テレコムサービス書式）

年　月　日

至　［特定電気通信役務提供者の名称］御中

　　　　　　　　　［権利を侵害されたと主張する者］（注1）
　　　　　　　　　　　　住所
　　　　　　　　　　　　氏名　　　　　　　　　　　　㊞
　　　　　　　　　　　　連絡先

発信者情報開示請求書

　［貴社・貴殿］が管理する特定電気通信設備に掲載された下記の情報の流通により、私の権利が侵害されたので、特定電気通信役務提供者の損害賠償責任の制限及び発信者情報の開示に関する法律（プロバイダ責任制限法。以下「法」といいます。）第4条第1項に基づき、［貴社・貴殿］が保有する、下記記載の、侵害情報の発信者の特定に資する情報（以下、「発信者情報」といいます）を開示下さるよう、請求します。

　なお、万一、本請求書の記載事項（添付・追加資料を含む。）に虚偽の事実が含まれており、その結果［貴社・貴殿］が発信者情報を開示された契約者等から苦情又は損害賠償請求等を受けた場合には、私が責任をもって対処いたします。

3 インターネットによる業務妨害への対応 ④

記

［貴社・貴殿］が管理する特定電気通信設備等		（注2）
掲載された情報		例）「○社の社長の○○」と私が社長を務める会社名と私の氏名が記載されたうえで「昨日社長が会社の懇親会で、今年の新入社員の女の子にセクハラしているのを見ました。その子は懇親会が終わった後泣いていました」という、あたかも私が新入社員の女性にセクハラをしたかのように装った書き込みが行われています。
侵害情報等	侵害された権利	例）名誉権
	権利が明らかに侵害されたとする理由（注3）	例）上記記載は、貴社が運営する○○というサイトに、私に関する投稿がなされたものです。私が新入社員の女性にセクハラをしたという事実が摘示されており、私の社会的評価会を低下させる内容となっています。 　しかし、私がセクハラをしたことはありませんし、そもそも、私が社長を務める会社は、この2年間女性の新入社員がおりません（証拠名）。 　よって、上記記載は事実に反するものであり、違法性阻却事由も認められず、私の名誉権を侵害することは明らかです。
	発信者情報の開示を受けるべき正当理由（複数選択可）（注4）	1．損害賠償請求権の行使のために必要であるため 2．謝罪広告等の名誉回復措置の要請のために必要であるため 3．差止請求権の行使のために必要であるため 4．発信者に対する削除要求のために必要であるため 5．その他（具体的にご記入ください）
	開示を請求する発信者情報（複数選択可）	1．発信者の氏名又は名称 2．発信者の住所 3．発信者の電子メールアドレス

125

〔第2部〕 第1章 悪質クレーマーとのトラブルと対応

		4．発信者が侵害情報を流通させた際の、当該発信者の IP アドレス及び当該 IP アドレスと組み合わされたポート番号（注5） 5．侵害情報に係る携帯電話端末等からのインターネット接続サービス利用者識別符号（注5） 6．侵害情報に係る SIM カード識別番号のうち、携帯電話端末等からのインターネット接続サービスにより送信されたもの（注5） 7．4ないし6から侵害情報が送信された年月日及び時刻
	証拠（注6）	添付別紙参照
	発信者に示したくない私の情報（複数選択可）（注7）	1．氏名（個人の場合に限る） 2．「権利が明らかに侵害されたとする理由」欄記載事項 3．添付した証拠

（注1） 原則として、個人の場合は運転免許証、パスポート等本人を確認できる公的書類の写しを、法人の場合は資格証明書を添付してください。

（注2） URL を明示してください。ただし、経由プロバイダ等に対する請求においては、IP アドレス及び当該 IP アドレスと組み合わされたポート番号等、発信者の特定に資する情報を明示してください。

（注3） 著作権、商標権等の知的財産権が侵害されたと主張される方は、当該権利の正当な権利者であることを証明する資料を添付してください。

（注4） 法第4条第3項により、発信者情報の開示を受けた者が、当該発信者情報をみだりに用いて、不当に当該発信者の名誉又は生活の平穏を害する行為は禁じられています。

（注5） 携帯電話端末等からのインターネット接続サービスにより送信されたものについては、特定できない場合がありますので、あらかじめご承知おきください。

（注6） 証拠については、プロバイダ等において使用するもの及び発信者への意見照会用の2部を添付してください。証拠の中で発信者に示したくない証拠がある場合（注7参照）には、発信者に対して示してもよい証拠一式を意見照会用として添付してください。

（注7） 請求者の氏名（法人の場合はその名称）、「管理する特定電気通信設備」、「掲載された情報」、「侵害された権利」、「権利が明らかに侵害され

たとする理由」、「開示を受けるべき正当理由」、「開示を請求する発信者情報」の各欄記載事項及び添付した証拠については、発信者に示した上で意見照会を行うことを原則としますが、請求者が個人の場合の氏名、「権利侵害が明らかに侵害されたとする理由」及び証拠について、発信者に示してほしくないものがある場合にはこれを示さずに意見照会を行いますので、その名明示してください。なお、連絡先については原則として発信者に示すことはありません。

　　ただし、請求者の氏名に関しては、発信者に示さなくとも発信者により推知されることがあります。

以上

- -

［特定電気通信役務提供者の使用欄］

開示請求受付日	発信者への意見照会日	発信者の意見	回答日
（日付）	（日付） 照会できなかった場合はその理由：	有（日付） 無	開示（日付） 非開示（日付）

【書式16】　投稿記事削除仮処分命令申立書

投稿記事削除仮処分命令申立書

平成〇〇年〇月〇日

〇〇地方裁判所　御中

債　権　者　〇　〇　〇　〇　㊞

当事者の表示　別紙当事者目録記載のとおり（省略）
被保全権利　人格権に基づく妨害排除または
　　　　　　妨害予防の請求権としての削除請求権

申立ての趣旨

127

〔第2部〕 第1章 悪質クレーマーとのトラブルと対応

　　債務者は、別紙投稿記事目録記載の投稿記事を仮に削除せよ
　　との裁判を求める

申立ての理由

第1　被保全権利
　1　当事者
　　　債権者は、○○を事業内容とする法人の代表取締役である。
　　　債務者は、インターネットで閲覧可能なウェブサイト（以下「本件サイ
　　ト」という）を設置・運営し、そのシステムを管理するものである（疎甲
　　第○号証）。
　　　本件サイトは、誰でもこれを閲覧し、またはこれに書き込みをすること
　　が可能であり、本件サイトに書き込まれた情報は、本件サイトにアクセス
　　する不特定の者によって受信されることとなる。
　2　債権者の権利侵害
　　　本件サイトには、氏名不詳者による別紙投稿記事目録記載の投稿（以下
　　「本件投稿」という）が存在し、インターネットを通じて不特定の者に広
　　く公開され、現在もその状態に置かれている（疎甲第○号証）。
　　(1)　同定可能性
　　　　本件投稿には、債権者の実名に加え、債権者が代表取締役を務める会
　　　社名が記載されており、一般人が、本件投稿が債権者に関するものであ
　　　ると認識することは容易であるから、本件投稿には同定可能性が認めら
　　　れる。
　　(2)　債権者に対する人格権侵害
　　　　本件投稿は、債権者が直接従業員に指示して法定労働時間を大きく超
　　　える労働を強要しているとの事実を摘示するものであって、債権者の社
　　　会的評価を低下させるものである。
　　(3)　違法性阻却事由の存在を窺わせる事情の不存在
　　　　債権者が、本件投稿に記載されているような行為を行った事実は一切
　　　なく（疎甲第○号証）、本件投稿自体にも、債権者がそのような行為を
　　　行ったことを裏付ける具体的事実や根拠は何も示されていない。
　　　　しかも、本件投稿に記載された時期は、債権者が長期の出張に出てお
　　　り、従業員に直接指示して法定労働時間を大きく超える労働を強要する
　　　などということはおよそ不可能であるから、虚偽の事実であり、公益目
　　　的は存在しない。

（4）　小括

　　　本件投稿が虚偽の事実であることからすれば、本件投稿が債権者の名
　　誉権を侵害することは明らかである。

3　債務者の削除義務

　　　本件投稿の内容は、前述のとおり債権者の人格権を侵害するものである
　　が、本件投稿は債務者の管理するシステムによって公開されており、本件
　　投稿の削除は債務者もしくは債務者から権限を与えられた者にしかできな
　　い仕組みとなっている。したがって、債務者は債権者に対して本件記事を
　　削除すべき条理上の作為義務を負うものである。

（別紙）

投稿記事目録

閲覧用 URL：○○
投稿番号：○○
投稿日時：○○年○月○日　　○○時○○分○○秒

【書式17】　発信者情報開示仮処分命令申立書

発信者情報開示仮処分命令申立書

平成○○年○月○日

○○地方裁判所　御中

債　権　者　○　○　○　○　㊞

　　当事者の表示　別紙当事者目録記載のとおり（省略）
　　被保全権利　プロバイダ責任制限法4条1項に基づく開示請求権

申立ての趣旨

債務者は、債権者に対し、別紙発信者情報目録記載の各情報を仮に開示せよ

〔第2部〕 第1章 悪質クレーマーとのトラブルと対応

との裁判を求める

申立ての理由

第1 被保全権利

1 当事者

債権者は、○○を事業内容とする法人である。

債務者は、インターネットで閲覧可能なウェブサイト（以下「本件サイト」という）を設置・運営し、そのシステムを管理するものである（疎甲第○号証）。

本件サイトは、誰でもこれを閲覧し、またはこれに書き込みをすることが可能であり、本件サイトに書き込まれた情報は、本件サイトにアクセスする不特定の者によって受信されることとなる。債務者は、本件サイトのシステムを用いて、本件サイトに書き込みをして情報を発信する者と本件サイトにアクセスして情報を受信する者との通信を媒介する者であり、プロバイダ責任制限法4条の「開示関係役務提供者」に該当する。

2 債権者に対する権利侵害

(1) 本件投稿の存在

本件サイト上には、別紙投稿記事目録記載の投稿（以下「本件投稿」という）が存在し（疎甲第○号証）、インターネットを通じて不特定人に広く公開されている。

(2) 同定可能性

本件投稿には、債権者の会社名に加え、○○という債権者の事業内容が記載されており、一般人が、本件投稿が債権者に関するものであると認識することができるから、本件投稿には、同定可能性が認められる。

(3) 債権者に対する権利侵害

本件投稿は、債権者がブラック企業であるとの事実を摘示するものであって、債権者の社会的評価を低下させるものである。

具体的には、そもそも、ブラック企業とは、……。

(4) 違法性阻却事由の存在を窺わせる事情の不存在

債権者が、本件投稿に記載されているブラック企業に該当するという事実は一切なく、債権者がブラック企業であることを裏付けるような具体的事実は一切記載されていない。本件投稿は、何ら具体的な根拠を示すことなく債権者をブラック企業であると断定するものであって、本件投稿に公益目的は存在しない。

130

本件投稿は、事実とは異なる内容の投稿を、債権者の評価を低下させる目的で行われたことが強く疑われるから、本件投稿が債権者の名誉権を侵害していることは明らかである。

(5)　小括

以上により、本件投稿により債権者の名誉権が侵害されたことは明らかである。

3　債務者から発信者情報の開示を受けるべき正当な理由

債権者は、本件投稿の発信者に対し、不法行為に基づく損害賠償請求を行うことを予定しているが、この権利を行使するためには、債務者が保有する別紙発信者情報目録記載の情報の開示を受ける必要がある。

4　まとめ

よって、債権者は、債務者に対し、プロバイダ責任制限法4条1項に基づき別紙発信者情報目録記載の発信者情報の開示請求権を有するものである。

第2　保全の必要性

債務者は、アクセスログとして、投稿につき別紙発信者情報目録記載のIPアドレスとタイムスタンプの記録を保有している。経由プロバイダのアクセスログの保存期間は3か月から6か月程度とされており（疎甲第○号証）、債務者から発信者情報の開示を受けなければ、損害賠償請求権の行使に支障をきたすことになるから、保全の必要性が認められる。

第3　まとめ

よって、債権者は、債務者に対し、プロバイダ責任制限法4条1項に基づき、別紙発信者情報目録記載の発信者情報の開示を求める次第である。

〔第2部〕　第1章　悪質クレーマーとのトラブルと対応

（別紙）

発信者情報目録

1　別紙投稿記事目録記載の投稿記事を投稿した際の IP アドレスおよび当該
　IP アドレスと組み合わされたポート番号
2　前項の IP アドレスを割り当てられた電気通信設備から債務者の用いる特
　定電気通信設備に前項の投稿が送信された年月日および時刻

（別紙）

投稿記事目録

閲覧用 URL：○○
投稿番号：○○
投稿日時：○○年○月○日　○○時○○分○○秒

【書式18】　発信者情報開示請求訴訟訴状

訴　　　状

平成○○年○月○日

○○地方裁判所　御中

原　告　○　○　○　○　㊞

当事者の表示　別紙当事者目録記載のとおり（省略）

発信者情報開示請求事件
　訴訟物の価額　160万円
　貼用印紙額　1万3000円

132

請求の趣旨

1　被告は、原告に対し、別紙発信者情報目録記載の各情報を開示せよ
2　訴訟費用は被告の負担とする。

との判決を求める

請求の原因

1　当事者

　　原告は、○○を事業内容とする法人である。

　　被告は、電気通信事業を営む株式会社である。

2　権利侵害の明白性

　　別紙投稿記事目録記載の投稿（以下「本件投稿」という）は、原告がブラック企業であるとの事実を摘示するものであって、原告の社会的評価を低下させるものである。

　　しかしながら、原告が本件投稿に記載されているブラック企業に該当するという事実は一切なく、原告がブラック企業であることを裏付けるような具体的事実は一切記載されていない。本件投稿は、何ら具体的な根拠を示すことなく原告をブラック企業であると断定するものであって、本件投稿に公益目的は存在しない。

　　したがって、原告が本件投稿によって名誉権を侵害されていることは明白であって、権利侵害の明白性の要件を満たす。

3　被告から発信者情報の開示を受けるべき正当な理由

　　原告は、本件投稿の発信者に対し、不法行為に基づく損害賠償請求を行うことを予定しているが、この権利を行使するためには、被告が保有する別紙発信者情報目録記載の情報の開示を受ける必要がある。

4　サイト管理者からの発信者情報の開示

　　原告は、本訴訟に先立ち、本件サイトの管理者より開示情報目録記載のIPアドレスおよびタイムスタンプの開示を受けた（甲第○号証）。

　　開示されたIPアドレスによれば、氏名不詳者は、被告をインターネットサービスプロバイダとして本件投稿を行っている（甲第○号証）。

5　被告の「開示関係役務提供者」該当性

(1)　「特定電気通信」（法2条1号）

　　本件投稿は、不特定の者が自由に閲覧できるから、特定電気通信役務提

〔第2部〕 第1章 悪質クレーマーとのトラブルと対応

供者の損害賠償責任の制限及び発信者情報の開示に関する法律（以下「法」という）2条1号の「特定電気通信」に該当する。

(2) 「特定電気通信設備」（法2条2号）

本件投稿が経由した被告が管理する端末機器、サーバ、交換機（ルータ等）、ケーブル等、あるいはこれらの結合は、上記「特定電気通信」の用に供される電気通信設備であるから、法2条2号の「特定電気通信設備」に該当する。

(3) 「特定電気通信役務提供者」（法2条3号）

法2条1号ないし3号の文理および法4条の趣旨からすれば、最終的に不特定の者によって受信されることを目的とする情報の流通過程の一部を構成する電気通信を、電気通信設備を用いて媒介する者は、同法2条3号にいう「特定電気通信役務提供者」に該当する。

(4) 「当該特定電気通信の用に供される特定電気通信設備を用いる特定電気通信役務提供者」（法4条1項）

上記(1)ないし(3)のとおりであるから、被告は、法4条1項の「当該特定電気通信の用に供される特定電気通信設備を用いる特定電気通信役務提供者」（開示関係役務提供者）に該当する。

6 まとめ

よって、原告は、被告に対し、プロバイダ責任制限法4条1項に基づき別紙発信者情報目録記載の発信者情報の開示を求める。

(別紙)

発信者情報目録

別紙開示情報目録記載のIPアドレスを、同目録記載の日時ころに被告から割り当てられていた契約者に関する下記の情報

1 氏名または名称

2 住所

3 電子メールアドレス

3　インターネットによる業務妨害への対応　④

（別紙）

開示情報目録

ＩＰアドレス：○○

タイムスタンプ：○○年○月○日　○○時○○分○○秒

（別紙）

投稿記事目録

閲覧用ＵＲＬ：○○

投稿番号：○○

投稿日時：○○年○月○日　○○時○○分○○秒

〔第2部〕　第1章　悪質クレーマーとのトラブルと対応

4　第三者を介在させるクレームへの対応

1　取引先や監督官庁へ訴えるというクレームへの対応はどうするか（落ち度がない場合）

> **事例**　当社のサービス内容について執拗なクレームをつけてくるお客様がいます。当社として落ち度はないと考えますが、当のお客様は、「監督官庁に訴え出る」とか、「取引先の金融機関に当社の悪口を話して取引ができないようにする」などと言って、当社にクレームに対応するよう要求しています。どのように対応すればよいでしょうか。

【ポイント】

1　監督官庁や取引先金融機関など直接自社ではなく、第三者へ訴え出るなどのクレームがあった場合であっても、通常のクレームと同様の対応を行う。

2　通常のクレームの場合と対応を変えることは、クレームを助長させるだけでなく、第三者に思わぬ疑念を抱かせることになることに注意する。

3　クレーム内容が実際に第三者に伝わった場合は、ことの経緯と自社に落ち度がなかったことについて、第三者に丁寧に説明する。

解説

1　クレームへの基本的な対応

本事例は、監督官庁や取引先金融機関など、自社に対していわば優越的な立場にある第三者に対しクレーム内容を訴え出ることにより、不正な利益を得ようとするクレーマーに対応する場面である。

監督官庁や取引先金融機関へ訴え出ると言われた場合、及び腰の対応に

136

なってしまう場合がある。クレーム内容が事実無根であったとしても、第三者が信じた場合を想定して、指導を受けたり、取引を切られることまで思い至ったりする。また、第三者が信じないであろうと考えても、第三者に対して説明する手間と煩わしさを考え、クレーマーの不当な要求に応じる誘惑に駆られることがあり得る。

　しかしながら、このような場合であってもクレーマーに対しては、対応を変えることなく、通常のクレームの場合と同様に対応することが必要である。

　たとえば、「当社としては対応に問題がないと考えております。問題がない以上、お客様がどこにお話ししても、当社として対応は変わりません」、「お客様が監督官庁（取引先金融機関）に訴え出ることに関して、当社が何か言える立場にはありません。監督官庁（取引先金融機関）から説明を求められたら、当社の対応に問題がないことを説明いたします」など、淡々と対応することが肝要である。

2　対応を変えることによるデメリット

　仮に、第三者への影響を考え、通常の場合と異なる対応を行った場合、どのようなことが考えられるのか。

　まずは、クレーマーを助長させることが考えられる。「第三者に訴え出る」といえば、どこまでも搾り取ることができる「与しやすい企業」とみられることになる。「第三者」という切り札を持ったクレーマーは、いつまでも搾り取ることができるから、クレームはやむことはないだろう。

　次に、クレーム内容やクレーマーへの対応が、第三者の耳に入った場合に第三者はどのように考えるのだろうか。クレーマーに利益を与えたことは、事実無根のクレーム内容が事実だったのではないか、会社に後ろめたいことがあるのではないか、という疑念を抱かせることになる。第三者への影響を考えクレーマーの要求に応じたことが、かえって、第三者の疑念を抱かせることになる。この点、「クレーマーに黙らせるために要求に応じたのだから、クレーマーが第三者にわかるようなことはしないのではないか」と考えるかもしれない。しかしながら、クレーマーがクレームをつけて企業から便宜を受けたら、その「成果」を発信することが想定される。現在はインターネッ

〔第2部〕　第1章　悪質クレーマーとのトラブルと対応

トで簡単に情報発信ができることは周知の事実であり、「クレームをつけて企業から便宜を受けた」というような内容は、「炎上」、「祭り」の恰好の餌食となる。インターネット上で悪い意味での「話題になる」ことにより、会社に甚大な損害が生じることは明らかではないか。

3　第三者への説明

上記のとおり、通常の場合と対応を変えるべきではない。ただ、通常の場合と異なるのは、会社の内部だけでなく、外部の第三者を巻き込むことになることである。外部との対応は、通常の場合と比較して、量（対応回数、頻度）だけでなく、質（会社内部に対する説明と外部に対する説明はおのずと異ならざるを得ない）も異なり、対応が疎かになることもある。

しかし、煩雑だからこそ、きちんと対応することが重要となる。会社に落ち度がないこと、クレームへの対応も問題なく行っていたことを、きちんと説明すること、その説明の過程が、第三者に対し、「危機管理がきちんとできる会社」という印象を与えることになる。

●弁護士からのアドバイス●

第三者を巻き込む不当なクレームに対しては、不当なクレームであるが故に、通常のクレーム対応と同様のぶれない対応を心掛けたい。対応を変えることによるメリットは何もなく、きちんとした対応をしていることを第三者に示すことにより、かえって会社がコンプライアンスを重視していることを知らしめることになる。

4 第三者を介在させるクレームへの対応 [2]

[2] 取引先や監督官庁へ訴えるというクレームへの対応は どうするか（一定の落ち度がある場合）

事 例 当社のサービスに対し、お客様からクレームがありました。お客様は大変お怒りの様子で「監督官庁に訴え出て業務ができないようにしてやる」、「メインバンクに今回のことを告げて融資がストップするようにしてやる」などと言ってきて、便宜を図るよう執拗な要求を行っています。社内で調査した結果、当社の対応に一定の落ち度があることがわかりました。このような場合どのように対応したらよいでしょうか。

【ポイント】

1 　落ち度への対応と相手方の要求事項を比較して、落ち度の範囲内で謝罪ないし被害等の回復を行う。過大な要求には応じない。

2 　ことの経緯、クレームへの対応につき、第三者に丁寧な説明を行うことは、本項[1]と同様であるが、落ち度の部分の再発防止に努めることを十分に説明する。

解 説 ## 1　落ち度がある場合の対応

　　　　　本項[1]では、会社に落ち度がない場合を検討したが、これに対し、本事例では、会社に一定の落ち度がある場合を検討する。

　会社の対応に一定の落ち度がある場合は、たとえば、落ち度によって客に通常の場合以上の手間をかけた場合は、「手間をかけたこと」につき謝罪をする。また、落ち度によって顧客に何らかの財産的損害が生じた場合、「生じた財産的損害の範囲内」で被害回復を行う。本事例のように、こちらの落ち度に乗じて、過大な要求を行う客に対しては、落ち度の範囲内で対応することが重要である。

　もっとも、どこまでが「落ち度の範囲内」か、なかなか難しい判断を迫ら

139

〔第2部〕　第1章　悪質クレーマーとのトラブルと対応

れる場合が多いと思われる。法律的にいえば、「落ち度と相当因果関係の範囲内かどうか」が基準となる。落ち度に起因したすべての「損害」に対応する必要はない。「風が吹けば桶屋が儲かる」のは、法的な相当因果関係の範囲を超えている。

　そして、第三者へ訴え出ると言われても、対応を変えないことは本項①の場合と同様である。

2　第三者への説明

　会社に落ち度がある場合は、第三者へ丁寧な説明を行う必要性は、本項①の場合より大きいと考えられる。これまでの経緯、クレームへの対応だけでなく、今後同じことを繰り返さないこと、すなわち再発防止に努めることを説明する必要がある。

　落ち度がある場合は、過去の経緯よりはむしろ、今後同じことを繰り返さないという再発防止策を講じることの優先度が高くなる。再発防止策は、できるだけ具体的な、かつ、現実に実施される可能性が高い方法を提示する。抽象的、または、実現可能性が低い再発防止策は、「本当に再発防止に取り組む意思があるのか」とかえって不信感を第三者に抱かせることになりかねない。

●弁護士からのアドバイス●

　落ち度がある場合は、落ち度がない場合に比べてクレーム対応が難しくなる。判断に迷ったら、顧問弁護士など専門家に相談することをお勧めする。

140

4 第三者を介在させるクレームへの対応 ③

③ 取引先や監督官庁へお客様から直接クレームがあった場合にどのように対応すべきか（クレーマーへの法的対応）

事 例　本項①の事例で、お客様が監督官庁に対し、何度も電話をかけて、「当社の対応が不当であること、当社に対し行政処分を行うよう」執拗に求めています。また、当社のメインバンクに対し（メインバンクはHPに記載しています）、当社が「倒産間近である」、「このまま当社と取引を行うとメインバンクが多大な損害を被る」などと事実無根の話をしています。このようなお客様に対し法的な対応をできないでしょうか。

【ポイント】

1　第三者への告知の回数、頻度やその内容によるが、これによって、具体的な損害が生じる場合は、法的対応が可能の場合がある。ただし、法的な対応は最終手段であることを認識すべきである。

2　法的対応としては、損害賠償請求、面談・架電（電話をかける）等の禁止・接近禁止の仮処分などが考えられる。

解 説　### 1　法的対応の必要性

本項①の事例で、会社に落ち度がないにもかかわらず、執拗なクレームを監督官庁やメインバンクに行い、または第三者への告知の内容が事実無根のような場合など法的な対応はできないのか。

たとえば、取引先へ会社の悪口を言って、その結果取引を打ち切られ、取引打ち切りにより売上が激減して損失が出たような場合が考えられる。クレーマーが第三者に告知することによって実際に損害が生じた場合は、最終的な手段である法的手続に訴えることが必要になる。法的手続によることができるかどうかは、第三者への告知の回数、頻度、告知の内容、生じた損害

141

〔第2部〕 第1章 悪質クレーマーとのトラブルと対応

の内容、程度、告知と損害の関連性などによる。裁判所に認められる可能性
があるかどうかは、これら事情いかんによるので、弁護士など専門家に相談
していただきたい。

　もっとも、実際は、現実の損害が出る前に、「今後、同じようなことをし
た場合は、法的手続をとるので、クレームをやめるよう求める」と書面等で
警告（【書式8】参照）することによりクレームをやめさせるという、法的対
応を背景にした通告を行うことが通常であり、一般的にはこのような形で解
決することが多いと思われる。

2　法的対応の種類

　法的対応としては、自社がクレーマーのクレームによって実際に損害（財
産的損害、風評損害等）が生じた場合、これら損害の回復を図るため、ク
レーマーに対して損害賠償を請求することが考えられる。ただ、実際にこれ
らの損害が生じてしまった場合は完全な被害回復は容易なことではない。こ
れらの損害が生じた後、裁判所に訴えを提起して、仮に自社の主張が認めら
れたとしても、判決による認容（認められた）額が到底被害を回復するまで
に及ばない額であったり、クレーマーは個人であることが通常であるので、
そもそも命じられた支払い額を支払う能力がない場合が多いと考えられる。

　そうであるなら、実際に甚大な被害が出る前に、これ以上被害を拡大させ
ないような手続が有用である。面談・書面送付・架電等の禁止・接近禁止の
仮処分（【書式19】（本章5①に収録）および【書式5】（本章2③に収録）参照）
の活用が考えられる。この仮処分の詳細については254頁以下に詳しく記載
されているので、そちらを参照いただきたい。ここでは、第三者との関係で
若干解説する。

　会社がクレームを受け、これによって財産的な損害等が生じている場合は、
クレーマーに対し会社にクレームを申し立てしないように求めることができ
るのは理解できるだろう。しかし、会社ではなく、第三者に対して執拗なク
レームを行っている場合、それによって、たとえば第三者に財産的な損害が
生じている場合は、第三者が仮処分等の法的手続を行うことができ、会社が
できないようにも思える。しかし、クレーマーが第三者へ告知することによ

142

り、実際会社が財産的な損害を被っているのなら、会社が当該クレーマーに対し、第三者へのクレームをやめるよう求めることができなければ、会社の財産的損害が拡大することは明らかである。

　何ら法的に請求する権利がないにもかかわらず、ある会社の重要な取引先に対し、執拗な申し入れをした人物に対し、このような行為は会社の営業基盤を脅かしていることから、このような行為は会社の平穏に営業活動を行う権利を直接、間接に侵害するおそれがある、として、会社に対し電話、文書、面談禁止の仮処分が認められた裁判例がある（東京高判平成15年(ラ)第1233号判例集未登載）。

　当該具体的事案によるが、このように、第三者のクレームを禁止する仮処分が認められた事例もあるので、参考にしていただきたい。

●弁護士からのアドバイス●

　法的手続は最後の手段である。できるだけ、その前に解決することが望ましいが、法的手続をとる場合は、損害が拡大する前の段階で行う必要がある。

143

〔第2部〕 第1章 悪質クレーマーとのトラブルと対応

5 クレームの相手方の意図が 見えない場合の対応

1 相手方・理由が不明な無言電話にはどう対応するか

事 例　　当社に、1日に数回無言電話がかかってくるようになりました。いったん切っても、その後すぐに無言電話があるという場合もあります。相手方が誰なのか、何の恨みを買うことがあったのか、などを考えてみると、会社の業績のこと、従業員の個人的なことまで含め、これといって決めつけるだけのものはありません。従業員は不安がっていますが、どのように対処したらよいでしょうか。

〔ポイント〕

1　無言電話により会社の業務が害されるばかりか、従業員への被害が生じるのであり、安全配慮義務等の趣旨からも対策を講じるべきである。

2　着信拒否等、簡易な対処法がある。

3　発信者に対し民事・刑事上の措置を講じることで、被害の防止・回復が図れるが、そのために被害はできる限り記録化しておくべきである。

解 説　　**1　対策の必要性**

　　会社への度重なる無言電話は、業務を中断させる会社への業務妨害であるが、被害は従業員にも及ぶ。発信者やその動機が明らかでない場合はなおさら、応対する従業員だけでなく回りの従業員にも、無言電話そのものにより、さらには無言電話以上の害悪が生じることがあるのではと考えることにより不安を生じさせ、心理的な負担を与える。会社としては、会社業務を守るというだけでなく、従業員を守るという観点からも、対策を

144

なすべきであり、これは次のような法的義務からも望まれているといえよう。

使用者（会社）の労働者（従業員）に対する安全配慮義務は、労働契約上の付随的義務として判例上認められてきたものであるが、2008年施行された労働契約法5条において、「使用者は、労働契約に伴い、労働者がその生命、身体等の安全を確保しつつ労働することのできるよう、必要な配慮をするものとする」と明記された。同種の義務として、労働者が働くための環境を安全・快適にしておく義務である職場環境配慮義務や、その雇用する労働者に従事させる業務を定めてこれを管理するに際し、業務の遂行に伴う疲労や心理的負荷等が過度に蓄積して労働者の心身の健康を損なうことがないよう注意する義務も裁判例上認められている。

後述する刑事事件においては、無言電話を含む嫌がらせ電話により被害者に外傷後ストレス障害（PTSD）が生じたと認定されており、無言電話により心身の障害が生じることは十分にあり得るし、これに至らずとも業務中の従業員に不安感等の心理的負担をいたずらに負わせるべきでない。

度重なる無言電話がなされているのに、会社として、漫然これを放置することは、従業員に対する上記義務の趣旨に鑑みて、相当ではない。無言電話に対しては、会社業務のみならず従業員を守るという観点からも、適切な対策を講じるべきである。無言電話が相当の頻度で常態化しており、これにより従業員が精神的苦痛を受けるに至った場合には、会社が上記義務の不履行を問われる場合もあろう。

2　無言電話対策

(1)　無言電話の着信拒否

会社が簡易にとりうる手段として、無言電話の着信拒否がある。

NTTでは、固定電話への、特定の電話番号や特定の公衆電話からの着信、番号非通知発信の着信を拒否できるサービスがあり、工事費や利用料等の費用が必要となるが、会社業務上行って大きな支障がないのであれば、利用を検討すべきである。非通知発信や公衆電話から電話をする顧客等に対してはあらかじめ理解を求めたい。

サービス内容は、固定電話・ひかり電話、各電話会社によって若干内容も

〔第2部〕 第1章 悪質クレーマーとのトラブルと対応

異なるため、詳細は各社ホームページ等で確認されたい。

(A) 迷惑電話お断りサービス

発信者の電話番号が通知されている場合、無言電話等迷惑電話を受けた直後に、ダイヤル操作（「144」の後「2」）を行うことにより、以後同じ電話番号からの着信に着信音を鳴らさず、「この電話はお受けできません。ご了承ください」等の自動音声が流れるよう設定できる。

公衆電話からの着信も拒否できるが、そのときに利用された公衆電話からの着信だけを拒否するものであり、それ以外のすべての公衆電話からの着信を拒否するものではない。

IP電話等が経由されるなどした場合、拒否登録できない場合もあるが、この点は、拒否登録ができた場合、登録後「迷惑電話リストの登録が完了しました」、できない場合、「迷惑電話リストの登録に失敗しました」とガイダンスされることで確認できる。

(B) 非通知電話の着信拒否

発信者の電話番号が電話機に表示されるナンバー・ディスプレイ契約を締結のうえ、ナンバー・リクエストというサービスを利用することで、非通知電話に対し着信音を鳴らさず、番号を通知してかけ直していただきたい旨を伝え、着信を拒否することができる。

(C) その他

上記の他、使用している電話機に特定の電話番号からの着信や非通知電話の着信拒否機能等があれば、これを利用する。

(2) 無言電話への応答マニュアル

これらに加え、あるいは業務の性質上非通知等からの着信拒否ができない場合は特に、従業員に対して無言電話に対する対応をマニュアル化して実施させることも有益である。

無言電話等の迷惑電話や、クレーム対応の経験に長けていない従業員にとっては、はたしてこの電話を受け続けなければならないのか、切ったほうがいいのか、切るとしてどのような切り方をしていいのか、その判断をその都度すること自体が、精神的な負担となる。

対応をマニュアル化し、たとえば、応答後5秒以内に発信者からの発言が

ない場合「切らせていただきます」等と発言したうえで直ちに受話器を置いてよい、あるいは連続して無言電話があった場合には「無言電話につき警察に通報します」などと発言したうえで切ることなどの一定のルールを決め、これを実施させるべきである。

これにより経験の浅い従業員であっても、自分の対応が会社が検討した最善の方法であり、会社のルールに従っているのだから責任を問われることがないという安心感を得られる。

(3) 被害の記録

会社内で情報を共有し対策を検討するため、さらには発信者に対し、後述する警告や民事・刑事上の措置を講じるため、できうる限り無言電話の被害状況を記録・証拠化しておくべきである。

(A) 会社内での記録

無言電話がなされた日時、発信者の電話番号（非通知であればその旨）、応対した従業員の名を適宜記録し、集約する。

電話の録音機能を導入・利用して、無言電話であっても通話記録を録音・保存する。無言であっても録音は無言電話の存在を証明するものであるし、録音日時も記録されていれば日時の証明となり、その証拠価値は高い。発信者が特定の従業員をターゲットにしている場合、その従業員が応対すれば、何らかの発言をする可能性がある。発言があれば、文章に起こしておく。

(B) 番号お知らせサービスの利用

受信電話に発信者の番号表示の機能がない場合でも、電話後「136」に続け「1」をダイヤルすると、最後にかかってきた電話の日時と電話番号を音声で知ることができる場合がある。この音声も録音することにより証拠価値は高まる。

その他、NTTに対して、通話履歴の提供を求めることも考えられるが、通常提供される履歴には、通信料を把握するための発信履歴が記載されるのみで、着信履歴については記載されないので留意されたい。

〔第2部〕　第1章　悪質クレーマーとのトラブルと対応

3　発信者への民事上の措置

(1)　裁判手続等による対応

　無言電話の発信者が明らかであれば、弁護士を通じるなどして警告をしたり、裁判手続により差止めや損害賠償を求めることも可能である。

　これらにより以後の無言電話の予防を期待でき、損害賠償により一定の被害回復が図れる。

　個人を被害者とする裁判例においては、無言電話を含む迷惑電話その他につき不法行為の成立を認め、加害者に対し迷惑電話について慰謝料として30万円の損害賠償を命じた事例（東京地判平成19・5・9 LLI/DB 判例秘書登載）や、無言電話を含む迷惑電話その他いやがらせを人格権侵害と認め、加害者に対し一部の治療費・転居費用の他慰謝料の損害賠償を命じた事例（東京地判平成19・4・18LLI/DB 判例秘書登載）等があり、無言電話等による不法行為に基づく損害賠償が認められている。仮処分・本案訴訟（【書式19】）による無言電話の差止めも認められうるものと考える。

　会社を被害者とする場合においても、後述のように無言電話が会社に対する偽計業務妨害罪を構成するのだから、不法行為に基づく損害賠償請求、差止めが認められるものと考えるが、会社の損害の額を立証をするため、無言電話により具体的にどのような損害が生じたか、たとえば対応を何回・何分行ったことで、どのような業務が害されたか等を明らかにしておくべきである。

(2)　弁護士会照会制度等による対応

　無言電話の発信者が不明であっても、発信者の電話番号が判明していれば、弁護士会照会により発信者を特定できることがある。

　弁護士会照会は、弁護士が依頼を受けた事件につき証拠収集等のため弁護士会に申し出て、弁護士会が、公務所や団体に照会をして報告を求める制度である。

　電話番号は各電話会社に割り当てられており、総務省ホームページ「電気通信番号の利用・指定」で発信者がどの電話会社と契約しているかわかる。弁護士が弁護士会に申し出て、弁護士会から当該電話会社に、当該電話番号

148

の使用者について照会を行う。

ただし、個人情報保護等を理由に照会に応じない電話会社があり、運用の改善が求められている。

無言電話以外の妨害行為、あるいは一部について発信者を特定できる無言電話につき損害賠償等を求める訴訟が継続している場合には、裁判所に申し出ることにより、裁判所から電話会社に被告（発信者）から会社になされた発信履歴の送付を求める文書送付嘱託（民事訴訟法226条本文）を利用することも検討できる。ただし、通信記録には6か月等各電話会社によって保存期間があるので、留意されたい。

また、妨害行為が捜査・起訴などされ刑事事件化していたならば、警察署・検察庁等への弁護士会照会・文書送付嘱託により記録開示を受けることも検討されたい。

4　発信者への刑事上の措置

(1)　法律に基づく対応

無言電話は、犯罪を構成する場合があり、警察への相談、被害届（【書式20】・告訴状（【書式21】）の提出により、捜査・処罰がなされることもある。裁判例上犯罪の成立が認められた事案や該当しうる罪名を以下に紹介する。

(A)　偽計業務妨害罪（刑法233条）

① 飲食店に対し3か月の間に970回なされた無言電話は、被害者の錯誤ないし不知の状態を利用するものであるとともに、その目的、態様、回数等に照らし、社会生活上受容できる限度をこえ不当に被害者を困惑させる手段術策であり、度重なる無用かつ不要な電話の応対は甚だしく被害者を困惑させ、その心身を疲労させて被害者の業務遂行に支障を及ぼしたとして、偽計業務妨害罪の成立が認められた（東京高判昭和48・8・7判時722号107頁）。

② 銀行店舗に対し2か月間の間に316回なされた無言電話等は、従業員らに各電話への対応を余儀なくさせて正常な業務の遂行に支障を生じさせたとして、同罪の成立が認められた（岡山地判平成28・10・17LLI/DB判例秘書登載）。

〔第2部〕 第1章 悪質クレーマーとのトラブルと対応

(B) ストーカー行為等の規制に関する法律違反（同法13条1項、2条2項・1項5号）

好意の感情またはそれが満たされなかったことに対する怨恨の感情を充足する目的で被害女性の勤務する会社に無言電話を繰り返したこと等につき、会社に対する偽計業務妨害の成立が認められるとともに、被害女性に対するストーカー防止法違反の成立が認められた（東京地判平成15・1・22判タ1129号265頁）。

(C) 傷害罪（刑法204条）

無言電話を含む3年以上にわたる嫌がらせ電話により外傷性ストレス障害（PTSD）が生じたとして、傷害罪の成立が認められた（富山地判平成13・4・19判タ1081号291頁）。

(D) 配偶者暴力法・迷惑防止条例違反

以上のほか、発信者の目的や従業員との関係性により、従業員を被害者とする、配偶者からの暴力の防止及び被害者の保護等に関する法律10条2項4号による保護命令違反（同法29条）、迷惑防止条例違反（たとえば、東京都の公衆に著しく迷惑をかける暴力的不良行為等の防止に関する条例8条1項3号、5条の2第1項3号）の成立が考えられる。

(2) 証拠化

捜査・処罰を求めるに際しても、相応の証拠があるほうがよい対応を期待できるため、上記のような証拠化が必要である。

●弁護士からのアドバイス●

まずは法的手続によらずともできる対策があるのだから、会社としては自らの業務だけでなく従業員を守るという観点からも、速やかに対策を講じるべきである。

無言電話は上記のように不法行為や犯罪を構成しうるものである。民事・刑事上の措置を講じるに必要なことであるから、できる限りの被害の証拠化を行っておくべきである。

5 クレームの相手方の意図が見えない場合の対応　①

【書式19】　架電禁止仮処分命令申立書（無言電話）

収入
印紙

架電禁止仮処分命令申立書

平成○○年○月○日

東京地方裁判所民事第9部　御中

債　権　者　　○○株式会社
代表取締役　○○　○○　　㊞

　　　当事者の表示　　別紙当事者目録記載のとおり

申立ての趣旨

　債務者は、債権者に対し、架電してはならない。
との裁判を求める。

申立ての理由

第1　被保全権利
　1　債権者は、○○を目的とする株式会社であり住所地において○○業を営んでいる。
　2　債務者は、別紙の通り、平成○○年○月○日から同年○月○日までの間、○○回にわたり、債権者本店に設置された固定電話に電話をかけ、その電話に応対した債権者従業員らに対し、無言の状態を続けるなどの行為を繰り返した。これにより、同従業員らに各電話への応対を余儀なくさせて、○○など債権者の正常な業務の遂行に著しい支障を生じ、同従業員らは不安におびえ退職を申し出た者もあった。
　3　上記債務者の行為は、債権者の業務遂行権を侵害するものである。

第2　保全の必要性
　1　債権者は、平成○○年○月○日、債務者に対し無言電話をやめるよう書面により警告を発したが、債務者は改めず、かえって同日以降無言電話の回数を増やし、債権者の業務の遂行は現に害され、従業員においても心身

151

〔第2部〕 第1章 悪質クレーマーとのトラブルと対応

　の被害を訴えるに至っている。
　2　債権者は、債務者に対し、業務遂行権侵害に基づく妨害排除請求訴訟を
　　提起すべく準備中であるが、本案判決を得るまで債務者の上記行為が継続
　　しては本案判決確定まで甚大な損害を被るので本申立てをする。

疎　明　方　法

1　経過説明書
2　着信履歴
3　応対記録
4　通話録音データ
5　発信者情報
6　警告書
7　・・・・・・・・・・・

添　付　書　類

1　証拠資料写し　　　　　　　　各1通
2　商業登記事項証明書　　　　　1通

当事者目録

　　　　住所　〒○○○―○○○○　東京都○○区○○町○丁目○番○号
　　　　　　　　　　　　　　　　　（送達場所）
　　　　　　　　　　　　　　　　　電　話　○○―○○○○―○○○○
　　　　　　　　　　　　　　　　　ＦＡＸ　○○―○○○○―○○○○
　　　　　　　　　　　　　　　　　債権者　○○株式会社
　　　　　　　　　　　　　　　　　　　　代表取締役　○○　○○

　　　　住所　〒○○○―○○○○　東京都○○区○○町○丁目○番○号
　　　　　　　　　　　　　　　　　債務者　　○○　○○

5　クレームの相手方の意図が見えない場合の対応　1

【書式20】　被害届（無言電話）

被　害　届

平成○○年○月○日

○○警察署長　殿

〒○○○―○○○○　東京都○○区○○町○丁目○番○号
電　話　○○―○○○○―○○○○
ＦＡＸ　○○―○○○○―○○○○
届出人　　○○株式会社
代表取締役　○○　○○

　次の通り、偽計業務妨害被害がありましたからお届けします。

第1　被害者の住所、職業、氏名、年齢
　　　○○・・・・・・・・・・・・・・・・・・・・・・・
第2　被害の年月日
　　　平成○年○月○日ないし平成○年○月○日ころ
第3　被害の場所
　　　東京都○○区○○町○丁目○番○号、当社内
第4　被害の模様
　　　当社は、住所地において○○業を営んでおります。
　　　平成○○年○月○日頃から、日中当社に無言電話がかかってくるように
　　なりました。私がいるときには私が対応することもあるのですが、女性従
　　業員は不安がって、仕事が手に着かなくなっております。社内でも話し
　　合ったのですが、誰も嫌がらせを受けるような覚えはなく、犯人に心当た
　　りはありません。
　　　別紙のように、この1か月で無言電話は300回を超えており、この電話
　　に対応するだけで来客や他の電話への対応ができなくなり業務に多大な支
　　障が出ております。
第5　犯人の住所、氏名または通称、人相、着衣、特徴等
　　不明
第6　遺留品その他参考となるべき事項

〔第2部〕 第1章 悪質クレーマーとのトラブルと対応

着信履歴・応対記録

【書式21】 告訴状（無言電話）

告 訴 状

　　　住所　〒○○○─○○○○　東京都○○区○○町○丁目○番○号
　　　　　　　　　　　　　　　電　話　○○─○○○○─○○○○
　　　　　　　　　　　　　　　ＦＡＸ　○○─○○○○─○○○○
　　　　　　　　　　　　　　　　　告訴人　　　○○株式会社
　　　　　　　　　　　　　　　　　代表取締役　　○○　○○
　　　住所　〒○○○─○○○○　東京都○○区○○町○丁目○番○号
　　　　　　　　　　　　　　　　　被告訴人　　○○　○○

　被告訴人の次の告訴事実に記載の行為は、刑法233条（偽計業務妨害罪）に該当すると思料いたしますので、捜査の上、厳重に処罰されたく告訴いたします。

第1　告訴事実
　被告訴人は、平成○年○月○日から同年○月○日までの間、○○○回にわたり、東京都○○区○○町○丁目○番○号所在の被告訴人方において、自己の携帯電話機を使用して、東京都○○区○○町○丁目○番○号所在の告訴人事務所に設置された固定電話に架電し、その電話に応対した告訴人従業員らに対し、無言の状態を続けるなどの行為を繰り返し、その間、同従業員らに各電話への応対を余儀なくさせて正常な業務の遂行に支障を生じさせ、もって偽計を用いて告訴人の業務を妨害したものである。

第2　告訴に至る経緯
　　1　…………
　　2　…………
　　3　…………

新刊のご案内 2020年2月
（2019年10月～2020年2月分）

民事法研究会
http://www.minjiho.com/

※書籍の価格はすべて本体価格（税抜）の表示となっております。
※ご注文は、最寄りの書店へご注文いただくか、または弊社へ直接
ファックスまたはメールにてご注文ください。

2月刊
家族・親族経営会社のための相談対応実務必携
A5判・423頁・定価 本体4,600円+税
山浦美紀・西田 恵・山中俊郎・桑田直樹 著

1月刊
行政不服審査法の実務と書式[第2版]
A5判・368頁・定価 本体3,800円+税
日本弁護士連合会行政訴訟センター 編

会社分割をきわめる―会社強靱化の新たな技法―
A5判・342頁・定価 本体3,200円+税
後藤孝典 著

12月刊
相続人不存在の実務と書式[第3版]
A5判・316頁・定価 本体3,300円+税
水野賢一 著

わかりやすいマンション判例の解説[第4版]―紛争解決の実務指針―
A5判・484頁・定価 本体4,500円+税
全国マンション問題研究会 編

コンパクト倒産・再生再編六法2020―判例付き―
A5判・708頁・定価 本体3,800円+税
編集代表 伊藤 眞・多比羅誠・須藤英章 編

知らないではすまされない！LGBT実務対応Q＆A―職場・企業、社会生活、学校、家庭での解決指針―
A5判・217頁・定価 本体2,500円+税
弁護士 帯刀康一 編著
市橋卓・大畑敦子・織田英生・木下貴人・五島丈裕・杉村亜紀子 著

要件事実の考え方と実務[第4版]
A5判・458頁・定価 本体3,800円+税
加藤新太郎 編著

11月刊
最新 著作権関係判例と実務[第2版]
A5判・528頁・定価 本体5,500円+税
知的所有権問題研究会 編

書式 行政訴訟の実務[第三版]―行政手続・不服審査から訴訟まで―
A5判・433頁・定価 本体4,500円+税
日本弁護士連合会行政訴訟センター 編

取引基本契約書の作成と審査の実務[第6版]
A5判・483頁・定価 本体4,300円+税
滝川宜信 著

判例から学ぶ消費者法[第3版]
A5判・312頁・定価 本体2,800円+税
島川 勝・坂東俊矢 編

10月刊
労働法実務大系[第2版]
A5判・893頁・定価 本体9,000円+税
岩出 誠 著

書式 支払督促の実務[全訂10版]―申立てから手続終了までの書式と理論―
A5判・597頁・定価 本体5,600円+税
園部 厚 著

最新情報の詳細は、弊社ホームページをご覧ください。

アンケートご協力のお願い

FAX 03-5798-7258

購入した書籍名	悪質クレーマー・反社会的勢力対応実務マニュアル

● 弊社のホームページをご覧になったことはありますか。
・よく見る ・ときどき見る ・ほとんど見ない ・見たことがない

● 本書をどのようにご購入されましたか。
・書店（書店名　　　　　　　　　　）　・直接弊社から
・インターネット書店（書店名　　　　　　　　　　）
・贈呈　　　　　　　　　　・その他（　　　　　　　　　　）

● 本書の満足度をお聞かせください。
（ 0　1　2　3　4　5　6　7　8　9　10 ）

● 上記のように評価された理由をご自由にお書きください。

● 本書を友人・知人に薦める可能性がどのくらいありますか？
（ 0　1　2　3　4　5　6　7　8　9　10 ）

● 上記のように評価された理由をご自由にお書きください。

● 本書に対するご意見や、出版してほしい企画等をお聞かせください。

ご協力ありがとうございました。

■ ご注文はFAXまたはホームページにて受付けております

注文申込書　FAX 03-5798-7258
http://www.minjiho.com

住所（〒　　　　　）
TEL.（　　　）
FAX.（　　　）
フリガナ
氏名（担当者名）
Email：

お得な情報が満載のメルマガ（新刊案内）をご希望の方はこちらにご記入ください。
（メルマガ希望の方のみ）

書籍名	冊
市民と法【年間購読】年6回刊・年間購読料 9,600円（税・送料込）	号から購読申込み

お申込日　令和　年　月　日

クーポンコード minji
有効期限 2021年

本申込書へ直接お申込みの場合は送料無料になります
※弊社ホームページからご注文する際は、下記のクーポンコードをご入力ください。送料が無料になります。

5　クレームの相手方の意図が見えない場合の対応　□

証　拠　資　料

1　経過説明書
2　応対記録
3　通話録音データ
4　発信記録
3　…………

添　付　書　類

1　証拠資料写し　　　　　　各1通
2　商業登記事項証明書　　　　1通

平成○○年○月○日

○○警察署長　殿

告訴人　　　○○株式会社

代表取締役　○○　○○　㊞

〔第2部〕 第2章 反社会的勢力とのトラブルとその対応

第 2 章

反社会的勢力
とのトラブルとその対応

1 反社の判別方法と対応の基本

1 暴力団を含めた反社会的勢力の実態はどのようになっているか

事例　　最近、テレビニュースや新聞などで、企業が反社会的勢力と関わりを持たないようにいわれています。当社もその方針に賛同し、そのようにしたいと考えているのですが、そもそも反社会的勢力とはどのような人たちのことをいうのでしょうか。反社会的勢力と暴力団とは違うのでしょうか。

【ポイント】

1　「反社会的勢力」とは、「暴力、威力と詐欺的手法を駆使して経済的利益を追求する集団又は個人」と定義されている。いわゆるフロント企業や振り込め詐欺グループなどもこれにあたり、かなり幅広い概念である。

2　「暴力団」の不透明化・巧妙化が進んだために、「反社会的勢力」という概念が登場したが、その中心は今も変わらず「暴力団」である。

1　反社の判別方法と対応の基本　　①

3　企業としては、調査を尽くしても、「反社会的勢力該当性」の判断の
　程度に差が生じる以上、問題となっている状況（契約段階や契約内容）
　に応じて、その調査結果を使い分けるべきである。

解　説　**1　「暴力団」と「反社会的勢力」の関係**

　　　　　　　　企業を脅かす民事介入暴力によって資金獲得活動を行う
主体の中心は「暴力団」である。そこで、平成4年3月、主要な暴力団に対
する規制を強めるために、暴力団員による不当な行為の防止等に関する法律
（以下、「暴対法」という）が施行された。同法の施行などによって「暴力
団」排除が一定程度進んだ一方、「暴力団」は、同法の規制を避けるために、
暴力団であることを明らかにせずに資金獲得活動を行う傾向を強めた。具体
的には、企業活動や政治活動、社会運動を装って資金獲得活動を行う傾向を
強めた。

　そこで、従前に比べてより一層、「暴力団」よりも広い概念で民事介入暴
力対策を講じる必要があり、政府は、平成19年6月19日、「企業が反社会的
勢力による被害を防止するための指針」（以下、「政府指針」という）を公表
した。政府指針において、「反社会的勢力」とは、「暴力、威力と詐欺的手法
を駆使して経済的利益を追求する集団又は個人」と定義されている。「暴力
団」の不透明化・巧妙化対策のために「反社会的勢力」という概念が登場し
たことからもわかるとおり、「暴力団」は「反社会的勢力」の中心である。
また、「暴力団」と認定できず「反社会的勢力」としか認定できない場合で
あっても、実質的には「暴力団」と同一の危険性を有している場合も少なく
ない。

　したがって、企業としては、「暴力団」のみならず「反社会的勢力」とも
関わりをもたないようにしなければならない。

　なお、「反社会的勢力」と認定されることによる不利益としては、大きく
以下の2つがある。まず、①各都道府県の暴力団排除条例において、「反社
会的勢力」に対する利益供与が禁止されており、これに違反する場合には、
勧告や場合によっては公表の対象となる。また、②政府指針以降、取引の相

157

〔第2部〕 第2章 反社会的勢力とのトラブルとその対応

手方が「反社会的勢力」に該当する場合には契約を解除すること等を可能とする条項（いわゆる「暴排条項」）を契約書に導入することが広がりを見せているため、「反社会的勢力」は取引から排除される。

以下、「暴力団」と「反社会的勢力」の定義や具体例などについて説明する。特に、「反社会的勢力」は抽象的概念であるため、その認定方法などについても説明する。

2 「暴力団」とは

(1) 定 義

まず、「暴力団」とは、「その団体の構成員（その団体の構成団体の構成員を含む）が集団的に又は常習的に暴力的不法行為等を行うことを助長するおそれがある団体」をいう（暴対法2条2号）。

また、「暴力団員」とは、「暴力団の構成員」をいう（暴対法2条6号）。

(2) 「指定暴力団」について

「指定暴力団」とは、暴力団のうち「その暴力団員が集団的にまたは常習的に暴力的不法行為などを行うことを助長するおそれが大きい暴力団として，都道府県公安委員会の指定を受けたもの」をいう（暴対法2条3号、3条）。

指定暴力団の暴力団員が、みかじめ料の要求や債権の不当取立てなどの「暴力的要求行為」（暴対法9条）を行った場合には、公安委員会は「中止命令」などの必要な命令を発令することができ、この命令に従わない場合は、罰則が適用される。

3 「反社会的勢力」とは

(1) 政府指針による定義・判断基準

政府指針において、「反社会的勢力」は、「暴力、威力と詐欺的手法を駆使して経済的利益を追求する集団又は個人」と定義されている。

この定義からすれば、たとえば、個人で結婚詐欺を行っている、いわゆる結婚詐欺師でさえも「反社会的勢力」に該当してしまう。しかし、そのような者まで「反社会的勢力」と認定することは、「暴力団」の不透明化・巧妙化対策という「反社会的勢力」概念の趣旨からずれてしまうし、実際上、結

158

婚詐欺師までもアパートの賃貸借契約から排除することは妥当ではない。

そこで、企業としては、政府指針が示す上記定義に形式的にとらわれることなく、実質的に反社会的勢力該当性を判断する必要がある。

この点、政府指針は、「『反社会的勢力』をとらえるに際しては、暴力団、暴力団関係企業、総会屋、社会運動標ぼうゴロ、政治活動標ぼうゴロ、特殊知能暴力集団等といった属性要件に着目するとともに、暴力的な要求行為、法的な責任を超えた不当な要求といった行為要件にも着目することが重要である」と指摘している。すなわち、政府指針は具体例をあげて「属性要件」と「行為要件」を説明し、両要件によって「反社会的勢力」該当性を判断すべき旨指摘している。

そこで、以下、順に「属性要件」と「行為要件」について説明する。

(2) 属性要件について

(A) 政府指針に例示された各属性の定義

政府指針は、属性要件の具体例として、「暴力団」、「暴力団関係企業」、「総会屋」、「社会運動標ぼうゴロ」、「政治活動標ぼうゴロ」、「特殊知能暴力集団」をあげている。上記各属性はまさに具体例であって、上記各属性のいずれにも該当しない「反社会的勢力」も存在する。ただし、上記各属性が「反社会的勢力」の典型例であることは間違いない。

なお、上記各属性のうち、「暴力団」以外は、暴対法に定義が記載されていないが、その多くは「組織犯罪対策要綱」（警察庁乙刑発第11号ほか）・警察庁次長通達（平26・8・18。以下、「要綱」という）に定義が記載されている。

要綱に記載されている上記各属性の具体的定義は、以下のとおりである。

(B) 具体的な定義

(a) 暴力団関係企業

要綱において、「暴力団員が実質的にその経営に関与している企業、準構成員若しくは元暴力団員が実質的に経営する企業であって暴力団に資金提供を行うなど暴力団の維持若しくは運営に積極的に協力し、若しくは関与するもの又は業務の遂行等において積極的に暴力団を利用し暴力団の維持若しくは運営に協力している企業をいう」とされている。いわゆる「フロント企

159

業」や「企業舎弟」がこれにあたる。

(b) 総会屋等

要綱において、「総会屋、会社ゴロ等企業等を対象に不正な利益を求めて暴力的不法行為等を行うおそれがあり、市民生活の安全に脅威を与える者をいう」とされている。

なお、「総会屋」自体についての定義は要綱には記載がないが、「株主総会における発言・議決権の権利行使に必要な株を保有したうえで、企業の営業上のミスや企業幹部の個人的なスキャンダル等の情報を収集し、企業のもっとも弱いところ、すなわち、世間に対するイメージダウンを恐れるという点に巧妙につけ込み、株主総会の議事進行等の株主権の行使に藉口して、企業に圧力をかけ、コンサルタント料、情報誌等の購読料、賛助金等様々な名目で、企業から株主配当金以外の利益の供与を受け、又は受けることを目的として活動を行う者をいう」とされている（高野栄一「総会屋の現状と企業対象暴力について」警察時報50巻7号24頁）。

(c) 社会運動等標ぼうゴロ

要綱において、「社会運動若しくは政治活動を仮装し、又は標ぼうして、不正な利益を求めて暴力的不法行為等を行うおそれがあり、市民生活の安全に脅威を与える者をいう」とされている。いわゆる「えせ同和行為者」や「えせ右翼行為者」がこれにあたる。

(d) 特殊知能暴力集団等

要綱において、上記(a)から(c)に掲げる者および暴力団準構成員（後述する）以外の者であって、「暴力団との関係を背景に、その威力を用い、又は暴力団と資金的なつながりを有し、構造的な不正の中核となっている集団又は個人をいう」とされている。いわゆる「振り込め詐欺グループ」などがこれにあたる。

(3) 行為要件について

政府指針は、行為要件の具体例として、「暴力的な要求行為」と「法的な責任を超えた不当な要求行為」をあげている。ただし、これらの行為はあくまで具体例であって、行為要件に関する事実としては多種多様なものが想定される。

たとえば、恫喝行為、欺罔行為、名誉・信用毀損行為、業務妨害行為、侮辱行為などもこれに含まれるし、より広く、対象者と反社会的勢力（あるいは反社会的行為）との親和性をうかがわせるさまざまな事情に基づく行為がこれにあたりうる。

(4) 属性要件と行為要件の関係

政府指針は、「……属性要件に着目するとともに、……行為要件にも着目することが重要である」と指摘している。

また、東京地判平27・7・15（LLI/判例秘書登載）においても、「『反社会的勢力』は、一般的には、暴力、威力と詐欺的手法を駆使して経済的利益を追求する集団又は個人を指すものであり、典型的には、暴力団、暴力団関係企業、総会屋、社会運動標ぼうゴロ、政治活動標ぼうゴロ、特殊知能暴力集団等の集団及び個人がこれに該当するが、上記のような属性による判断だけではなく、暴力的な要求行為、法的な責任を超えた不当な要求といった行為面も考慮して総合的に判断されているものと解される」と指摘している。

なお、東京高判平27・12・16（LLI/DB 判例秘書登載）、（前掲・東京地判平27・7・15の控訴審）も「……『反社会的勢力』の該当性については、……属性（属性要件）による判断だけではなく、…行為面（行為要件）にも着目して総合的に判断されているものと解するのが相当である」と指摘する。

すなわち、「反社会的勢力該当性」の判断にあたっては、属性要件に関する事実と行為要件に関する事実を積み重ね、「総合的に」判断すべきである。

なお、相手方が反社会的勢力の関係者であるおそれが十分に予想される場合は、【書式22】で示した照会依頼書を活用して警察に問い合わせるとよい。

●弁護士からのアドバイス●

上記のとおり、「反社会的勢力該当性」の判断は、「総合的に」判断するものである以上、調査を尽くしても、「反社会的勢力該当性」の判断の程度には差が生じる。つまり、「反社会的勢力該当性」が高い者（例：十中八九、現役の暴力団員であることが間違いない者）と、低い者（例：暴力団と何らかの関係があると推認されるが確証がもてない者）が生

〔第2部〕 第2章 反社会的勢力とのトラブルとその対応

じる。

　だがそれでよいのである。なぜならば、企業が「反社会的勢力該当性」を用いる状況（契約段階や契約内容）に応じて、その調査結果を使い分ければよいからである。

　まず、契約段階に関していえば、契約に入る前の段階においては、契約自由の原則が妥当するので、「反社会的勢力該当性」が低い者であっても契約を締結すべきでないと判断をすればよいし、すでに継続的契約をしている段階においては、「反社会的勢力該当性」の高低に応じて、直ちに契約解消の手続をとるか、継続的監視をとるか、などを判断すればよい。

　次に、契約内容に関していえば、利益供与の程度が低い契約（例：スーパーでの日用品の売買）については、「反社会的勢力該当性」が高い者であっても許容する方向に判断が働きやすいし、利益供与の程度が高い契約（例：不動産売買）については、「反社会的勢力該当性」が低い者であっても、慎重な対応が求められる。

　いずれにせよ、企業としては、調査を尽くしても、「反社会的勢力該当性」の判断の程度に差が生じる以上、当該状況（契約段階や契約内容）に応じて、その調査結果を使い分けるべきである。このようにして、企業から暴力団に資金が流れないようにすることが肝心である。各企業がそのような努力を尽くした結果、暴力団が弱体化するのである。

　「反社会的勢力」というあいまいな概念の該当性を各企業が自己判断せざるを得ないが、そのような調査、判断を行うことが、広い目でみれば、自社のリスクを減少させることにも繋がるのである。

【書式22】 反社会的勢力対象者照会依頼書例

照会依頼書

平成○○年○○月○○日

警視庁組織犯罪対策第三課
暴力団排除第一係　御中

〒○○○-○○○○
東京都○○区○○町○番○号○
○○○○株式会社
　　代表取締役　　○○　　○○
　　TEL　○○（○○○○）○○○○
　　FAX　○○（○○○○）○○○○

　下記対象者につき、貴庁保有の情報をご提供願いたく、ご依頼申し上げます。
なお、関連情報、これまでの経緯等は以下のとおりです。

1　対象者
　　氏　　名　○○○○
　　生年月日　昭和○○年○○月○○日
　　住　　所　東京都○○区○○町○○丁目○○番○○

2　関係者
　(1)　○○○○（対象者の同居人）　　　　　　昭和○○年○○月○○日生
　(2)　○○○○（対象者の会社の取締役）　　　昭和○○年○○月○○日生

3　事案の概要

4　これまでの調査結果

5　添付書類
　・対象者の住民票
　・対象者が代表取締役を務める会社の法人登記事項証明書

〔第 2 部〕　第 2 章　反社会的勢力とのトラブルとその対応

・暴排条項導入済みの対象者との契約書
・誓約書
・インターネットによる調査結果報告書

② 企業がかかわりをもってはならない人物とはどのような者か

> **事例**　暴力団や反社会的勢力以外に、企業がかかわりを持つべきでない人たちはいるのでしょうか。たとえば、暴力団と親密な関係にある人と取引をしてもよいのでしょうか。また、元暴力団員ではあるが今は暴力団員ではない人とは取引をしてもよいのでしょうか。

【ポイント】

1　暴力団や反社会的勢力以外にも、企業がかかわりを持つべきでない者が存在する。特に、「暴力団」の不透明化・巧妙化が進み、実質的には「暴力団」と同一の危険性を有するさまざまな「反社会的勢力」が登場していることからも、企業には慎重な対応が求められる。

2　暴力団と親密な関係にある者と安易に取引をするべきではない。暴力団関係者（密接交際者）の定義からして、安易にそのような者と取引等をすれば、今度は自社（自分）が他の企業から排除されるリスクを負う。

3　企業が「暴力団員」が真に離脱したか否かを判断することはかなりの困難を伴う。暴力団離脱者の支援をどのようにしていくかということは社会全体で考えていく必要があるが、企業としては、元暴力団員との取引は慎重に対応し、真の離脱者と認められる場合には、いわゆる元暴条項（後記4参照）にとらわれず、柔軟に対応すべきである。

> **解説**
>
> ### 1　政府指針にあげられた各属性は例示にすぎないこと

政府指針は、前述のとおり、属性要件の具体例として、「暴力団」、「暴力団関係企業」、「総会屋」、「社会運動標ぼうゴロ」、「政治活動標ぼうゴロ」、「特殊知能暴力集団」をあげているが、上記各属性はあくまで例示にすぎず、上記各属性のいずれにも該当しない「反社会的勢力」も存在する。

165

〔第2部〕 第2章 反社会的勢力とのトラブルとその対応

とりわけ「暴力団」の不透明化・巧妙化が進んでいる現状に鑑みれば、企業としては、上記各属性のいずれにも該当しない「反社会的勢力」にも充分に注意すべきである。

以下では上記各属性以外に注意すべき属性としてよく用いられる、「暴力団準構成員」、「共生者」、「暴力団関係者（密接交際者）」、「元暴力団員」の定義や留意点などについて説明する。

2 政府指針に反社会的勢力として例示されていない各属性の定義

(1) 暴力団準構成員

要綱において、「暴力団又は暴力団員の一定の統制の下にあって、暴力団の威力を背景に暴力的不法行為等を行うおそれがある者又は暴力団若しくは暴力団員に対し資金、武器等の供給を行うなど暴力団の維持若しくは運営に協力する者のうち暴力団員以外のものをいう」とされている。

なお、「共生者」や「密接交際者」とは、暴力団等構成員が暴力団や暴力団員の統制下にあると認められる点において区別される。

(2) 共生者

要綱において、「暴力団に利益を供与することにより、暴力団の威力、情報力、資金力等を利用し自らの利益拡大を図る者」と定義されている。

共生者については、平成19年警察白書において「……暴力団と共生する者は、……最近における暴力団の資金獲得活動の不透明化の主な要因の一つとなっている。これを放置すれば、……我が国における公正な法秩序と健全な市場にとって重大な脅威となる」と指摘されている。

なお、「暴力団準構成員」とは、暴力団や暴力団員の統制下にあるとは認められない点において区別され、「暴力団関係者（密接交際者）」とは資金などの利益供与の実態が確認できている点において区別される。

(3) 暴力団関係者（密接交際者）

東京都暴力団排除条例において、「暴力団関係者」とは「暴力団員又は暴力団若しくは暴力団員と密接な関係を有する者をいう」とされている。

そして、警視庁のウェブサイト（東京都暴力団排除条例Q＆A）において、

166

「暴力団若しくは暴力団員と密接な関係を有する者」とは、たとえば、「暴力団又は暴力団員が実質的に経営を支配する法人等に所属する者、暴力団員を雇用している者、暴力団又は暴力団員を不当に利用していると認められる者、暴力団の維持、運営に協力し、又は関与していると認められる者、暴力団又は暴力団員と社会的に非難されるべき関係を有していると認められる者」等であると説明している。

さらに、同ウェブサイトにおいて、「暴力団又は暴力団員と社会的に非難されるべき関係を有している」とは、たとえば、「相手方が暴力団員であることを分かっていながら、その主催するゴルフ・コンペに参加している場合、相手方が暴力団員であることを分かっていながら、頻繁に飲食を共にしている場合、誕生会、結婚式、還暦祝いなどの名目で多数の暴力団員が集まる行事に出席している場合、暴力団員が関与する賭博等に参加している場合」等であると説明している。

なお、「暴力団準構成員」とは暴力団や暴力団員の統制下にあるとは認められない点において区別され、「共生者」とは資金などの利益供与の実態が確認できていない点において区別される。

(4) 元暴力団員

元暴力団員とは、広義では「過去に暴力団員であったが、現在は暴力団員でなくなった者」のことである。

もっとも、過去に暴力団員であった者がいつまでも元暴力団員として排除対象となることは妥当ではなく、多くの暴排条項において、元暴力団員について、「暴力団員でなくなった時から5年を経過しない者」などと離脱後の期間を限定している。

3 暴力団関係者（密接交際者）との関係遮断の必要性

(1) 暴力団排除条例

東京都暴力団排除条例18条1項では、事業者が事業に関して締結する契約が「暴力団の活動を助長し、又は暴力団の運営に資することとなる疑いがあると認められる場合」に、契約の相手方が暴力団関係者でないかを確認するよう努める旨を定めている。

〔第2部〕 第2章　反社会的勢力とのトラブルとその対応

この規定は努力義務規定ではあるが、不動産取引などの利益供与の程度が高い契約においては、特に慎重に確認すべきである。

(2)　企業が取引から排除される危険性

暴力団関係者（密接交際者）についての前述の定義からすれば、暴力団関係者（密接交際者）に該当する可能性がある者はかなり広く、その調査も労力を要する。

しかしながら、「暴力団」の不透明化・巧妙化が進み、実質的には「暴力団」と同一の危険性を有する暴力団関係者（密接交際者）が存在する以上、できる限り、暴力団関係者（密接交際者）ともかかわりを絶つべきである。

また、前述の「暴力団関係者（密接交際者）」の定義からすれば、暴力団員の主催するゴルフ・コンペや飲食を共にした場合には、今度は自社（自分）自身が「暴力団関係者（密接交際者）」とみなされて取引から排除される可能性もあるのだから、そうした現実的危険性の観点からも、企業としては、できる限り「暴力団関係者（密接交際者）」と関係を持つべきではない。

4　元暴力団員との関係遮断の必要性

(1)　離脱後何年までを元暴力団員とすべきか

全国銀行協会の銀行取引約定書をはじめ、多くの契約書において「暴力団員でなくなった時から5年を経過しない者」を元暴力団員として排除対象としている。

この「5年」という期間設定の趣旨については、暴力団からの離脱後5年以内は、いまだ反社会的勢力とかかわりが残っている可能性が高い、再犯率が高い、などと説明されることもあるが、明確な根拠があるわけではない。

ただし、貸金業法や廃棄物処理法など31の法律が、いずれも期間を「5年」としていることからも、法は、暴力団からの離脱後、5年未満の危険性を目安としているといえる。

したがって、暴排条項において元暴力団員の期間を設定する場合には、「5年」未満であれば、裁判で有効性が争われた場合でも有効と判断される可能性が高い。

もっとも、社会としては、暴力団から真に離脱した者の支援策を考える必

168

要がある。すわなち、社会は、これまで暴対法や暴排条例などによって暴力団員に対する離脱要求を年々強めてきたが、実際に離脱した者は、離脱後5年間は銀行口座を設けることさえできず、更生が阻まれている、という問題が現実に残っている。したがって、早急に、何らかの離脱者支援の制度を社会全体として整備していくことが望まれる。この点、たとえば、弁護士会、警察、暴追センター等が協力し、一定期間の就労実績が認められた暴力団離脱者に対して、預金口座開設や各種取引ができるように支援をしていく制度をつくるべきではないかとの提案も実際になされているところである。

(2) 真に離脱したか否かの判断の困難性

暴力団員の中には、暴対法や暴排条項の規制による諸々の不利益から免れるために、暴力団から離脱したと偽装する者も少なくない（いわゆる「偽装離脱」の問題）。

一方で、暴力団から真に離脱した者であっても、警察や各種業界のデータベースに一度でも「暴力団員」として登録された者は、簡単にはその登録を削除されることがない。

このように、企業が、「暴力団員」が真に離脱したか否かの判断をすることは、現実にはかなりの困難を伴う。実際に、警察でさえ、「暴力団員」が真に離脱したか否かを正確には把握できていないのが現状である。

●弁護士からのアドバイス●

前述のとおり、企業が「暴力団員」が真に離脱したか否かを判断することは現実にはかなりの困難を伴うし、警察でさえ正確には把握できていない。また、後述のとおり、警察への照会を行った場合でも、「現役の暴力団員である」旨の回答を得られることがあっても、「元暴力団員である」旨の回答は得られないのが現状である。

とすれば、一見すると、「暴力団員でなくなった時から5年を経過しない者」を排除対象とする条項は何の意味も持たないようにも思える。

しかしながら、企業が「暴力団員」であることを理由に契約解消を求めた際に、対象者が「たしかに自分は過去には暴力団員であったが、既

〔第2部〕 第2章 反社会的勢力とのトラブルとその対応

に辞めている」との抗弁がなされることもあり得るのであって、同抗弁に対抗するためにも、やはり元暴力団員を排除対象とする条項は入れておくべきである。

　その際の期間設定であるが、前述のとおり、暴力団離脱後「5年」以内の条項であれば、裁判で有効性が争われた場合でも有効と判断される可能性が高い。

　もっとも、同条項を設定した場合であっても、具体的な適用場面においては同条項に形式的にとらわれることなく、実質的に検討し、真に暴力団から離脱し更生しようとしていると認められる者については同条項の適用外にするなど、柔軟な対応をすべきである。

1 反社の判別方法と対応の基本 3

3 反社会的勢力該当性を見極めるための調査方法（スクリーニング）としてはどのようなものがあるか

> **事 例**　先日、当社にやってきた顧客ですが、言葉遣いや身なりからして一般人とは思えず、暴力団員や反社会的勢力の関係者の疑いがあります。顧客が、暴力団員や反社会的勢力であるか否かを確認したいのですが、どのような方法で確認すればよいのでしょうか。

【ポイント】

1　対象者が反社会的勢力か否かを調査する方法としては、大きく分けて2つ、「①自社による調査」と「②第三者からの情報提供」がある。

2　まず基本とすべきは、「①自社による調査」である。それなりのスキルと経験が必要となるが、会社組織として、反社チェックの重要性を社員に意識付け、その調査方法について社内体制を整備していくことが肝要である。

3　また、「②第三者からの情報提供」については、利用できる条件や金銭面の問題などもあるが、業界データベースの利用や警察への照会の方法は有益であり利用を検討すべきである。

解 説　### 1　反社会的勢力の調査方法

　　　　　対象者が反社会的勢力か否かを調査する方法としては、大きく分けて2つあり、①自社による調査と、②第三者からの情報提供がある。

　以下、順に、①自社による調査、②第三者からの情報提供の方法等について具体的に説明する。

171

〔第2部〕 第2章 反社会的勢力とのトラブルとその対応

2 自社による調査

(1) データベースの構築・利用

　企業が、自社で反社会的勢力データベースを構築・利用する方法があり、実際に、一部の金融系企業や不動産系企業などでは、構築・利用されている。

　反社会的勢力データベースとは、反社会的勢力に関する一切の情報（対象者を特定する情報、属性情報、行為情報その他の情報）を集積したデータベースをいい、情報の集積手段としては、一般的に、自社のトラブル情報や新聞情報、インターネット情報などを集積する方法がよくとられているが、その情報量や正確性は、千差万別である。

　自社において、精度の高いデータベースを構築することができれば、使い勝手もよく、スピーディーな対応が可能となり、非常に有益である。

　しかしながら、自社データベースを構築するには、システム自体の構築作業に加え、随時情報を蓄積し入れ替えていく作業も必要となるから、それなりの労力と費用が必要となり、中小企業において構築することは実際上なかなか難しいのが現状である。

　そこで、中小企業においては、以下に述べる調査方法を組み合わせる手法が現実的かつ効率的である。

(2) 登記情報分析

　登記情報は、正確性が非常に高く、入手するための労力や費用もそれほど負担が大きくないため、その情報収集、情報分析は有益である。

　登記情報としては、以下のとおり、商業登記情報と不動産登記情報の2種類があるが、いずれも重要である。

(A) 商業登記情報

　商業登記簿には、法人の商号、本支店所在地、事業目的、役員の氏名、代表者の住所などが記載されており、情報の宝庫である。また、現在の情報のみならず、その変遷過程も重要であるため、閉鎖登記簿を入手するなど、できる限り遡って登記情報を入手するべきである。

　特に、商号や本店所在地、役員が頻繁に入れ替わっている場合は、合理的な理由がない限りは、疑うべき事情となる。

172

また、事業目的や役員が一度に大きく変更されている場合などは、会社乗っ取りや休眠会社の買収の可能性なども疑うべきである。

(B) 不動産登記情報

まず、不動産登記情報を調査する対象不動産であるが、企業の本店所在地は当然として、支店所在地や代表者の住所の不動産まで調査すべきである。

そして、現在の所有者のみならず、過去の所有者や債権者にも不審な者がいないか確認すべきである。

(3) インターネット検索

インターネット検索は、現在、ほとんどの企業が使用可能な最も簡易な調査方法である。しかしながら、その情報の分析に関しては、高度なスキルと経験が必要とされる。なぜならば、インターネット上の情報には、「信頼できる情報」と「信頼できない情報」が入り交じっており、まさに玉石混交ともいえる状況にあるからである。

とりわけ、近時は、反社会的勢力側も自らが発信者となって、インターネットを利用した風評操作を行っているし、反社会的勢力だけではなくライバル企業が風評操作を行っていることもある。

一方で、インターネット上の情報であっても、情報の信頼性が高いものもある。たとえば、北海道、山口、岡山、福岡の4道県警は、現在、暴力団員の検挙情報（名前、年齢等）をそのホームページ上で公表している。また、各新聞社が公表している逮捕情報等も比較的情報の信頼性は高いであろう。

したがって、インターネット検索においては、まずは、その情報の発信源が誰であるか、その発信者が信頼できるものか否かを慎重に検討すべきである。

また、インターネット検索においては、検索方法自体もスキルと経験が必要となる。たとえば、対象者（対象会社）の氏名を検索して有用な情報が入手できなかった場合であっても、電話番号や住所を検索することによって有用な情報が入手できることもある。また、検索ワードとしてどのようなワードを組み合わせるかによっても、入手できる情報が変わってくる。

したがって、さまざまな検索方法を試してみるべきである。

〔第2部〕 第2章 反社会的勢力とのトラブルとその対応

(4) 新聞記事の検索

インターネット検索においても、各新聞社が公表している近時の逮捕情報等は入手できるが、さらに詳細な記事や古い記事は入手できない。そこで、過去の新聞記事をデジタル化して提供している民間データバンクの有料サービスなどを使用すれば、さらに詳細な記事や古い記事を入手できる。

インターネット検索で疑問を抱くべき情報を入手した場合や、より精度の高い調査が必要な企業などは、有料サービスの併用も検討すべきである。

(5) 取引状況の確認

取引状況を確認することも重要である。取引を開始するに至った経緯、特に紹介者がどのような者であったか、なぜその取引先を選定することになったのか、取引内容が一般的な内容に比べて不相応ではないか、などを確認すべきである。

また、実際にその顧客と面談や電話対応をした者がいる場合には、その者から、言葉遣いや身なり、その他一般の顧客と比べて異常な点がなかったかなども確認すべきである。

(6) 現地確認

顧客の営業所を実際に確認することも有効な調査方法の1つである。そもそも営業所が実在していないこともありうるし、周辺環境や出入りする人物などから、通常の会社と異なる様子がうかがえることもある。また、看板や郵便受けなどの会社名が異なっていたり、複数の会社名が記載されている場合なども要注意である。

ただし、仮に顧客が反社会的勢力であった場合には、現地調査自体が危険性を伴うことになるので、現地調査に臨む際には、2名以上の複数行動を原則とし、録音録画や非常時の連絡体制も整えるべきである。

(7) その他の確認方法

銀行引き落としが可能か否かも、反社（反社会的勢力）チェックの調査方法として有効である。なぜならば、現時点において、銀行業界は、データベース等を構築するなど、他の業界に比して、精度の高い反社チェックを行っているため、反社会的勢力であれば、銀行引き落としができない可能性が高いからである。いわば、銀行業界のデータベースを借りてしまうという形をと

るのである。ただし、銀行による反社チェックも100％ではないため、この方法のみに依存すべきではない。

また、各種許認可等の有無を確認する方法も有効である。たとえば、宅地建物取引業の免許においては、免許を得ようとする個人または法人役員が暴力団員であることは拒否事由となっている。したがって、その業界であれば通常有しているであろう各種許認可等を有していないことは、何らかの合理的説明がなされない限り、反社会的勢力該当性を疑わせる一事情となる。

その他に、帝国データバンクなどを利用して、財務分析を実施し、事業規模、経営状況、業態転換の有無などに不審な点がないか、などを確認する方法も考えられる。

なお、相手方が反社会的勢力の関係者かどうか判別したい場合にその方法の1つとして、【書式23】に掲げたチェックリストを活用するとよい。

3 第三者からの情報提供

(1) 警察への照会

警察は、警察庁刑事局組織犯罪対策部長発平成25年12月19日付通達「暴力団排除等のための部外への情報提供について」に基づいて情報提供を行っている（①の末尾に照合依頼書が収録されている）。

同通達においては、一定の要件を満たした場合には、情報を提供することとされている。

情報提供を受けるための要件は、後述の通り、それなりに厳しいものとなっているが、暴力団員該当性が疑われ現実に関係遮断を行う段階になれば、警察への照会を検討すべきである。

(2) 暴追センターへの照会

都道府県暴力追放運動推進センター（いわゆる「暴追センター」）は、暴対法の規定に基づき、各都道府県に1つずつ指定を受け設置された公益法人であり、暴力団関係者との取引遮断のための支援活動や情報提供も実施している。たとえば、東京都の暴追都民センターでは、都民および都内の企業を対象に、契約締結に際して、契約の相手方の属性に不審点があった場合、相手方の属性照会に応じるなどの支援活動を行っている。

〔第2部〕 第2章 反社会的勢力とのトラブルとその対応

各都道府県の暴追センターによって、実際の運用状況は異なるが、同センターに相談してみることも1つの方法である。

(3) 各種業界団体からの情報提供

会社の所属する業界によっては、各種業界団体から情報提供を受けることも可能である。

たとえば、日本証券業協会では、加盟会社であれば、業界で構築しているデータベースを利用することが可能である。また、全国銀行協会も加盟行に対して情報提供を行っているし、生命保険協会も共有データベースを構築し、加盟会社に提供している。

このような各種業界団体が構築したデータベースは、1社が独自で構築したデータベースよりも圧倒的に情報量が多いため、利用できる会社は積極的に利用すべきである。

(4) 調査会社の利用

ある程度の調査費用はかかるが、調査会社に属性調査を依頼する方法もある。調査会社は、独自に、データベース調査、風評調査（聞き込み調査）、行動確認などを組み合わせ、属性調査を実施する。

ただし、調査会社によって、上記調査方法をどこまで実施するかには差があるし、調査会社によっては、調査報告書を裁判所などの第三者に提供することを禁止しているところもある。

したがって、調査会社を利用する際には、事前に、調査内容としてどこまで行ってくれるのか、調査報告書を裁判所に提出することが可能か、などを確認し、信頼できる調査会社を選定する必要がある。

●弁護士からのアドバイス●

対象者が反社会的勢力か否かを調査する方法としては、①自社による調査と、②第三者からの情報提供がある。

まず基本とすべきは、①自社による調査である。その調査方法としても、インターネット検索や登記情報検索など多種多様な調査方法があるが、それらの調査方法を適切に実施するにはスキルと経験が必要となる。

1　反社の判別方法と対応の基本　③

1つひとつの事案で、地道に丁寧に調査を積み重ねていくことでスキルと経験を磨くことが必要である。また、その集積されたスキルと経験を組織として共有し、場合によってはマニュアルやチェックシートなどの作成も検討すべきである。いずれにせよ、会社組織として、反社チェックの重要性を社員に意識付け、その調査方法について社内体制を整備していくことが肝要である。

　また、②第三者からの情報提供については、利用できる条件や金銭面の問題などもあるが、業界的に業界データベースを利用できる環境にある場合には積極的に利用すべきであるし、自社による調査の結果、暴力団員該当性が高まった場合には、警察への照会も検討すべきである。

【書式23】　反社会的勢力調査チェックリスト

〔反社会的勢力調査チェックリスト〕

1　商業登記情報
・商業登記情報が取得できるか
・法人の商号が不自然に変遷していないか
・本支店所在地が不自然に移転していないか
・事業目的が実際の事業と合致しているか
・事業目的が急に変更されていないか
・役員が頻繁に変更していないか
・役員が一度に入れ替わっていないか
・短期間で大幅な増資が行われていないか

2　不動産登記情報
・本支店所在地不動産の所有者が暴力団員等と疑うべき人物ではないか
・代表者住所不動産の所有者が暴力団員等と疑うべき人物ではないか
・不動産の債権者が暴力団員等と疑うべき人物ではないか
・「差押え」や「競売開始決定」の登記がないか
・不自然な担保設定がなされていないか

177

〔第2部〕 第2章 反社会的勢力とのトラブルとその対応

3　インターネット情報

- 「氏名」の検索結果で不審な情報がないか
- 「会社名」の検索結果で不審な情報がないか
- 「電話番号」の検索結果で不審な情報がないか
- 「住所」の検索結果で不審な情報がないか
- 4道県警が公表している逮捕情報に該当しないか

4　新聞記事情報

- 逮捕情報がないか
- 逮捕情報があった場合には、年齢や住所が適合するか
- その他トラブルになっている記事はないか

5　取引状況

- 紹介者が不審な者ではないか
- 取引を開始した経緯に不自然な点はないか
- 取引先選定に合理性はあるか
- 取引内容が一般に比して不相応ではないか
- 電話や面談の際に乱暴な言葉遣いはなかったか
- 面談の際の身なりや様子に不審な点はなかったか

6　現地調査の結果

- 周辺環境が事務所に適しているか
- 事務所に不審な人物が出入りしていないか
- 看板や郵便受けの名前が合致しているか
- 郵便受けに複数の会社名が記載されていないか

7　その他の情報

- 銀行引き落としが可能か
- 事業を行うために必要な各種許認可を有しているか
- 実際の事業規模と財務分析結果に大きな差異はないか

4 反社会的勢力該当性についての警察への照会はどうあるべきか

事例　先日来店した顧客を調査した結果、どうやら暴力団員らしいということがわかったのですが、確実な証拠がありません。そこで、暴力団員かどうかについて、警察に照会しようと考えているのですが、その方法や留意点などについて教えてください。

【ポイント】

1　警察からの情報提供を受けるためには、警察内の基準で定められた各要件を満たす必要がある。各都道府県によって、対応や厳格さは異なるといわれるが、それなりに厳しい要件を満たす必要がある。

2　警察からの回答は、口頭が原則であり、実務上、「暴力団員に該当するか否か」のみしか回答が得られない運用となっている。

3　ただし、警察からの回答が得られなかった場合でも、事前に警察に相談しておくことで非常時の対応がスムーズになることもあるので、企業としては、積極的に警察への相談も検討すべきである。

解　説

1　情報提供を受けるための要件

(1)　基準の存在

　警察は、警察庁刑事局組織犯罪対策部長発平成25年12月19日付通達「暴力団排除等のための部外への情報提供について」に基づいて情報提供を行っている。同通達に基づき情報提供を受けるためには、①具体的な案件での反社会的勢力排除のために必要であること、②自ら可能な限りの調査を尽くしたこと、③提供を受けた情報を適正に管理するための体制が構築されていること、という各要件が充足されている必要がある。

　そこで、以下、順に各要件について説明する。

179

〔第2部〕 第2章　反社会的勢力とのトラブルとその対応

⑵　具体的な案件での反社会的勢力排除のために必要であること

この要件については、まず、①条例上の義務履行の支援に資する場合その他法令の規定に基づく場合、②暴力団による犯罪、暴力的要求行為等による被害の防止または回復に資する場合、③暴力団の組織の維持または拡大への打撃に資する場合、のいずれかに該当する必要がある。

したがって、上記要件のいずれかに該当するか検討したうえで、それを裏付ける契約書類等を準備する必要がある。

さらに、上記要件に該当し、相手方の反社会的勢力該当性が判明した場合には、当該案件において必ず排除する、との方針・意思が必要となる。排除するかどうかはわからないがとりあえず照会してみる、という方針・意思では情報提供を受けることはできない。

⑶　自ら可能な限りの調査を尽くしたこと

事前に自ら可能な限りの調査を尽くしたことも情報提供の要件とされている。自社がそれまでに行った調査の結果を書面でまとめ、警察に可能な限りの調査を尽くしたことを説明する必要がある。

⑷　適正な情報管理体制が構築されていること

情報提供は、情報を受けようとする事業者が、提供に係る情報の悪用や目的外利用を防止するための仕組みを確立している場合、提供に係る情報を他の目的に利用しない旨の誓約書を提出している場合、その他情報を適正に管理することが認められる場合に行うものとされている。

したがって、事業者としては、適正な情報管理体制が構築されていることを警察に説明する必要がある。

2　警察から提供を受けることのできる情報

⑴　通達上の運用方針

通達上の運用方針としては、暴力団員該当性情報のみではなく、広く暴力団員「等」該当性情報が提供されうることとなっている。すなわち、暴力団員のみならず、「暴力団準構成員」、「元暴力団員」、「共生者」、「暴力団員と社会的に非難されるべき関係を有する者」、「総会屋」および「社会運動等標ぼうゴロ」の該当性まで開示されうることとなっている。

180

(2) 実際の運用状況について

しかしながら、現在の実際の運用状況としては、原則として、「現役の暴力団員に該当するか否か」のみが情報提供されている。「暴力団準構成員」、「元暴力団員」、「共生者」、「暴力団員と社会的に非難されるべき関係を有する者」、「総会屋」および「社会運動等標ぼうゴロ」の該当性については、ほとんど情報提供されていないのが実情である。

しかし、企業としては、現役の「暴力団員」のみならず「暴力団準構成員」以下の属性の者と取引をすることも許されないのが現状である。そこで、企業が真面目に調達したにもかかわらず、誤って「暴力団準構成員」以下の属性の者と取引をした場合のペナルティを低くすることなども検討されるべきである。また、警察の情報提供のあり方としては、今後、より幅広い属性該当性まで情報提供する運用となっていくことが望まれる。そのためには、警察が情報の開示をしても責任を問われないこととするための法整備なども検討されるべきである。

3 その他の留意点

(1) 警察への相談方法

情報提供を求める相談先としては、所轄警察署からの情報を集約して管理している各都道府県警察本部（たとえば、東京都の場合は、警視庁組織犯罪対策第三課暴力団排除第一係）にまず相談すべきである。上記相談先と相談のうえ、場合によっては、所轄警察署の各組織犯罪対策課にも併せて相談することになる。

相談方法としては、事前に電話でアポイントメントを取ったうえで、必要書類を準備し、面談に臨むべきである。また、案件が終結した場合には、事後報告をし、警察と情報共有を図るとともに、今後の協力関係を築くことが望ましい。

(2) 照会依頼書の書き方、添付書類

情報提供を受けるためには、情報提供に係る対象者の住所、氏名、生年月日等がわかる身分確認資料および取引関係を裏付ける資料等の提出を求められる。それらの情報に加え、前述の要件充足性を説明するために、照会依頼

〔第２部〕　第２章　反社会的勢力とのトラブルとその対応

書（【書式22】参照）を作成したほうがよいであろう。

　また、添付資料は、事案によって異なるが、たとえば、以下のようなものを準備すべきである。

　　・対象者の住民票（対象者の情報特定のため）

　　・対象者の法人登記事項証明書（対象者の情報特定のため）

　　・暴排条項導入済みの対象者との契約書（取引関係を裏付けるため）

　　・調査結果報告書（できる限りの調査を尽くしたことを説明するため）

　　・誓約書（提供情報を他の目的に利用しないことを誓約するため）

　⑶　**回答方式**

　警察からの回答方式としては、原則として、口頭で行われている。

　しかし、暴力団員該当性をもとに契約を解消する場合などは、裁判になることもあり得るのであって、同裁判においては書面による回答が必要となることもある。したがって、裁判になることが予想される場合などは、仮に裁判になった場合には書面による回答をすることが可能か否かを事前に確認すべきである。ただし、実際には、書面による回答はほとんど行われておらず、裁判になった場合などは、たとえば、調査嘱託や警察からの回答を聞いた者の報告書や陳述書などで対応する必要がある。

●弁護士からのアドバイス●

　警察からの情報提供については、前述のとおり、通達による基準が存在するが、各都道府県警によって、対応や厳格さが異なるといわれている。また、現在の運用状況としては、要件がかなり厳しく設定されているうえ、回答も暴力団員該当性に限られ、口頭による回答が原則である。

　しかしながら、警察による情報が最も信頼性が高いことは間違いなく、また、たとえ回答が得られなかった場合でも、事前に警察に相談しておいたことによって、非常時の対応がスムーズにいくこともある。

　したがって、企業としては、必要性に応じて、積極的に、各都道府県警察本部や所轄警察署の各組織犯罪対策課に相談することも検討すべきである。

2 反社の関係者が利害関係者である場合の対応　[1]

2　反社の関係者が利害関係者である場合の対応

[1]　企業がかかわりをもってはならないのは、どのような人物でどのような対応が求められるか

事例　当社は、業務の関係で、仕事上のトラブルが生じる場合に、相手方が「怖い筋」の人のようであったり、そうでなくても複雑で難しいトラブルが生じて当社従業員では手に負えないケースとなることがよくあります。そこで、Aさんに依頼することがあります。Aさんは暴力団関係者なのですが、当社社長の幼馴染みということもあり、当社従業員に対しては優しく接してくれて威迫的な言動もなく、これまで長年良好な関係を続けてきました。

今般、また仕事のトラブルが生じたので社長に相談したところ、Aさんに相談するよう指示がありました。またAさんに相談してもよいのでしょうか。

【ポイント】

1　Aのような暴力団関係者は、正に「反社会的勢力」であり、企業としてかかわりをもつべきではなく、新たな相談等決してせずに、速やかな関係解消が望まれる。

解　説　　1　企業が反社会的勢力と関係を有することのリスク

本事例でAは、暴力団関係者であるので、反社会的勢力に属する人物であることは明らかである（本章1[2]を参照されたい）。

そのような場合に、Aとの関係が存することによって、当該企業には以下

183

のようなリスクが懸念される。

(1) 暴排条例違反のリスク

東京都暴力団排除条例（巻末資料参照）においては、禁止措置（第4章）という定めがあり、これに違反した場合は公安委員会からの勧告、公表がなされる旨の規定が存する（第5章「違反者に対する措置」）。

単純にAと社長が「幼馴染み」という一事をもって、このような措置がなされるわけではないが、事例のように企業としてトラブルの解決をAに依頼する場合、一般的にはトラブル解決の対価が生じうるものであるから、利益供与行為（24条）やその他禁止行為に該当する可能性がある。

(2) 監督官庁等からの規制

上記暴排条例違反以外にも、法令上、各監督省庁から免許や許可の取消し等の何らかの規制がなされるリスクが存する。東京都暴排条例においても、公共事業からの暴力団排除が規定されている（7条）。

(3) レピュテーションリスク（風評被害）

平成19年6月19日に政府が策定公表した政府指針「企業が反社会的勢力による被害を防止するための政府指針について」（以下「平成19年度政府指針」という）に基づく各地の暴排条例の施行でわかるとおり、一般社会からの反社会的勢力排除の気運が高まっている。

かかる状況下で、暴力団員等との交友関係や関係を有すること自体、厳しい社会的非難の対象となることは著名人と暴力団関係者の交際が社会問題になったりしていることからも明らかである。

企業においては、社会的責任（CSR）も求められているのであり、個人と比べても経済的活動の規模が大きく、その分、反社会的勢力との関係を遮断すること、反社会的勢力を利するような取引等を行うべきでないという要請・期待は個人に比してはるかに大きいものである。

以上から、反社会的勢力との関わりを持つことが仮に暴排条例違反等に該当しない場合であるとしても、反社会的勢力との関係を有すること自体が、企業の信用・イメージを損ない、取引先から関係を解消されたり、売上の減少や、株価下落等、企業の存亡に関わる事態となりうる。

(4) 不当要求、経営支配等のリスク

本事例では、Ａと良好な関係であるとのことであるが、あくまで反社会的勢力、暴力団関係者なのであるから、何らかのきっかけで不当要求を行ったり、会社の経営に参入してなし崩し的に会社の経営を支配するようになり、会社資産を奪取したりするなどの行動に転じるリスクは常に存するものと考えなければならない。

(5) 取締役の責任

このようなリスクを有するＡとの関係を漫然と継続することにより、リスクが現実化して企業に損害が生じた場合、当該結果を招いた取締役らは善管注意義務違反の責任を負う可能性がある。

この点、会社取締役が暴力団関係者の不当な要求に応じたことにより、取締役の善管注意義務違反を認めた裁判例が参考になる（最判平成18・4・10金融・商事判例1249号27頁：蛇の目ミシン事件）。

(6) 小 括

以上のように、反社会的勢力と関係を有することにはさまざまなリスクが存するので、速やかに関係遮断することが望まれるのである。

Ａにトラブル解決を求めることは、正に当該企業が暴力団を利用するものであり、決して行うべきではない。

2 関係遮断の方法

以下、当該企業は、Ａとどのようにして関係を遮断するかを検討する。

本事例では、Ａは社長の幼馴染みということであり、たとえば顧問契約、コンサルティング契約等の基本となる契約関係が存するものではないと思われる。そのような場合は今後新たな依頼をしなければよい。

なお、基本となる契約関係が存する場合は、後掲②を参照されたい。

また、Ａのほうから「何か仕事がないか」等と近寄ってきたり、何らかの利益や便宜を求められた場合は、明確に断る必要がある。それにより、Ａの要求が不当要求に発展する場合の対応は、本章3②を参照されたい。

暴排条例においても、暴力団排除活動に取り組む者に対する警察官による保護措置の規定があり（東京都暴排条例では14条）、当該企業だけで対応しよ

〔第2部〕 第2章 反社会的勢力とのトラブルとその対応

うとするのではなく、警察や暴力団追放運動推進センター、弁護士会（各弁護士会の「民事介入暴力対策特別委員会」）等に相談することも検討されたい。

●弁護士からのアドバイス●

　以上、企業とＡとの関係遮断について検討したが、社長とＡの個人的な関係はどのようにするべきかについても検討する。

　この点、単に幼馴染みの間柄という関係のみで交際している範囲であれば、密接関係者とされないとされる（警視庁 HP の Q&A）。もっとも、それを超えて、Ａが主催するゴルフコンペ等に出席すれば「社会的に批難される関係」とみなされる。なお、反社会的勢力の不当な活動に積極的に協力する者や、反社会的勢力の不当な活動を積極的に支援する者や、反社会的勢力との関係を積極的誇示する等の事実をもって、反社会的勢力と社会的に非難されるべき関係があるとした裁判例がある（広島高岡山支判平成30・2・22金融法務事情2090号70頁）。

　しかし、この線引きや判断をを明確に行うのは困難ではないかと思われる。そして、仮に密接関係者とはいえない範囲の交際であっても、それがマスコミやネットで広く世間に知れることで、レピュテーションリスクや取引先からの敬遠、金融機関の融資見送り等、事実上のリスクは十分に考えられるところである。

　そこで、Ａとの関係はできる限り遮断することが望ましい。社長がＡと幼馴染みとのことで個人的な心情としてそれが困難であるとしても、社長は経営者たる公人として、自身がＡとの関係を持ち続けることで会社に上記リスクが生じ、ひいては従業員にも不利益が生じうるということを踏まえたうえでの行動が求められると考える。

　この点、自身の会社のトラブルについてＡに相談するよう従業員に命じるような行動をしている点で、今日の暴排意識に照らして社長の認識は非常に甘いと言わざるを得ない。従業員としては進言しにくい点もあるかと思われるが、、弁護士等の外部の専門家に相談して社長の意識を改めさせるよう働きかけを検討することが期待される。

2 反社の関係者が利害関係者である場合の対応 ②

② 暴力団関係者との間で継続的な商品取引がある場合にどのように対応をすべきか

> **事 例** 　上記①の事例でのＡさんとの関係は解消できました。しかし、過去に当社はＡさんの紹介で、いわゆるフロント企業（暴力団関係者が経営する会社）といわれるＢ社の間で、観葉植物のリース契約（期間２年間で自動更新条項あり）を締結していました。
>
> 　また、これもＡさんの紹介なのですが、Ｃ社に当社社屋の清掃業務を委託しています（期間２年間で自動更新条項あり）。Ｃ社はＢ社と異なりフロント企業ではないようですが、暴力団関係者が出入りしているという噂もあったので警察に相談したところ、暴力団関係者としては把握していないとの回答でした。
>
> 　Ｂ社、Ｃ社ともに、とてもよく仕事をしてくれて、同業他社と比べても安いので、今後も仕事をお願いしたいと思っていますが、いかがでしょうか。

【ポイント】

1　Ｂ社との関係は、可及的速やかに解消するべきである。

2　Ｃ社との関係も、Ｃ社の調査を行い、反社会的勢力と関わりが判明した場合や関係が疑われる場合は、契約解消を検討するべきである。

解 説

1　フロント企業（Ｂ社）との関係への対応

　Ｂ社は、いわゆるフロント企業（暴力団関係企業）であり（平成19年政府指針、東京都暴排条例２条５号ト等）、反社会的勢力に該当する。

　とすれば、かかる企業と関係を有していること自体、暴排条例違反となる法的リスクのみならずレピュテーションリスク等のさまざまなリスクが生じる（詳細は、本項①を参照されたい）。

187

〔第2部〕 第2章 反社会的勢力とのトラブルとその対応

本事例は、上記①のように、会社と反社会的勢力との間に契約関係が存しない場合とは異なり、継続的な契約関係が存するものであるため、どのようにして契約を解消するべきか、以下、その方法を検討する。

(1) 暴力団排除条項（「暴排条項」）該当性

暴排条項とは、契約書、規約、取引約款等に設けられる条項であって、暴力団等の反社会的勢力が取引の相手方であることを拒絶する旨や、契約解除によって取引関係から排除できる旨規定する条項である。各都道府県の暴排条例においても、暴排条項を盛り込むことを努力義務として定めている（東京都暴排条例では18条1項・2項等）。

そこで、契約書に暴排条項があればそれに基づく解除を検討する。もっとも、実際に解除を通知しても、相手方がこれに応じず訴訟まで発展することを見据えて、あらかじめ相手方の反社会的勢力該当性の立証の可否を検討することは必要である（その詳細については、本章1①を参照されたい）。

また、暴排条項があるとしても、訴訟まで争われる可能性も踏まえて、その他の解除原因についても、以下の点について併せて主張し得ないか検討するべきである。

(2) 暴排条項がない場合

暴排条項がない場合は、それ以外に契約解消の根拠を求める必要がある。

(A) 契約条項に基づく解消

契約書等に契約解除が出来る旨の条項があれば、それに基づいて契約を解消することになる。もっとも、本事例のB社は仕事内容は良好で問題もないため、一般的に用いられている契約書の雛形に定めてあるような解除事由に該当しないこともある。そのような場合でも、包括的な解除条項（たとえば「やむを得ない場合」等）によって契約を解除し得ないかを検討する。

この点、施設の利用に関して、「管理の都合上やむを得ない理由が発生した」という包括的な解除文言に基づいて関係を解消した事例も存する（東京高判平成14・7・16（判例時報1811号91頁）、当該裁判例については、本項④で詳述する）。

相手方が争わなければ裁判まで至らずに解決することも可能であるが、このような包括的な文言は、暴排条項や契約書等で定めた具体的解除事由に該

当する場合に比べて、その包括性ゆえに、相手方に争われるリスクは相応に存するものと思われる。そこで、包括的な文言に基づいて解除を行う場合は、事前に立証方法（B社が暴力団関係企業であることや、B社のような暴力団関係企業と契約を継続することにより被る不利益等）を検討して訴訟になった場合の見通しを検討しておくべきである。

(B)　期間満了による更新拒絶

本事例のように、期間が2年間とされている契約であれば、当該期間経過後の更新を拒絶することにより、契約関係の解消を図る。しかし、当事者において契約の継続性に対する強い期待のある契約においては、「契約を存続させることが当事者にとって酷であり、契約を終了させてもやむを得ないという事情がある場合」でなければ更新を拒否できないとした裁判例も存する（札幌高決昭和62・9・30判例時報1258号76頁）。

本事例でも、B社との契約更新拒絶に際して、契約が相当の長期間継続しているものであったりする等、同社において契約継続に対して期待があるものか、その期待が保護されるべきものかどうか、相手方から争われて訴訟に発展した場合までの見通しを検討しておくべきことは、上記(A)の場合と同様である。

また、本事例とは異なるが、土地、建物の賃貸借契約の場合には更新拒絶により当然に契約関係の解消が図れるものではなく、正当事由（借地借家法6条、28条）が問題となるので、契約類型ごとに検討が必要となる。

(3)　解除の規定がない（またはそもそも契約書がない場合）の解除

解除の規定がない場合は、合意解除を行うか、民法の規定に基づいて行うことを検討する。

(A)　合意解除

この方法は、契約条項や法律の規定によって強制的に契約関係を解消し得ない場合であっても契約関係の解消が図れるという利点がある。もっとも、「合意」で解除するものであるから、B社の承諾が必要となるのは当然である。

この際に、B社の承諾を得るべく交渉する過程で、B社やその関係者から金銭等の不当要求がなされることも考えられる。たとえば、「契約解除に応

〔第2部〕 第2章 反社会的勢力とのトラブルとその対応

じる代わりに、解約金を支払ってほしい」との要求等である。そして、契約
関係を解消したいがために安易に応じてしまうことにより「利益供与行為」
（東京都暴排条例24条等）に該当したり、新たなコンプライアンス違反の行為
を行う等、企業にとって本末転倒な結果になりうるので、注意して交渉にあ
たるべきである。

　また、交渉の過程での発言で揚げ足を取られる等して、本来の解約交渉か
らは軌道が外れて相手方から不当な要求が始まることも考えられる。

　そこで、交渉には、必ず複数人で臨むこと（相手方の人数よりも多い人数が
望ましい）、交渉場所も相手方の会社、事務所へ赴くのではなく助けを求め
られる場所（自社オフィス、ホテルロビーや喫茶店等のオープンスペース）で行
う、相手方の要求にその場で即答せず持ち帰って検討する（そのために決裁
権限者を同席させない）、相手方が用意した書面に署名しない等に注意するべ
きである。

　また、自社従業員での対応が困難、不安であるときには交渉を弁護士に依
頼することも検討されたい。

⑻　錯誤無効

　民法95条は、「意思表示は、法律行為の要素に錯誤があったときは無効と
する」と定めている。そこで、「B社が暴力団関係企業と知っていれば契約
をしなかった」ということが、民法95条の錯誤として契約の無効を主張し得
ないかを検討する。

　そもそも「錯誤」とは、表示から推断される意思と真意（内心的効果意思）
に食い違いがあり、表意者がこれを知らないことをいう。つまり、「100円で
買う」と言うつもりが「1万円で買う」といった言い間違いや書き間違いを
想定している。そこで、「B社と契約します」という表示と企業の内心に不
一致はない。

　ところで「B社が暴力団関係企業と知っていれば契約をしなかった」とい
うのは、「B社と契約をします」という意思表示を行う「動機」に錯誤が
あった場合である（「動機の錯誤」という）が、このような動機の錯誤も表意
者保護の観点から錯誤とされる場合がある。すなわち、取引の安全も考慮す
る必要があるので、本来の錯誤無効の要件に加えて、動機が相手方に対して

190

明示または黙示に表示される必要がある。そして、契約の相手方が反社会的勢力であることを動機の錯誤として錯誤無効を認めた裁判例も存する（東京地判平成24・12・21金融・商事判例1421号48頁等）。

本事例でも、「B社が暴力団関係企業と知っていれば契約をしなかった」ということが、企業の業務内容や反社会的勢力との関係を遮断すべき社会的責任、反社会的勢力排除の姿勢、B社との交渉過程における確認や調査行為等から、契約の重要な要素であり、それが明示・黙示的に表示されていたか、という観点から、検討されることになる。

(C) 法定解除

民法は、契約に関して一般的な法定解除権を定め（民法541条、543条）、各契約類型ごとにも解除について定めているので、これらに基づいて契約解除を行うことが考えられる。

なお、本事例のような継続的な契約では、上記(2)(B)で述べたように解除権が限定されることはありうる。

本事例におけるB社との間では、観葉植物（動産）の賃貸借契約で2年という期間の定めがあるので民法618条による解約が可能か、そうでなければ更新拒絶による契約終了（民法617条による解約申入れ）を検討することになる。解除を行うにあたっては、その旨をB社に通知することになるが、これは口頭でも書面でもよい。もっとも、口頭で行うとその際に揚げ足を取られるなどして、不当要求の契機となるリスクもある。また、解除の意思表示を行ったことを記録として残す意味でも、書面（配達証明付き内容証明郵便）で行うことが望ましい。

なお、本事例の場合は解除してもB社の観葉植物を返還する等、解除後の処理も必要であるので、その方法も書面に記載することなども検討する必要がある（たとえば、「別途郵送して返却します」、「引取り方法については今後○○宛に連絡をください」等）。

書面での通知のみで終了せず、書面発送を契機にB社から当該企業への架電や訪問も十分に予想されることである。そこで、担当部署、担当者を定める必要がある。もっとも、事務的・心理的負担を減らし法的に正確な対処をするため、対応を弁護士に依頼する方法もある。

〔第2部〕 第2章 反社会的勢力とのトラブルとその対応

2 相手方の反社会的勢力該当性が不明な場合について（C社との関係）

C社はB社と異なりフロント企業ではないようであり、警察に相談しても暴力団関係者としては把握していないとの回答である。

一方で、暴力団関係者が出入りしているという噂があるため、このまま漫然と契約関係を継続してもよいかということが、問題意識としてもつべき点である。相手方が反社会的勢力かどうかの調査は本章1 ①を参照されたい。

調査により、反社会的勢力と認定できれば対応はB社と同様である。

また、暴力団関係者の出入りもなく反社会的勢力ではないことが確認できればよいが、調査してもC社が反社会的勢力であることについて「クロ」とはっきり認定できる資料や根拠が収集できないまでも、「グレー」ではないかと疑われる場合が問題となる。

このような場合に、直ちに暴排条例に基づく措置（東京都暴排条例第4章、第5章）がなされるわけではないとしても、かかる企業と関係を有していること自体、レピュテーションリスク等が懸念される点は、B社のケースと同様であり、関係解消が望ましい場合もある。この場合、上記1(1)で述べたような暴排条項を用いた契約解除は困難であるため、上記1(2)以下の方法で解消ができるかを検討することとなる。

また、それと並行して、C社の動向を継続的にチェックすることにより、同社が反社会的勢力、暴力団関係企業であることを立証するための材料を収集することも行うべきである。

3 検討の結果、直ちに解除し得ない場合

では、上記1、2を検討した結果、契約解除や更新拒絶が難しいと判断された場合はどうするべきか。このような場合でも、漫然と契約関係を継続するのではなく、将来の契約解消に向けた方策を検討するべきである。

(1) 契約書の更改

現在の契約書に暴排条項が盛り込まれていない場合であれば、契約更新の際に、暴排条項の入った契約書や表明確約書（相手方が反社会的勢力ではない

192

ことを表明する書面）を取り付けることが有用である。

　相手方が暴排条項を盛り込むことについて拒否すれば、その態度自体が相手方が反社会的勢力であることを推認させる間接事実となりうる。

(2)　契約関係拡大の防止と縮小

　B社、C社との間の既存の契約について、追加の新規契約等は締結せず、現在の契約も発注量を減らすなどすることにより、契約関係がこれ以上拡大しないことのみならず、縮小していくことによって契約関係の解消を図ることを検討するべきである。

(3)　解除事由の立証準備

　B社、C社が反社会的勢力であることを立証する証拠や、継続的契約における信頼関係を破壊するような行為がないか等、相手方を継続的にチェックすることにより、現在は解除ができなくても将来的に解除できるよう、備えを行うべきである（証拠収集方法については、本章1①を参照されたい）。

●弁護士からのアドバイス●

　上記のとおり、暴排条項は反社会的勢力との取引関係が生じた場合に、契約を解消する法的根拠となる。

　それのみならず契約書に暴排条項を盛り込んでいることにより、反社会的勢力としても契約を事後的に解消されるリスクを認識することにより自ら手を引くという予防・牽制の機能も有する。さらに、契約締結と併せて相手方に対して自らが暴力団等の反社会的勢力ではないことの表明保証を求めることで、それを偽って契約を締結したことになれば、単に契約解消のリスクにとどまらず、民事上の損害賠償請求の対象となったり、刑事上で詐欺罪（刑法246条2項）を構成しうることから、反社会的勢力との関係を予防する機能が期待される。

　また、企業としてもコンプライアンス遵守を対外的に示すこともできるので、暴排条項の導入は企業において積極的に検討されるべきである。

　現在導入していない場合でも、平成19年度政府指針や暴排条例等を根拠に取引先に説明する等して導入する交渉を行うことが望まれる。

〔第2部〕 第2章 反社会的勢力とのトラブルとその対応

3 暴力団関係者が自社の株主であることがわかった場合にどのように対応すべきか

> **事 例** 過去に社長の幼馴染みで暴力団関係者のＡさんから当社に出資してくれるという人物（Ｄさん）を紹介してもらったことがあり、Ｄさんにはわが社の株主になってもらう形で出資してもらいました。その後、Ａさんとの関係を解消しましたが、Ｄさんも暴力団関係者だとわかりました。
>
> わが社は近々上場を検討しているのですが、こんなことがわかったら上場ができなくなってしまうのではないかと心配です。どうすればよいでしょうか。

【ポイント】

1 反社会的勢力が株主であることによりさまざまなリスクが懸念されるため、株主から排除する方法を検討するべきである。

解 説　　1 株主からの排除の必要性

(1) 上場不認可（廃止）のリスク

東京証券取引所の有価証券上場規程（以下、「規程」という）207条（上場審査）において考慮する事情としてあげる、東京証券取引所「上場審査に関するガイドライン」のⅡ6(3)においては、「新規上場申請者の企業グループが反社会的勢力による経営活動への関与を防止するための社内体制を整備し、当該関与の防止に努めていること及びその実態が公益又は投資者保護の観点から適当と認められること」と定められている。

また、上場後は、規程601条1項19号において「上場会社が反社会的勢力の関与を受けているものとして施行規則で定める関係を有している事実が判明した場合において、その実態が当取引所の市場に対する株主及び投資者の信頼を著しく毀損したと当取引所が認めるとき」を上場廃止事由と定められ

194

ている。

したがって、Dが株主であること自体、上場が認められない、または上場後の場合は上場廃止となるリスクが存するのである。

(2) 取引上のリスク

株主であるDが反社会的勢力であることがわかれば、金融機関との取引に支障が出たり、風評被害（レピュテーションリスク）が生じる等、企業の取引上のリスクも生じる。

(3) 経営を支配されるリスク

株主であるDが、株主たる地位をきっかけに会社の経営を支配するようになるリスクも生じる。

以上のようなリスクが懸念されることから、Dのような反社会的勢力に属する人物が株主であることが判明した場合、その排除の方法を検討するべきである。

2 排除の方法

どのような方法で株主からDを排除するか、Dの意思にかかわらず会社法上の手続によって行う方法（強制排除）と、Dと交渉のうえ任意に買い取る方法（任意買取り）の2つに分けて検討する。

(1) 強制排除

① 株式等売渡請求（会社法179条）

　総株主の議決権の10分の9以上を有する株主（特別支配株主）が、当該株式会社の株主全員に対し、その有する当該株式会社の株式の全部を自分に売り渡すことを請求する手続による方法である。

② 株式併合（会社法180条）

　企業にて株式併合を実施する際に、排除対象株主が保有する株式を端数株式となるように併合比率を定める方法である。

③ 全部取得条項付種類株式に変換後に全株式を取得する方法

　企業の既発行の株式を全部取得条項付種類株式（会社法108条1項7号）とした後に、企業においてその取得を行い（会社法171条）、取得対価として株主に対して別種類の株式を割り当てるが、その交換比率を排

〔第2部〕 第2章 反社会的勢力とのトラブルとその対応

　　除対象株主には1株未満のみの端数のみを割り当てるように決定した後、
　　企業が当該株式を買い取る方法（会社法234、235条）である。
　④　新会社を設立する方法
　　㋐　新会社を設立し、既存会社を消滅会社として合併したうえで既存株
　　　主に新設会社株式でなく現金を交付する方法
　　㋑　新会社を設立し新会社と既存会社との間で株式交換を行い、新会社
　　　が既存会社の株式を取得し、既存会社の株主には現金を交付する方法
　　㋒　新会社を設立し、既存会社を分割会社、新設会社を承継会社として
　　　会社分割を行い、対価として現金を交付したうえで既存会社を解散す
　　　る方法

　以上の方法が奏功すればDを排除しうるが、どの方法にもメリット・デメ
リットがある。たとえば、①の方法の場合、単独で議決権の10分の9以上の
株式を保有していることが必要であるうえ、手続上はD以外の株式も買い取
ることとなったり、不満がある株主から価格決定を裁判所に申し立てられる
と相応の期間を要することになることもある。

　②や③の方法では、手続において株主総会の特別決議や取締役会の同意が
必要であり、端数処理手続も行わなければならない（会社法234、235条）。

　④の方法では、株主総会の特別決議が必要であり、既存会社の全株主に現
金を交付するための資金を要したり、債権者保護手続や株式買取請求権の対
応等が必要となる。

　さらに、このようなDの排除手続（スクイーズアウト手続）を行うことが、
株主平等原則に反し株主総会決議取消事由にならないか等の検討も必要とな
る。そこで、実際に反社会的勢力株主の排除を検討する際には、上記メリッ
ト・デメリットと併せて、個別具体的ケースに応じて弁護士等と相談の必要
がある。

(2)　任意買取り

　Dと交渉のうえで、Dが保有する株式を買い取る方法は、上記(1)の各手段
が取り得ない場合や、取り得るとしても手続に要する時間や手続中に反対株
主らからの訴訟リスク回避、柔軟な解決が図れる等のメリットがある。

　一方で、あくまで交渉であるからDの承諾がなければ成立しないものであ

196

り、交渉をきっかけに不当要求のきっかけとなるリスクも存する（特に買取価格のつり上げ等）。

また、買取価格の算定で、会社法上の利益供与（会社法120条1項）、反社会的勢力への利益供与（東京都暴排条例では24条）に該当しないか、取締役の善管注意義務に違反しないか等も検討しなければならない。そして任意の交渉は会社法上の手続によるものではないため、その交渉過程が不明確であるとステークホルダーや世間に説明ができず、かえって風評被害（レピュテーションリスク）を惹起しかねないという点にも留意が必要である。

そこで、任意買取りを行う場合も、上記メリット・デメリットと併せて、個別具体的ケースに応じて弁護士等と相談の必要がある。

●弁護士からのアドバイス●

これまでDを株主から排除する方法を検討したが、最初からDのような反社会的勢力が株主になれない体制を企業において構築しておくのが望ましい。そこで、反社会的勢力を株主としないための予防策についても検討する。

(1) 非公開会社の場合

非公開会社の場合は、株式譲渡につき取締役会の承認を要するので（会社法107条1項1号）、その段階で反社会的勢力の排除が可能である（調査方法については本章1①を参照されたい）。

(2) 公開会社の場合

非公開会社とは異なり、何人でも譲り受けられるので、反社会的勢力であっても株主になることができてしまう。

そこで近時、会社の定款に暴排条項を導入することにより、反社会的勢力が株式を取得・購入すること自体を拒絶する議論がなされているので検討する。

(A) 定款に暴排条項を導入することの効果

(a) 予防、牽制機能

一般の取引では契約書に暴排条項が入っていることで、反社会的勢力

〔第2部〕 第2章 反社会的勢力とのトラブルとその対応

は事後的に契約を解除されるリスク等を考慮する。

それと同様に、会社の定款に暴排条項が入っていることで、株主となろうとする反社会的勢力が自ら手を引く可能性が高まると思われる。

(b) コンプライアンス遵守の公示

定款に暴排条項を導入することにより、企業としてコンプライアンスを遵守していることを対外的に示すことができる。

(c) 反社会的勢力の排除ツール

たとえば非公開会社であれば、株主となろうとする者が反社会的勢力とわかった場合に、暴排条項入りの定款を株式譲渡を拒絶する根拠として示すことができるし、株式取得の場面に限らず、反社会的勢力との関係解消のための一材料として用いうるものと思料する。

なお、株式の取得・購入の防止とは異なるが、信用金庫、信用組合等の協同組織金融機関においては、すでに定款において暴排条項を定め、会員または組合員からの反社会的勢力排除を行っている実例がある。

(B) 法的有効性の検討

定款に暴排条項を導入したとしても、それに違反した場合に反社会的勢力の株主たる地位を失わせたり、株主権行使を否定したりするような効果を定めることは、会社法は109条2項において株主平等原則を定めていることから、原則として定款に株主ごとに異なる取り扱いを行う定め置くことができない。さらに株式譲渡自由の原則（会社法127条）との関係でも問題となりうるところである。

そこで、現時点では、違反した効果（株主たる地位喪失や株主権の制限等）を定めない、任意的記載事項にとどめた暴排条項（たとえば①「次の各号に該当する者は当社の株主となることができない」とし、「各号」で「暴力団、暴力団関係企業、総会屋、社会運動標ぼうゴロ、政治活動標ぼうゴロ、特殊知能暴力集団等」をあげる、②「株主の当該企業に対する不当要求行為を禁止する」等）の導入を検討し、定款に違反した場合の効果については、今後の議論や法整備が待たれるところである。

2 反社の関係者が利害関係者である場合の対応 **4**

4 反社会的勢力にパーティー会場を使わせる内容の予約
を受け付けてしまったり、不動産の賃借人が反社会的
勢力であると判明した場合の対応はどうすべきか

事 例　　当社が暴力団関係者のＡさんとの関係を解消する前に、
当社の取引先にもＡさんを紹介したことがあります。

取引先の１つはホテルで、先日、Ａさんからの紹介でＥ社から、Ｅ社
の懇親会との目的でパーティの予約があり受け付けたそうですが、後日
Ｅ社はフロント企業で、暴力団の集会に使われることがわかったがどう
したらいいかと、ホテルから当社に相談がありました。

また、もう１つは不動産業者で、Ａさんの紹介でＦ社にビルの１室を
賃貸したところ、Ｆ社はフロント企業であることがわかったがどうした
らいいかと、不動産業者から相談がありました。

取引先にまで迷惑をかけてしまうことになるとは、Ａさんとの関係を
もっと早く切ればよかったと今さらながら後悔していますが、どうした
らよいでしょうか。

【ポイント】

1　ホテルについては、速やかにＥ社からの予約を断ることを検討するべ
きである。

2　不動産業者については、Ｆ社に対して明渡しを求めることを検討する
べきである。

解 説　　**1　ホテルからの相談への対応**

(1)　予約を断る必要性

Ｅ社は、暴力団関係企業であることが判明したのであるから、かかる企業
にパーティ会場を提供することは、利益供与行為（東京都暴排条例では24条３
項）に該当しうる。この点、警視庁Q&Aにおいては、「相手が暴力団員等

199

〔第2部〕　第2章　反社会的勢力とのトラブルとその対応

の『規制対象者』であることを知らなかった場合」は利益供与行為に該当しないとの記載もあるが、例としてあげられているのは「レンタカー業者が会合のための送迎用に使用するとの説明を受けてマイクロバスを貸したところ、貸与した相手が暴力団員であることが後から判明した場合」とある。

　本事例のようにパーティの申込みを受け付けた後、パーティ開催前にE社が暴力団関係企業と判明し、これを認識しつつ会場を提供した場合には、なお利益供与行為となりうる余地があるものと考える。また、暴排条例上の規制に該当しないとしても、暴力団関係企業の集会を開催させたホテルであるとの噂が広まれば、レピュテーションリスクのみならず金融機関や、取引先、ホテルの顧客離れ等経営上のリスクも容易に予見されるところであるので、漫然と放置するべきではないことは当然である。

⑵　**断る方法**

　E社とホテルの間では、パーティ会場を使用することについての契約が成立しているのであるから、その契約の解除を検討することになる（具体的な方法については本項②を参照されたい）。

　なお、平成23年9月1日、観光庁は企業活動からの暴力団排除の取組の一環として、モデル宿泊約款の一部を改正しており、現在の旅館営業やホテル営業においては広く導入されているものと思われる。また、予約を受け付ける際に利用者から反社会的勢力のために申し込むものではないことについての表明確約書を取り付けておくことが望ましい。暴排条項がない場合に契約を解除したケースの参考として、東京高判平成14・7・16（判例時報1811号91頁）を紹介する。

　この裁判例は、ある団体のパーティ開催の申込みを受け付た後、当該団体が反社会的勢力と深い関係があることが判明したため、パーティ開催の6日前に、施設利用案内の「お申し込み時の利用目的と利用時の内容が著しく異なるとき」、「管理上の都合上やむを得ない事由が発生したとき」という、利用承認取消事由にあたるとして、施設利用承認取消しの措置を講じたところ、同団体が施設側に対して、施設利用契約の債務不履行を理由に料理のキャンセル料等の損害賠償請求をした事案である。

　裁判所は、施設側の施設利用取消しを違法と認定せず、施設側の債務不履

200

行責任は生じないとした。

したがって、本事例でも、たとえこのような訴訟リスクはあるものの、早々に諦めてＥ社の使用を認めるのではなく、Ｅ社に使用を認めることによりホテルが被る不利益や損害（暴排条例違反レピュテーションリスク）も考えれば、まずは契約解除（【書式24】）の手段を模索し、Ｅ社の利用を断る方法を検討するべきである。

2 不動産業者からの相談への対応

⑴ 明け渡しを求める必要性

不動産取引に関して暴排条例は、反社会的勢力に対する譲渡、貸付を行わないよう努めるべき旨規定がある（東京都暴排条例では19条、20条）。

そして、Ｆ社はフロント企業であり、かかる暴力団関係企業にその活動拠点を提供する行為は、助長取引（東京都暴排条例では18条１項、24条１項）に該当すると思料される。さらに、本事例のように、Ｆ社が暴力団関係企業と判明した場合にも漫然と賃貸を継続していれば、当該不動産に暴力団関係企業が入居していることが広まりそれを怖がる他の賃借人が退去したり、当該不動産の資産価値の低下等、さまざまなリスクが懸念されるところである。

したがって、Ｆ社に明け渡しを求めることを検討するべきである。

⑵ 明け渡しを求める方法

本事例では、Ｆ社との間に賃貸借契約が成立しているのであるから、解除方法を検討することになる（具体的な方法については本項③を参照されたい）。

⑷ 解除事由がある場合

賃貸借契約に暴排条項があれば、それに基づく解除を検討することとなるが、訴訟まで見据えて、Ｆ社が反社会的勢力であることの立証がどこまで可能かは見通しをつけておくべきである（方法については、本章１③を参照されたい）。

なお、賃借人に債務不履行があったとしても、賃貸人に対する背信行為と認めるに足りない特段の事情がある場合には、解除権が発生しないとされる（最判昭和59・12・13民集38巻12号1411頁）。

そこで、暴排条項違反のみならず、その他の解除事由（たとえば賃料滞納

201

〔第2部〕 第2章 反社会的勢力とのトラブルとその対応

や迷惑行為（騒音・近隣住民への暴言等））も併せて主張し得ないかを検討するべきである。

(B) 解除事由がない場合

(a) 更新拒絶を行う方法

定期借家契約でない場合は更新拒絶に正当事由が必要となるので（借地借家法28条1項）、これについても訴訟まで発展した場合に備えて事前に検討するべきである。

(b) 任意に交渉する方法

F社が承諾すれば明け渡しを求めることができる。

もっとも、立ち退きに関しては立退料等が問題となるため、立ち退き交渉を契機に不当なつり上げや、その他不当要求がなされることも想定されるので、安易に応じないよう注意が必要である。

●弁護士からのアドバイス●

F社に明け渡しを求めるにあたって解除事由が存する場合、契約解除通知（【書式25】）を行うこととなるが、その前に、占有移転禁止の仮処分（【書式26】）や明渡し断行の仮処分を行うかどうかを検討するべきである。

F社が暴力団関係企業ということであれば、解除を通知してそれに応じない場合、建物明渡しを求める訴訟を提起することとなるが、その訴訟で判決を得るまでの間に、F社が第三者に本件建物の占有を移転させることが懸念される。

そのような場合には、訴訟で勝訴しても、強制執行を行う時点で建物を占有しているのはF社ではなく第三者となると、その判決に基づいた強制執行ができなくなってしまうためである。このような仮処分手続は、裁判所の発令を求めることになるので、申立てにあたっては疎明資料等を準備する必要がある。そこで、解除事由と併せてその資料の収集も行う必要がある（方法については本章1①を参照されたい）。

202

2 反社の関係者が利害関係者である場合の対応 4

【書式24】 会場使用契約解除通知書

平成○○年○月○日

〒○○○-○○○○　○○県○○市○町○目○-○3
　　　　　被通知人　E社
　　　　　　　　　代表取締役　○○○○　殿

　　　　　〒○○○-○○○○　東京都○区○町○丁目○番○号
　　　　　　　　　○○法律事務所
　　　　　　　　　電話○○
　　　　　　　　　FAX○○
　　　　　　　　　通知人　○○ホテル代理人
　　　　　　　　　弁護士　○　○　○　○

通　知　書

　当職は、○○ホテル（以下「通知人」といいます）から委任を受けた代理人弁護士です。

　貴社より平成○年○月○日に通知人パーティ会場○○のご利用お申し込みをいただきました（以下、「本件契約」といいます）。

　しかしながら、今般、貴社は本件契約時にお伝えいただいた利用目的と異なる目的でパーティ会場○○の利用をされる予定であることことが判明しましたので、本施設利用規約○条「お申し込み時の利用目的と利用時の内容が著しく異なるとき」および同○条の「管理上の都合上やむを得ない事由が発生したとき」に該当するため、本書面をもって本件契約を解除する意思表示を行います。

　なお、今後は当職が代理人として窓口になりますので、通知人への架電や訪問等一切の接触並びに通知人施設への立ち入り等はなされませんよう、お願い申し上げます。

以　上

203

〔第2部〕　第2章　反社会的勢力とのトラブルとその対応

【書式25】　賃貸借契約解除通知書

平成○○年○月○日

〒○○○-○○○○　○○都○○区○-○
　　　　　　　被通知人　F社
　　　　　　　　代表取締役　○○○○殿

　　　　　　〒○○○-○○○○　東京都○区○丁目○番○号
　　　　　　　　　　　　通知人　F社

通　知　書

前略

　当社（以下、「通知人」といいます）は、貴社（「被通知人」といいます）に対し、次のとおり通知いたします。

　通知人は、平成○年○月○日、被通知人に対し、下記物件（以下、「本件物件」といいます）を賃貸物件とし、賃貸借期間を平成○年○月○日から同○年○月○日まで、賃料月額○円、管理費および共益費合計月額○円、とする賃貸契約（以下、「本件賃貸借契約」といいます）を締結しました。

　しかしながら、通知人が本件物件を被通知人に対し引き渡した後、以下の事実が発生または判明しました。

　1　○○（注：契約に定める解除事由）

　2　○○……

　　　　　・

　　　　　・

　　　　　・

　以上の事実は、本件賃貸借契約第○条第○（解除事由）の「○○（注：契約書文言を引用）」にあたります。

　よって、通知人は、被通知人に対し、本件賃貸借契約第○条第○項に基づき、本件賃貸借契約を解除する意思表示を行うとともに、本件物件を原状に復して早急な明渡しを行うよう求めます。

草々

記

所　在　　東京都○区○町○丁目○番地

種　類　　○○

構　造　　○○

床面積　1階　　　　　○○㎡

　　　　2階　　　　　○○㎡

以　上

【書式26】　占有移転禁止仮処分命令申立書

占有移転禁止仮処分命令申立書

平成○○年○月○日

東京地方裁判所　民事第9部　御中

債権者代理人　弁護士　　○　○　○　○

当事者の表示　　　　　　別紙当事者目録記載のとおり

仮処分により保全すべき権利　　建物明渡請求権

申　立　て　の　趣　旨

　債務者は、別紙物件目録記載の建物に対する占有を他人に移転し、または占有名義を変更してはならない。

　債務者は、上記建物の占有を解いてこれを執行官に引き渡さなければならない。

　執行官は、上記建物を保管しなければならない。

　執行官は、債務者に上記建物の使用を許さなければならない（※明渡し断行を求める場合は、この部分は不要である）。

　執行官は、債務者が上記建物の占有の移転または占有名義の変更を禁止されていること、および執行官が上記建物を保管していることを公示しなければな

〔第2部〕 第2章 反社会的勢力とのトラブルとその対応

らない。

との裁判を求める。

申 立 て の 理 由

第1 被保全権利

1 当事者

(1) 債権者

債権者は、別紙物件目録記載の建物（以下、「本件建物」という）を所有している。

(2) 債務者ら

債務者は、本件不動産を債権者から賃借した法人である。

上記債務者の従業員等、関係者と思料される氏名不詳者が4、5名本件建物に常駐しており、中には一見して暴力団風の風貌の者もいる。

2 賃貸借契約の締結と建物の引渡し

債権者は、平成○年○月○日、債務者との間で本件不動産につき、概要下記の約定で賃貸し（以下、「本件契約」という）、同○日、同建物を引き渡した。

記

(1) 賃貸借期間　　平成○○年○月○日から平成○○年○月○日まで

(2) 賃料　　　　　月額○万○円

(3) 支払期限　　　毎月○日限り翌月分の賃料を支払う

(4) 入居者　　　　○○（入居人数○名）

(5) 賃貸人による解約事由

賃貸人は、賃借人が契約条項第○条（反社会的勢力の排除）の確約に反する事実が判明したときには、催告を要せずに直ちに本契約を解除することができる（契約書第○条）。

以　上

3 本件契約解除事由：債務者が反社会的勢力に属する者であること

今般、債権者の調査により判明した○○から明らかである。

4 解除の意思表示

上記のとおり、解除事由が明確なため、債権者は本仮処分決定発令後、速やかに解除の意思表示を行う予定である。

206

第2 保全の必要性

1 以上の事情より、債権者は、上記の権利を実現するため、本件仮処分決定および保全執行後、直ちに建物明渡請求訴訟を貴庁に提起すべく準備中である。

2 しかしながら、債務者は、反社会的勢力に属する者であるうえ、本件建物には氏名不詳者が出入り等していることから、今後本件建物が不特定の第三者に移転される可能性が十分に存在する。

仮にかかる事態となれば、債権者が後日本案訴訟において勝訴判決を得ても、その執行は不可能もしくは著しく困難となるので、本件仮処分申立てに及んだ次第である。

以　上

疎　明　資　料

建物賃貸借契約書
○○

添　付　書　類

1 訴訟委任状
2 疎甲号証（写し）
3 建物登記事項証明書
4 評価証明書
5 ブルーマップ写し

物　件　目　録

1 所　　在　　東京都○区○○

　　　家屋番号　　○○

　　　種　　類　　○○

　　　構　　造　　○○

　　　床面積　　　1階　　○○平方メートル

　　　　　　　　　2階　　○○平方メートル

〔第2部〕 第2章 反社会的勢力とのトラブルとその対応

当 事 者 目 録

〒○○○－○○○○　東京都○○区○○○○－○－○

　　　　　　　　　債権者　○　○　○　○

〒○○○－○○○○　東京都○区○○○○－○－○

　　　　　　　　　○○法律事務所

　　　　　　　　　債権者代理人　弁護士　○　○　○　○

　　　　　　　　　ＴＥＬ00－0000－0000　ＦＡＸ00－0000－0000

〒○○○－○○○○　東京都○区○○

　　　　　　　　　債　務　者　Ｆ株式会社

　　　　　　　　　上記代表者　代表取締役　○○○○

3 反社の関係者からさまざまな要求があった場合の対応

1 右翼団体を標榜する団体から年鑑購入の依頼があったがどう対応すべきか

事 例 当社の人事総務部に、A会を名乗る者から「最近政治に無関心な若い社員が多いと聞く。御社の社員に有益だと思うので、是非、当社が出している年鑑を購入していただきたい」との飛び込み営業がありました。あまり耳にしたことがない団体であったので、A会について調査を行ったところ、右翼団体を標榜し、過去に、企業やその役員の活動や言動などをことさらに取り上げて、街宣活動などを行っている様子でした。このような標的にされたくないので、1冊3万円と高額なのですが、年鑑を買ってしまおうかとも思います。問題でしょうか。

【ポイント】

1 不必要なものは買わない。

2 年鑑を購入しないことを相手方に明確に伝える。

3 年鑑を購入したとしても、何ら妨害活動を行わないとは言い切れず、かえってさらなる不当な要求がなされるなどのリスクがある。

4 街宣をされた場合には仮処分などの法的手続で対抗する。

解 説

1 政治活動標ぼうゴロ

右翼団体または右翼運動を仮装もしくは標榜して、団体または個人に対し、不当な要求ないし違法な行為をし、それにより直接的もしくは間接的に利益を得、もしくは得ようとする行為を「エセ右翼行為」と

〔第2部〕 第2章 反社会的勢力とのトラブルとその対応

いう。

　こうした行為をする者を「政治活動標ぼうゴロ」などという。このように右翼団体を標榜するのは、指定暴力団の構成員を対象とする暴力団対策法等の規制を免れる目的である。また、憲法で保障された表現の自由や政治活動の自由を隠れみのにして、不正な利益を得ようとする点に特徴がある。

2　購入の拒絶

(1)　契約自由の原則

　ある取引を行う契約を締結するかどうかは、各当事者が自由に選択できる。相手方から取引の申入れがあったからといって、当然にその契約を締結する必要はなく、拒絶することも自由に行うことができる。これを「契約自由の原則」という。

　したがって、A会から購入依頼のあった年鑑を不必要と考えた場合には、年鑑を定期購読することを拒絶することは自由に行うことができる。

(2)　購入した場合のリスク

㋐　不当要求の継続

　相手の要求に応じて、年鑑を購入したからといって、会社に不利益となる活動を行わないとは限らない。確かに、会社に対して、一時的には何も行ってこないかもしれないが、突然の購入依頼に応じたことによりこの会社は与しやすいとみて、しばらくしてから、さらに高額な商品の購入などの取引を要求されたり、会社の資産を売却することを求められたりするなど、不当な要求が継続、エスカレートする可能性がある。

　また、年鑑の定期購読を途中で解約しようとした場合や、前述のような先方の追加の要求を拒絶した場合には、結局、街宣活動など会社に対する嫌がらせを行ってくる可能性がある。

　このように、1度でも購読をしてしまうと、購読を継続するのみならず、エスカレートする不当要求にも応じないといけないような立場・雰囲気に追い込まれる可能性がある。

㋑　条例違反

　A会は指定暴力団ではないものの、暴力団に関係している場合には、各都

道府県の暴力団排除条例上の規制対象者に該当する可能性がある。当該条例では、事業者が、条例上の規制対象者に利益を供与したり、その活動を助長するような取引をすること自体を禁止している。これに違反した場合には、公安委員会から勧告がなされ、勧告をしても規制対象者との関係が是正されない場合には、会社名が公表される制裁を受ける可能性がある。

(ウ) 取引からの排除

また、近年、反社会的勢力との取引を排除するということが企業の社会的責任（CSR）として求められている中、このような属性の者と取引を行っていることが外部に明らかになると、このことだけで会社のレピュテーションを毀損するおそれがある。

近時、多くの企業が反社会的勢力と関係を有している者と取引をすることを敬遠し、契約書に反社会的勢力との取引を排除するための条項が設けられていることから、取引を謝絶され、金融機関から融資が受けられなくなり、公共事業への入札からも排除されたりする可能性がある。

(エ) 契約解除の困難さ

契約締結前の段階では、前述のとおり自由に取引を断ることができるが、1度契約を締結すると、年鑑を毎年定期的に購入するような約定がある場合には、取引を遮断するためには一定の事由が必要となり、理由なく契約を解除または取り消すことはできない。それゆえに、契約を締結する前に、先方の要求を断ることが重要である。

(3) 実際の対応

(ア) 明確に拒絶する

購入しないという会社としての結論を明確に伝えることが重要である。その際、理由を伝える必要はない。その場しのぎをするためにあいまいな回答をしたり、拒絶する理由を伝えたりすると、その言い分の揚げ足をとり、これを端緒として、相手に付け込まれる可能性があるからである。

1度拒絶しただけでは引き下がらないこともあるが、さまざまな手法で購入を強要されたとしても、上記と同じように購入拒否という結論を回答する。会社としての回答を証拠化するために、内容証明郵便等（【書式27】）を利用することも有効である。

211

〔第2部〕 第2章 反社会的勢力とのトラブルとその対応

　また、相手が威嚇するような言動や揚げ足をとるのは、多くの場合、窓口となる従業員が相手を恐れ、当該従業員の同僚や上司に相談しにくいような雰囲気をつくり会社内で孤立させることで、自らにとって有利な言質を取ろうとするためである。したがって、窓口となる従業員のみに対応を任せきりにせず、面談をすることになった場合には複数名で対応し、対応方針を関係部署で協議・連携し、必要に応じて警察や弁護士などの外部機関と連携するなど、会社全体でバックアップをし、そのような体制が適切に構築されていることを当該従業員が認識でき、安心感を与えるようにすることが肝要である。

　　(イ)　**街宣について**

　街宣は、会社やその役職員にとって決して望ましいことではないが、未来永劫続くものではなく、第2部第2章5①の解説でも記述しているように、仮処分などによる法的な対処により解決を図ることができる。

　上記のとおり、街宣などを恐れることを巧みに利用しようというのが相手の意図であり、その意図に乗ることなく対応することが重要である。

●弁護士からのアドバイス●

　会社として、年鑑が不必要であれば明確に断る。相手の属性を知ると身構えてしまうかもしれないが、通常の飛び込み営業に対する接し方、対応を心がけることが大切である。断りの連絡を入れて、その後に相手から連絡がこなければ何ら問題はなく、逆に、その後に頻繁に連絡がきたり、面会を求められるようであっても、通常の顧客と同じように必要がなければ断るということを行えばよい。

　他方で、油断は禁物であり、想定されるケースに備えて弁護士に事前に相談し、対応のシミュレーションをしたり、社内体制を整えておくことが望ましい。

3 反社の関係者からさまざまな要求があった場合の対応 ①

【書式27】 「○○年鑑」（反社会的勢力関連団体発行）購入断り文例

回 答 書

平成○○年○月○日

A会　ご担当者様

　　　　　　　○○株式会社

　　　　　　　代表取締役　甲野　太郎

　　　　　　　（担当：○○部○○課　乙野　次郎

　　　　　　　TEL：○○-○○○○-○○○○）

冠省

　貴会より、平成○○年○月○日付でお申し出いただきました「○○年鑑」の定期購読の件につきまして、弊社内で検討いたしましたが、この度の貴会からのお申し出につきましては、誠におそれいりますが、お断りさせていただきます。

　また、今後も、弊社としましては、同趣旨のお申し出には一切応じかねますので、予めご了承ください。

　略儀ではございますが、以上のとおり本書にてご回答申し上げます。

草々

213

〔第2部〕　第2章　反社会的勢力とのトラブルとその対応

2　おしぼり納入名目でのみかじめ料の要求にどう対応すべきか

事例　　当社では、B県の繁華街で小規模な飲食店を新規開業しましたが、開業後に、業者を名乗る者から「この辺りの多くの飲食店のおしぼりは、うちが取り扱っている。お宅に納入させてほしい」と申入れがありました。当社は、別店舗で古くから付き合いのある業者に納入してもらうことに決めていたので、丁重にお断りをしたところ、その後、強面の担当者が頻繁に店舗を訪れて、威圧的な態度で納入を求めてきたり、また、関係者と思われる柄の悪い者が客を装って何かとクレームを付けてきたりするなど、店長が非常に困っています。近隣の飲食店から入手した情報によると、当該業者は暴力団と関係しているとのことです。このようなことが続くと、店の経営にも支障が出るので、やむを得ず一部納入してもらおうかとも思いますが、問題はないでしょうか。

【ポイント】

1　おしぼりの納入をさせて対価を支払うことがみかじめ料の支払いと同視されることがあり、暴力団排除条例に基づく勧告などの制裁を受けるリスクがある。

2　毅然と断る。また、警察や弁護士等の専門機関と連携をとったり、商店街等の他の商店と連絡会を形成し情報交換をするなどして、複数で協力して対応する体制をつくることも有効である。

3　警察に相談し、中止命令を出してもらうことも検討するべきである。

解　説　　**1　みかじめ料とは**

　　暴力団やその関係者が、いわゆる「シマ」や「縄張」の範囲内で営業する飲食店や風俗店などに対し、営業することへの見返りとして要求する金品のことを「みかじめ料」という。また、「シマ」や「縄張」

214

とは、暴力団が正当な権限をもっているわけでもないのに、他の暴力団が活動することを拒否し、自己の権利として主張している勢力範囲のことをいう。

暴力団やその関係者は、何ら権限もないのに「シマ」や「縄張」などといって、その範囲で営業している飲食店などに、用心棒代などと称して金銭の支払いを要求し、あるいは、暴力団と関係ある業者と取引をしなければ、営業できないようにするなどと脅して、おしぼりや植木のリースなどの取引を要求し、正当な取引を装って不当な利益を得ようとする。

2　支払った場合のリスク

(1)　暴力団排除条例違反

(ア)　条例違反

企業がみかじめ料を暴力団に提供する行為は、各都道府県の暴力団排除条例により禁止されている。

すなわち、暴力団排除条例では、暴力団の活動を助長し、または暴力団の運営に資することとなることを知ったうえで暴力団等に利益を提供することを禁止している。支払額がさほど大きくなかったとしても、また、相手が脅してきたり、嫌がらせをしてきたりした場合にこれを恐れて利益を提供したとしても、それらのことは当該条例に違反しない理由にはならない。

したがって、相手が暴力団関係者と知っておしぼりの納入をさせた場合には、暴力団排除条例に違反する行為となる。

(イ)　条例に違反した場合の効果

暴力団排除条例に違反してみかじめ料を支払ってしまった場合、各都道府県の条例により、その効果には若干の違いがあるが、たとえば東京都暴力団排除条例の場合には、公安委員会から違反者に対して、違法行為が行われることを防止するために必要な措置をとるよう「勧告」がなされる。「勧告」にもかかわらず1年以内に違反行為を行った場合には、公安委員会はそのことを「公表」する。

また、暴力団の威力を利用する対価として利益の提供がなされた場合で、「公表」がなされた後1年以内に違反行為がなされた場合には、その違反行為を防止するために必要な措置をとるよう「命令」がなされ、この「命令」

215

〔第2部〕 第2章 反社会的勢力とのトラブルとその対応

に違反した場合には、1年以下の懲役または50万円以下の罰金に処せられる。

(2) レピュテーションおよび経済取引から排除されるリスク

刑事罰を受けないまでも、暴力団やその関係者と取引を行っていることが「公表」され、あるいは「勧告」を受けたことが知られた場合には、暴力団と関係を持つ会社というレッテルを貼られ、他の事業者との取引や金融機関からの融資が困難になり、ひいては事業継続自体が困難になる可能性もあり得る。

3 対応方法

(1) 明確に拒絶する

みかじめ料の要求がなされた場合、拒絶の意思を明確に伝える。

要求に回答しなかったり、拒絶したりした場合には、威圧や嫌がらせなどのプレッシャーをかけてくることがあるが、これは、相手を畏怖させて、なるだけ早期に経済的利益を獲得しようとするためである。支払いを拒絶しているにもかかわらず、なお、みかじめ料の要求をするならば、要求する者にとっては対応期間が長期化し、逮捕等の身柄の拘束により利益獲得活動ができなくなるリスクを負うことになる。

もっとも、相手の要求に応じなかったために、嫌がらせが続き、ひいては生命や身体が侵害される痛ましい事例がないわけではない。このような事態に対する恐怖心から、1回の支払額が多少の金額であれば支払っても仕方がないと考えてしまうかもしれないが、1度支払うとそこから関係を遮断することは非常に困難になる。

また、暴力団排除条例が施行され、みかじめ料の支払いが利益供与にあたるとされ、暴力団を利用する意図ではないものの、その支払いをした事業者は前述のとおり、勧告や公表の対象になることになった。

暴力団排除条例上、規制対象とはならない利益供与の場面として「法令上の義務又は情を知らないでした契約に係る債務の履行としてする場合その他正当な理由がある場合」（東京都暴力団排除条例24条3項）などが規定されているが、みかじめ料の支払いは、こうした除外例にはあたらない。前述のような条例による規制を単に遵守させるというだけでは、警備も万全であると

216

の保障がない現状においては、みかじめ料の支払い拒絶のために事業者に対し、自らまたは従業員の身を危険にさらしてしまうことにもなり得、事業者に酷な面もあろう。

　しかし、それはみかじめ料を支払ってもよい、などということではない。暴力団に資金を渡さないこと、このことによって暴力団のいない社会をつくることは不動の目標である。暴力団排除条例をつくっただけではその目標は達せられないのであり、さらなる努力が必要であると考えられる。すなわち、無理のない範囲で自らができることを行い、同業者組合、警察、弁護士、暴追センター（暴力追放運動推進センター）、その他さまざまな団体が支援する体制を早急に築く必要があろう。

　新潟県や高知県では、警察・暴追センター・弁護士会と各商店が連携（「みかじめ料等縁切り同盟」）して、各商店を代理する弁護士名で地元の暴力団の組長宛にみかじめ料の支払いを拒否する旨の通知を送付するなどしている。このように、地域の商店と関係機関が連携して、できることから着手し、少しでも関係遮断を図る努力を継続することが、地道ではあっても、早期解決に資するのである。

　加えて、従業員等の身に危険が生じるリスクにさらされないためにも、出店前に現地調査や情報収集を十分に行っておくべきである。

(2)　中止命令の検討

　暴力団対策法上、指定暴力団の構成員がみかじめ料の要求をしている場合には、都道府県の公安委員会は、当該暴力団員に対して中止命令を発令することができるものとされている。また、公安委員会は、暴力団員が繰り返しこのような要求を行うおそれがあると認める場合には、さらに再発防止命令を発令することもできる。これらの命令に違反した暴力団員は、3年以下の懲役または500万円以下の罰金が科せられる。

　そこで、警察に被害申告をする際に、併せて中止命令の発令を求めることも検討するべきである。警察の調査により相手が指定暴力団の構成員であると判明した場合には、中止命令が発令される。

(3)　購入してしまった場合

(ｱ)　契約の解除等

〔第2部〕　第2章　反社会的勢力とのトラブルとその対応

　契約書に暴力団排除条項が含まれ、相手の属性が当該条項に規定する事項に該当することが立証できれば、これに基づいて契約を解除することができる。しかし、このような相手と取引を始めてしまったような場合、暴力団排除条項が含まれている契約書を取り交わすことは通常考えにくい。したがって、他に契約を解除あるいは解消することができる理由（契約違反、詐欺・強迫や錯誤、公序良俗違反など）がないかを検討する。弁護士と相談することで、より効果的な解除等の理由や対応を導き出せることも多い。

　　(イ)　**警察への報告**

　前述のとおり、相手方が暴力団員など暴力団排除条例上の規制対象者であることを知りながら購入した場合には、暴力団排除条例に抵触する。他方、東京都暴力団排除条例などでは、違反行為をした事業者が「勧告」がなされる前に、違反行為の事実の報告または資料の提出を行い、将来にわたって違反行為を行わない旨の誓約書を提出した場合には、「勧告」を行わないとされている。

　相手との取引を遮断したうえで、警察に対し、今後はこうした相手と取引を行わないことを誓約し、今回生じた事実関係を報告するべきである。

●弁護士からのアドバイス●

　みかじめ料の支払要求には毅然と断るべきである。もっとも、警備が万全であるという保障もない中で条例を守り、みかじめ料を断るようにするのは酷な状況ともいえる。事業者が孤立することなく地域の他の事業者や警察、暴追センター、行政、弁護士等の関係機関が連携し、みかじめ料を支払わずにすむ環境、体制を築く必要がある。

　また、公安委員会としても、上記のような環境体制が十分に整うまでは暴力団排除条例の運用につき、悪質性の高い利益供与を中心に取り締まり、体制整備がなされたところで取り締まり対象を拡充するような柔軟な対応を期待したい。

③ 暴力団関係者から債権回収に協力する旨の連絡があった場合にどう対応するか

> **事例** 当社は、Ｙ社と長年継続的な取引を行い、Ｙ社に対し売掛金を有していますが、先般、Ｙ社が不渡りを出してしまいました。今後は、倒産に向けて手続を進めるようで、売掛金の回収が困難になりました。このようなとき、「自分もＹ社の債権者の１人だから、ついでに御社の売掛金も回収してあげましょうか」と暴力団関係者から連絡がありました。このような誘いに乗ってもよいのでしょうか。

【ポイント】

1　このような誘いに乗ることなく、法的手続に則った対応をする。

2　弁護士以外の者に、法律事務を依頼してはならない。

解　説

1　事件屋への対応

⑴　事件屋とは

事件屋とは、弁護士の資格をもたずに、他人の争い事に介入し、金銭的利益を上げることを生業とする者の俗称である。報酬や手数料名目で依頼した者から金銭をもらうが、実際には十分な対応をせず、仮に回収したとしてもその金銭を依頼した者に返金せずに持ち逃げしてしまうことなどもある。

⑵　弁護士法による規制

弁護士法において、弁護士以外の者が、報酬を得る目的で、訴訟その他の法律事件に関する法律事務を取り扱い、またはこれらを周旋することを業とすることを禁止しており、前記のような事件屋などが十分な事件処理もせずに不正に利益を収受することを防止している。これに違反した場合、２年以下の懲役または300万円以下の罰金の刑事罰が科される。

219

〔第2部〕 第2章 反社会的勢力とのトラブルとその対応

2 暴対法による規制

　また、指定暴力団の構成員が、他人から依頼を受けて、報酬を得てまたは報酬を得る約束をして、金品等を目的とする債務について、債務者に対し、粗野・乱暴な言動を交えて、または迷惑を覚えさせるような方法で訪問しもしくは電話をかけて、債務履行を要求する行為はもとより、このような依頼をすることも、暴力団対策法により禁止されている。

　これに違反した場合には、指定暴力団の構成員に対しては公安委員会から中止命令が出され、当該命令に違反した暴力団員は3年以下の懲役または500万円以下の罰金が科せられ、暴力団員に依頼をした者については、公安委員会から再発防止命令が出される可能性があり、当該命令に違反した場合は3年以下の懲役または250万円以下の罰金が科せられる。

3 暴力団排除条例

　暴力団排除条例上も、事業者が暴力団員等の規制対象者に対して、事業に関して暴力団の威力を利用すること等の対価として利益供与をすることを禁止している。

　これに違反した場合、公安委員会から段階を追って、勧告、公表、措置命令、罰則などの制裁が課されることになる。

4 法的な手段に基づく回収

(1) 正攻法をとる

　暴力団関係者の威力を借りて債権の回収を図ろうとしても、確実に回収できるかわからないばかりか、かえって当該暴力団関係者から委託料等の名目で法外な金銭を要求される可能性や、前述のとおり法令に違反し、さまざまな制裁を受けるおそれがある。

　したがって、自らまたは弁護士に委任するなどして、適法な手段に基づいて債権回収を行わなければならない。結果的に、取引先が破産手続を申し立てるに至った場合には、破産手続の中で債権届出をして、配当に至った場合にこれを受けられるように対応せざるを得ない。

220

また、仮に不正な方法で債務者から破産手続前に回収できたとしても、破産手続の中で、管財人から債務者の返済行為につき否認権を行使され、回収した金銭を破産財団に組み入れられてしまう。正規の手続をとっても、債権がほとんど回収できないとしても、そのことよりも、ほんの少し長い目でみて、暴力団関係者に債権回収を依頼することのリスクをいったん立ち止まって考えるべきである。

(2) 債権管理と保全

経済取引をするにあたっては、その取引額が大きくなればなるほど、相手方の法的破綻のリスクを想定して、相手の資産状況に応じた債権の保全方法を検討する必要があろう。

たとえば、事前に債権の保全を図るために、抵当権などの担保権を設定していれば、仮に取引相手が破産手続を申し立てるに至った場合でも、当該手続以外で抵当権を行使して、債権回収をし得る。

●弁護士からのアドバイス●

債務者が破綻してしまった場合には、債権全額を回収することは非常に難しい。不正な手段によって回収できたとしても、法的手続の中で回収額の返還を余儀なくされる。したがって、法的に問題のない形で正攻法で回収を図ることが、結局、回収を極大化し、債権者の利益につながるということを肝に銘じておくべきである。

221

〔第2部〕 第2章 反社会的勢力とのトラブルとその対応

4 過大な慰謝料等を請求された場合にどう対応すべきか

事 例　　当社の従業員であるAが、業務中に暴力団員とおぼしき人物の車と接触事故を起こしてしまいました。幸いなことに相手方にけがはなく、相手方の車両に軽微なキズが生じましたが、修理で元に戻るようです。相手方からは、「この車は、その辺の人間が購入できるようなものではなく、とても思い入れがあるものだ。修理費も高くつくし、慰謝料も支払え」などと過大な金額を請求されています。その場では、いったん引き取ったものの、その後頻繁に電話がかかって怒鳴られ、「こちらの事務所に謝罪に来い」などと言われるため、交渉担当者も気が滅入っています。相手方の言うとおりの金額を支払って事態の収束を図ろうかと思いますが、いかがでしょうか。

【ポイント】

1　事故を起こしたことについて謝罪することで、必ずしも法的な責任が生じるわけではないが、言い方には十分に注意が必要である。

2　キズの修復に必要な修理費を支払えば足り、車両など動産についたキズなどに関して慰謝料は原則として発生しないので、先方の要求どおりの金額を支払う必要はない。

解 説　　**1　事故直後の対応**

(1) 初動対応

接触事故を起こしてしまった場合、まずは直ちに警察に連絡をする。自身が大きなけがをしたということでなければ、警察の実況見分に立ち会い、事故の状況を説明し、事故の相手の被害の状況を写真等で保全してもらうようにしておくべきである。たとえば、相手から「面倒だから、警察は呼ばなくてよい」、あるいは「大したキズではないから、話し合いで済ませてしまおう」などという申し入れがあったとしても、応じるべきではない。第三者を介して十分な事実確認、証拠保全がなされないと、後になって、「別のキズ

222

があった」などと、自分では事実を確認できない状況でさまざまな言い分や要求がなされる可能性があるからである。

また、業務中の事故の場合、会社の上司に連絡をして、事故現場に来てもらうことが可能ならば、一緒に立ち会ってもらうべきである。複数名で事故の説明状況や事故直後の相手の言い分を確認することで、後日、事故直後と異なる言い分がなされた場合や、会社に対して使用者責任に基づく請求がなされた場合でも、相手の言い分に安易に流されない対応がしやすくなる。

自分自身や会社が損害保険に加入している場合には、適切な損害賠償を行うために、加入先の損害保険会社への連絡も忘れずに行うべきである。

(2)　**謝罪について**

謝罪をしたとしても、そのことを理由に直ちに相手の言い分や自分の法的な責任がすべて認められるわけではない。法的責任に踏み込まずに、事故によって迷惑をかけたことについて謝罪することは何ら不自然なことではない。むしろ、適切なタイミングで謝罪をしないことでその後の交渉が進まなかったり、決裂したりしてしまうことがある。自分自身に非があることが明確なのであれば、謝罪をすることは何ら問題ない。

仮に先方が謝罪したことを根拠に法外な責任を追及するようなことがあっても、それは相手の常套句であり、そのような要求に応じる必要はない。後述するように、法的な責任として認められる範囲で弁償を行えば足りる。もっとも、謝罪をする際に、相手の要求や言い分をすべて認めるような言動をしないよう注意が必要である。

(3)　**謝罪や交渉の場所**

本事例のような場合には、謝罪や交渉を行う場所は、自社や第三者が周囲にいる公共のスペースで行うべきである。こちらが事故を起こしたのであるから、できる限り誠実に対応しなければならないということは決して誤った考えではなく、また自身に落ち度（たとえば、過積載やスピード違反など）があった場合には、特にそのような心理状態になりやすい。しかし、安易に相手の呼び出しに応じて、相手の事務所に訪問するべきではない。なぜなら、物理的にも心理的にも退席したいときに退席できず、不当な要求を事実上受け入れざるを得ない状況に陥る可能性があるからである。本事例のように、

223

〔第2部〕 第2章 反社会的勢力とのトラブルとその対応

当初から交渉対応に不審な点がある場合には、特に注意する必要がある。

2 損害賠償請求

(1) 使用者責任

民法では、事業のために他人を使用する者は、被用者がその事業の執行について第三者に加えた損害を賠償する責任を負うとされている。したがって、本事例のように、従業員が業務中の事故で第三者に損害を負わせてしまった場合、従業員のみならず、会社もその責任を負う。

(2) 損害賠償額

(ア) 相当因果関係

法的責任に基づいて損害賠償しなければならない範囲は、損害が発生していることを前提に、行った行為と相当因果関係にある範囲内の損害に限られる。これは、その行為により発生したあらゆる損害のうち、客観的に判断して予見可能なものについて、責任を負わせるという考え方である。

たとえば、本事例であれば、相手の車両についたキズや部品の修繕・交換費は損害として認められるであろうが、このために車両を買い換えた場合の買換え費用や、実際に搭載されていた部品よりもはるかに高級な部品に付け替えた場合の交換費用を請求されたとしても、それは相当因果関係があるとはいえない。

(イ) 慰謝料

また、裁判例では、自動車のような動産が破損した場合、被害にあった車両に対する愛着だけでは、精神的損害があるとはいえないと判断しており、原則として慰謝料を認めていない。

したがって、本事例において、慰謝料を請求されたとしても、応じる必要はない。

(ウ) 事実確認

損害賠償を請求された場合には、その請求内容の根拠となる資料（たとえば、修理費の請求書など）を開示してもらい、事実確認をしたうえで、責任の範囲内にある要求だけに応じ、それを超える要求には応じないということが重要である。仮に、相手の法外な要求に応じたとしても、当該要求だけで

224

3 反社の関係者からさまざまな要求があった場合の対応 4

終わることは確実でなく、その要求に応じた後に与しやすいとみなされ、さらに異なる要求がなされる可能性もある。

(4) 示談書（合意書）の作成

最終的に金額やその支払条件がまとまった場合には、示談書（【書式28】）を取り交わし、当該示談書に支払い義務があるものと明記された金額のほかには何らの債権債務関係がないという内容の清算条項を必ず設ける。これにより、示談終了後に、さらに損害賠償などを要求してくることを防止することができる。

●弁護士からのアドバイス●

　事故を起こしたときに大切なことは、事実の確認とその事実を裏付ける証拠の保全・収集である。これを十分に行うことで、相手の請求内容が正当な範囲のものか、不当・過大なものかを判断することができる。

　また、謝罪について、これをした場合に必ずしも法的に相手の請求を認めたということにはならないが、その場をしのぐために事実に基づかずに相手の言い分をすべて認めたり、相手に無用な期待をもたせる発言をしないよう注意するべきである。

【書式28】　交通事故による損害賠償の示談書（合意書）例

示　談　書

　株式会社○○（以下、「甲1」という）、X（以下、「甲2」といい、甲1と総称して「甲ら」という）とY（以下、「乙」という）は、XとYとの間で平成○○年○月○日に○○県○○市○○町○丁目○番地付近の道路上で生じた接触事故（以下、「本件事故」という）に関し、以下のとおり合意する。

1　甲らは、乙に対し、連帯して、本件事故による損害賠償債務（※）として金○万円の支払義務があることを認める。

2　甲らは、乙に対し、本件事故について心より謝罪し、乙は、甲らの謝罪を受け入れ、宥恕する。

225

〔第2部〕　第2章　反社会的勢力とのトラブルとその対応

3　甲らは、乙に対し、前項の金員を連帯して、平成○○年○月○日限り、乙
　　指定の銀行口座に振り込む方法により一括して支払う。ただし、振込手数料
　　は甲らの負担とする。

4　乙は、その余の民事上および刑事上の請求を放棄する。

5　甲らおよび乙の間には、本件事故に関し、本示談書に定めるほか何らの債
　　権債務がないことを相互に確認する。

　　上記のとおり合意したことを証するため、本示談書を3通作成し、甲1、甲
　2、乙それぞれ署名捺印（記名押印）のうえ、各1通を保有するものとする。

平成○○年○月○日

　　　　　　　　　　　　甲1：（所在地）

　　　　　　　　　　　　　　　（商号）

　　　　　　　　　　　　　　　（代表者名）　　　　　　　　　㊞

　　　　　　　　　　　　甲2：（住所）

　　　　　　　　　　　　　　　（氏名）　　　　　　　　　　㊞

　　　　　　　　　　　　乙　：（住所）

　　　　　　　　　　　　　　　（氏名）　　　　　　　　　　㊞

　　（※）については、事案によって解決金・和解金などと表記する場合もある。

3 反社の関係者からさまざまな要求があった場合の対応 ⑤

⑤ 民事事件へ代理人と称して暴力団関係者が介入してきた場合にどう対応すべきか

事 例 　当社の商品をめぐって顧客とトラブルが生じ、当該顧客がハードクレーマー化してしまいました。話し合いが長期化してきた頃、暴力団関係者が当該顧客の代理人として介入してきました。少し話をしてみると、多少言葉は荒っぽいものの当該顧客よりもこちらの話に理解を示す様子です。代理人と交渉したほうが早く解決するように思うのですが、この代理人と交渉を継続してよいでしょうか。

【ポイント】

1　代理人として介入してきた者とは一切交渉せず、顧客と直接連絡をとるようにする。

2　代理人として介入してきた者が暴力団員であることが明らかになった場合には、警察に対し中止命令が発令できるかどうか相談する（暴対法9条7号要件）。

3　恐喝・脅迫などの行為があれば、刑事立件することも検討する。

解 説　　**1　交渉への対応**

(1) 代理人との交渉に応じない

　暴力団関係者が代理人として紛争に介入する場合、交渉を解決することを目的としておらず、交渉を通じて何らかの経済的な利益を得ようとすることを考えていると思われる。たとえば、損害賠償に関する交渉をしているような場合には、通常の損害に法外な額を上乗せして、上乗せ分を自分の利ざやにしようとしたり、代理人名義の口座に支払うよう指示し、受領した賠償金を本人には支払わずに持ち逃げしてしまい、本人から引き続き請求がされてしまうことなどがあり得る。

　このようなリスクを回避するために、本事例のように暴力団関係者が相手方の代理人として介入してきた場合には、当該代理人とは一切交渉をせず、

227

〔第2部〕 第2章 反社会的勢力とのトラブルとその対応

同人から本人の委任状が提示され、交渉要請があったとしても、会社の方針として本人（法人の場合は代表者）か、弁護士など紛争処理を代理することに関し資格を有する者でなければ交渉しないことを明確に伝え、当該代理人との交渉を拒まなければならない。特に、本事例のように、本人がハードクレーマー化して、本人との交渉が交渉担当者に非常に負担になっている場合には、少しでも交渉が楽になり前に進むのであれば、当該代理人との交渉をしたいと気持が傾くかもしれないが、安易に応じるべきではない。

本人との電話や面談をすることが、過度に負担と感じる場合には、交渉はすべて書面で行うことを明確に伝え、その申入れに反して電話や面談を求めてきたとしても、それには一切応じないという対応をとることで、時間的・精神的な負担の軽減を図ることができる。

(2) 法的な対応

代理人との交渉を遮断した結果、本人も交渉に応じなくなった、あるいは本人の対応がさらに激しくなった場合には、法的な対応を検討するべきである。

たとえば、自分自身が相手方に対して請求をする立場にある場合には、訴訟などを提起し、法的な手続によって解決を図ることが考えられる。

逆に、自分自身が相手方からの請求を受ける立場にある場合には、債務不存在確認請求訴訟（【書式29】）を提起し、自分に債務が存在しない（あるいは一定額を超えて債務が存在しない）ことを裁判手続の中で主張していくことが考えられる。

このような手法をとる理由は、訴訟では、弁護士（簡易裁判所の場合には認定司法書士も含む）以外には代理人として訴訟を続けることができないことから、介入してきた暴力団関係者の代理人を手続上排除することができ、また、双方の主張は、基本的には書面を通じて行われ、交渉担当者の時間的・精神的負担を大きく軽減することができるからである。これらの訴訟の追行を弁護士に依頼すれば、さらにリスクを回避し、負担を軽減することができよう。

裁判手続は確かに時間や費用もかかるかもしれないが、暴力団関係者の代理人との交渉をした場合、前述のとおり、余計な支出を伴い、あるいは、不

十分な対応しかなされずに、引き続き本人から請求がなされる可能性があり、結局は、裁判手続に基づくほうが、迅速かつ安価に、終局的な解決を図ることができる。請求額などの関係で時間や費用を考慮せざるを得ないのであれば、支払督促や少額訴訟、民事調停など通常の訴訟手続よりも簡易・迅速に対応できる手続もあり、これらの手続を活用するべきである。

2　中止命令の要請

　介入してきた代理人が指定暴力団の構成員であることが判明し、当該代理人が、暴力団の威力を示して、金品等の債務について、粗野・乱暴な言動を交えて、あるいは迷惑を覚えさせるような方法で訪問し、電話をかけるなどして、その履行を要求したり、債務の全部または一部の免除または履行の猶予をみだりに要求してくるような場合、これらの行為は、暴力団対策法上禁止された行為であり、中止命令の対象となる。

　そこで、警察に相談をして、当該代理人に対して、中止命令を発令してもらうことを検討するべきである。

　中止命令が発令され、これに違反した場合には懲役刑等の刑事罰が科されることになり、刑事罰（特に懲役刑）が科せられると、その間、不正に経済的な利益を獲得するための活動が妨げられるので、当該代理人が交渉に介入することを抑止することが期待できる。

3　刑事立件（告訴）

　当該代理人が、脅迫的な言葉で不当な要求などをしてきた場合には恐喝罪や脅迫罪として、要求の内容に詐欺的な言辞が含まれている場合には、詐欺（未遂）罪として、被害届を出したり、場合によっては告訴等をして刑事事件化することも検討に値する。

　また、弁護士または弁護士法人以外の者が、法的な紛争が生じている場合に、報酬を得る目的で当該紛争にかかる法律事務を本人に代理することなどが弁護士法上禁止されており、これに違反した場合にも2年以下の懲役または300万円以下の罰金が科されることになっている。弁護士法に基づく刑事事件化も検討するべきである。

〔第2部〕 第2章 反社会的勢力とのトラブルとその対応

●弁護士からのアドバイス●

　代理人と称して介入してきた者が暴力団関係者だと明らかになった場合には、本文に記載したような理由から、当該代理人との交渉は避けるべきである。

　本事例では、相手方自身もハードクレーマーになっているので、自社での対応にこだわらず、速やかに弁護士に相談し、任意交渉から法的手続にステージを変えることも検討するべきである。

【書式29】 債務不存在確認請求訴訟訴状（売買契約）

訴　状

平成○○年○○月○○日

○○地方裁判所民事部　御中

原告訴訟代理人弁護士　　甲山　一夫　㊞

〒○○○─○○○○　○○県○○市○○町○丁目○番○号
原　　告　○○株式会社
上記代表者　　代表取締役　甲野　太郎
（送達場所）
〒○○○─○○○○　○○県○○市○○町○丁目○番○号
甲山法律事務所
原告訴訟代理人弁護士　　甲山　一夫
電　話　　○○─○○○○─○○○○
ＦＡＸ　　○○─○○○○─○○○○
〒○○○─○○○○　○○県○○市○○町○丁目○番○号
被　　　　　告　　乙野　次郎

債務不存在確認請求事件
　訴訟物の価額　　　金○万○円
　貼用印紙代　　　　金○万○円

230

3　反社の関係者からさまざまな要求があった場合の対応　5

第1　請求の趣旨
　1　原告が，被告に対し，平成○○年○月○日付売買契約の解除に基づく金
　　○万○円の売買代金返還債務，並びに同契約の債務不履行または不法行為
　　に基づく金○万円の損害賠償債務を負担していないことを確認する
　2　訴訟費用は被告の負担とする
　との判決を求める。

第2　請求の原因
　1　原告と被告との間の売買契約
　　原告は，平成○○年○月○日，被告との間で，商品Aを売買代金○万○円
　で売却する旨の売買契約を締結し（以下，「本件売買契約」という。甲1），
　同月○日，被告から当該売買代金を受領し（甲2），同年○月○日，商品A
　を被告に引き渡した（甲3）。
　2　被告からのクレームと原告の対応
　⑴　原告は，商品Aを被告に引き渡してから1か月が経過した後，被告か
　　　ら，商品Aが使用できないので，売買代金を返金してほしいとの連絡を
　　　受けた。
　⑵　原告は，使用ができない原因を確認するため，被告に対し，商品Aの
　　　送付を依頼し，被告の商品Aを検査したところ，平成○○年○月○日，
　　　破損の形状から明らかに被告の使用後に部品が破損したことが確認され
　　　た（甲4）。
　　　　また，原告は，平成○○年○月○日，被告に対し，電話で商品Aの使
　　　用状況を確認したところ，商品Aの取扱説明書において明確に禁止して
　　　いる方法で何度か使用したことが確認された（甲5，甲6）。
　　　　そこで，原告は，被告に対し，前記⑴の被告の申出を拒絶するととも
　　　に，必要であれば有償で修繕をする旨回答したところ，被告から，一旦
　　　修繕は不要とのこと回答があったので，商品Aを返送した（甲6）。
　⑶　被告は，平成○○年○月○日，原告に対し，突如として前言を翻し，
　　　引き渡しを受けた直後から商品Aは使用できなかったのであり，本件売
　　　買契約を解除するなどといって売買代金○万○円の返金と，商品Aを使
　　　用できなかったために自身の事業に関し顧客から取引を断られるなどの
　　　損害を被ったとして，損害賠償として金○万円の請求をし，その後も執
　　　拗に同旨の請求をするようになった（甲6，甲7）。
　⑷　しかし，商品Aは引渡し時に破損しておらず，前述のとおり，被告の

231

〔第2部〕 第2章 反社会的勢力とのトラブルとその対応

　　使用後に破損したことは明らかであって，被告の前記(3)の主張には全く
　　理由がない。
　4　結語
　　よって，原告は，自身が債務を負担していないことを明らかにするべく，
　被告に対して，請求の趣旨記載の各債務の不存在確認を求める次第である。
以上

証拠方法

甲第1号証　　　　売買契約書
甲第2号証　　　　領収書
甲第3号証　　　　受領書
甲第4号証　　　　検査結果報告書
甲第5号証　　　　取扱説明書
甲第6号証　　　　交渉履歴
甲第7号証　　　　被告名義の「請求書」と題する書面

附属書類

1　訴状副本　　　　　　　　　　　1通
2　甲号証の写し　　　　　　　　　各2通
3　証拠説明書　　　　　　　　　　2通
4　資格証明書　　　　　　　　　　1通
5　訴訟委任状　　　　　　　　　　1通

4 日常生活における反社との付き合い方 1

4 日常生活における反社との付き合い方

1 暴力団員への飲食料品の販売は問題ないか

事 例　　当社の取引先であるコンビニエンスストアの運営会社か
ら、「暴力団員が昼食時にコンビニに弁当や飲み物を毎日
のように買いに来るのですが、これは断るべきなのでしょうか」と相談
を受けました。
　どのように教えてあげたらよいでしょうか。

【ポイント】

1　暴力団排除条例では、事業者による暴力団員に対する利益供与が禁止
　されており、当該利益供与に該当しないか検討する必要がある。

2　単に暴力団員が自ら費消するために弁当や飲み物を1人分買っていく
　だけであれば利益供与には該当しないと考えられるが、その数量や購入
　目的によっては禁止された利益供与に該当する可能性がある。

3　現状では、購入希望者の属性や購入目的を確認することは困難であり、
　疑わしい場合に積極的に販売を拒絶することを現場の店員に求めること
　は酷である。

4　しかし、利益供与にあたるケースについて見て見ぬふりをしてはなら
　ないのであって、そのためにはコンビニ業界を中心とした社会の幅広い
　層の協力体制が構築されなければならない。

解 説　　**1　利益供与の禁止**

　　　　　　　本事例は、コンビニエンスストアの運営会社である事業
者が、暴力団員に対して物品を販売する場面である。

233

〔第2部〕 第2章 反社会的勢力とのトラブルとその対応

　このような事業者による暴力団員等への物品等の提供に関連して、平成23
年10月までに全国の都道府県で施行された暴力団排除条例では、事業者によ
る暴力団員等に対する利益供与が禁止されている。たとえば、東京都暴力団
排除条例（以下、「都条例」という）24条3項は、次のように規定している。

（事業者の規制対象者等に対する利益供与の禁止等）

第24条

1～2　　　（略）

3　事業者は、第1項に定めるもののほか、その行う事業に関し、暴力
　団の活動を助長し、又は暴力団の運営に資することとなることの情を
　知って、規制対象者又は規制対象者が指定した者に対して、利益供与
　をしてはならない。ただし、法令上の義務又は情を知らないでした契
　約に係る債務の履行としてする場合その他正当な理由がある場合には、
　この限りでない。

　本事例は、「事業者」であるコンビニエンスストアが、飲食料品の販売と
いう「その行う事業に関し」、暴力団員という「規制対象者」に対して、弁
当や飲み物を提供する場面である。そこで、これを行うにあたっては、上記
条項で禁止された「利益供与」に該当しないかを検討する必要があることに
なる。

　なお、事業者が上記の利益供与禁止に違反した場合には、公安委員会から
勧告を受ける可能性があり（都条例27条）、勧告を受けたにもかかわらず不当
な利益供与を続ける場合には、その旨を公表される可能性もあるため（都条
例29条1項5号）、注意が必要である。

2　利益供与該当性の判断

(1)　利益供与とは

　では、どのような行為が「利益供与」に該当するのであろうか。

　この点、都条例では、「利益供与」とは「金品その他の財産上の利益を供
与すること」をいうとされており（都条例2条5号ホ）、たとえば、事業者が

234

商品を販売し、相手方がそれに見合った適正な料金を支払うような場合であっても該当するとされている（警視庁「東京都暴力団排除条例Q&A」Q11）。

したがって、無償や特に有利な価格で販売等する場合でないとしても、財産上の利益を移転するすべての場合について、形式的には「利益供与」に該当することになる点に留意が必要である。

しかし、都条例24条3項で禁止される「利益供与」は、あくまでも「暴力団の活動を助長し、又は暴力団の運営に資することとなることの情を知って」行われる場合に限られている。

そこで、実際の取引場面においては、「暴力団の活動を助長し、又は暴力団の運営に資することとなることの情を知って」行われたか否かが問題となり、①提供した利益が「暴力団の活動を助長し、又は暴力団の運営に資することとなること」にならない場合や、②提供した利益が「暴力団の活動を助長し、又は暴力団の運営に資することとなること」を知らなかった場合には、当該条例で規制される「利益供与」には該当しないことになる。

なお、本条項は、事業者による暴力団との関係遮断の機会を提供・後押しするもので、単に事業者の行為を違法化することが目的ではないことから、「情を知って」行われたといえるためには、確定的な認識が必要であると考えられている（犬塚浩＝加藤公司＝尾﨑毅編著『暴力団排除条例と実務対応』73頁）。

(2) 利益供与の判断基準

では、条例で禁止された「利益供与」に該当するか否かをどのように判断すべきか。これには、明確な基準が設けられているわけではない。

この点の考え方としては、当該取引等によって反社会的勢力が得る利益の内容・程度等と当該取引等による反社会的勢力排除の効果の有無・程度等を勘案し、社会通念に従って判断するとする考え方（長崎県弁護士会民事介入暴力被害者救済センター運営委員会編『Q&A企業のための反社会的勢力排除実践マニュアル』29頁）や、取引の相手方と暴力団との関係の濃密さ、取引により提供される利益の内容、規模や継続性などの事情から、その取引が暴力団の活動を助長したり、その運営に資することになるか否かを個別具体的に検討して判断するとする考え方（虎門中央法律事務所編『暴力団排除条例で変わる

〔第2部〕 第2章 反社会的勢力とのトラブルとその対応

市民生活』10頁）などがあり、参考になる。

3 事例の検討（暴力団員への飲食料品販売の可否・当否）

　上記のとおり、本事例のように、コンビニエンスストアが弁当や飲み物を暴力団員に販売する行為は、形式的には「利益供与」に該当するといえるから、条例上禁止された利益供与に該当するか否かは、つまるところ、「暴力団の活動を助長し、又は暴力団の運営に資することとなることの情を知って」なされたものであるか、の問題になる。

　そこで、上記2⑵の判断基準を参考に、典型的な次の2つの場面を想定してみたい。

⑴ 暴力団員に対して弁当と飲み物を1個ずつ提供するような場合

　たとえば、暴力団員に対して、弁当と飲み物を1個ずつ提供するような場面であれば、それは、単に暴力団員個人の日常生活に必要な物資（しかも、費消した瞬間に利益が消滅するもの）を提供するにとどまり、販売相手である暴力団員の単なる個人消費を超えて、暴力団組織の活動や運営の手助けとなることは通常ないと考えられる。したがって、一般的には、条例で禁止された利益供与に該当することにはならないと考えられる。

　この点、警視庁の「東京都暴力団排除条例Q&A」Q13でも、「コンビニエンスストアなどの小売店が、暴力団員に対して日常生活に必要な物品を販売する行為」は、提供した利益が「暴力団の活動を助長し、又は暴力団の運営に資することとなること」にならない場合の例としてあげられているが、これは同様の認識に立ったものと思われる。

　なお、同じ1個の弁当の提供であっても、近隣に存在する暴力団事務所に住み込んでおり、当該事務所で電話番をしている暴力団員が毎日自分で費消するために弁当を1個買いに来る場合にまで、同様に利益供与に該当しないといえるかは疑問がなくもない。しかし、どこに住み何をしていようと人間が生きていくためには食事をしなければならないことに変わりはない。また、一個人の暴力団員に対する1個の弁当の提供は、利益の内容・程度が小さく、当該取引が暴力団組織の活動や運営の手助けとなる関係も極めて小さくかつ間接的である。したがって、たとえそのような事情があったとしても、条例

で禁止された利益供与に該当することにはならないと考えてよいと思われる。

(2) 暴力団員が購入しようとする個数が極端に多い場合

では、反対に、たとえば、暴力団員が数十個もの弁当を一度に購入していく場合や、飲み物（水）を何ダースもまとめて大量に注文するような場合はどうであろうか。

このような場合、買いに来た当該暴力団員が個人的に消費できる量を超えていることは明らかであり（その意味で、利益の程度・規模は大きいといえる）、仮に暴力団事務所での会合などに利用されたり、転売して利益を得るために利用されたりするのであれば、当該物品の提供は、まさに「暴力団の活動を助長し、又は暴力団の運営に資する」ことになる。

実際には、暴力団員側がどのような意図や目的で購入しようとしているかを販売する店舗が事前に知ること（すなわち、条例上の「暴力団の活動を助長し、又は暴力団の運営に資することとなることの情を知って」いること）は容易ではないが、仮に、そのような暴力団員側の意図を知りながらあえて販売する場合には、条例で禁止された利益供与に該当することになり、当該販売行為は許されないことになろう。

4　実際の現場での対応

では、実際の現場ではどのように対応すべきか。

一般的には、上記3のような結論になると思われるが、理屈としては理解できても、実際の現場でどのように対応すべきか、その判断は必ずしも容易ではない。この点、実際の現場での体制整備やそのための議論もあまり進んでいないのではないかと思われる。

(1) 購入希望者の属性を確認すべきか

暴力団の存在が潜在化している今日では、弁当を手に取ってレジに現れた購入希望者が、そもそも暴力団員であるか否かを判断することは容易ではない。では、そのような場合であっても、暴力団員に対する利益供与の可能性があるとして、常に相手方が暴力団員であるか否かを確認すべきか。

この点、警視庁は、「事業者は、その行う事業に係る契約が暴力団の活動を助長し、又は暴力団の運営に資することとなる疑いがあると認める場合に

〔第2部〕 第2章 反社会的勢力とのトラブルとその対応

は、当該事業に係る契約の相手方……が暴力団関係者でないことを確認するよう努めるものとする」と定める都条例18条1項について、「この規定については、努力義務規定であり、たとえば、スーパーやコンビニで日用品を売買するなど、通常、一般的に取引の相手方について身分を確認しないような場合についてまで、あえて相手方の確認をするよう求めるものではありません」と回答している（警視庁「東京都暴力団排除条例Q&A」Q1）。これに照らせば、常に相手方が暴力団員であるか否かを確認することまでは求められていないといってよいであろう。

(2) 購入目的や使途を確認すべきか

次に、相手方の属性以外に、当該販売行為が「暴力団の活動を助長し、又は暴力団の運営に資することとなる」か否かを確認するために、購入希望者に対して購入の目的や使途を積極的に確認すべきか。

身分確認同様に、コンビニでは、購入目的や使途を確認しないことが一般的であることに照らせば、これらを積極的に確認することまでも求められているとはいえないであろう。

(3) 疑わしい場合には積極的に販売を拒絶すべきか

また、「契約自由の原則」を盾に、疑わしい場合には販売を積極的に拒絶すべきかも問題となり得る。しかし、実務上、購入希望者がレジに持ってきた物品の販売を断ることなど通常想定されていないと考えられ、現場で販売を拒絶することを店員に強いることは現実的ではない。

さらには、上記3で検討したような販売の個数に問題を絞ってみても、何個までなら利益供与に該当しないかという明確な線引きをすることはおよそ不可能であって、アルバイト店員が夜間に1人で対応することも多い実際のコンビニエンスストアの物品販売の現場で、当該店員に利益供与に該当するか否かを判断させ、場合によっては販売を拒絶させることなど、現実的ではない。場合によっては、当該店員の身に危険が及ぶ場面が発生しないとも限らない。

誰でも自由に立ち入ることのできる店舗において、対面で即時の売買が大量かつ画一的に繰り返されるコンビニエンスストアの現場においては、現状の販売システムや取引の慣例等に照らせば、相手方が暴力団員であり、購入

する暴力団員側の購入目的や使途を事前に知ったうえで、当該販売行為が「暴力団の活動を助長し、又は暴力団の運営に資することとなる」ことを確定的に認識した状態で売買を行うことは通常考えられない。そこで、条例で禁止された利益供与に該当するとして販売を拒絶しなければならない場面は通常は考えられず、拒絶することまで当然に求められているものではないと考えてよいのではないか。

5 今後の課題

とはいえ、コンビニエンスストアでの販売であれ、上記のとおり条例で禁止された利益供与に該当する場合があることは否定できないところである。現状では、現場での無理な対応は求められていないであろう。しかし、暴力団排除条例の趣旨を実現しようとするならば、現場任せにせず、また、現場に過度な負担をかけないよう、コンビニエンスストアの本社（運営本部）が統一的な社内方針を決定する必要がある。ただ、そのためには、1社だけではなく、業界全体が暴力団排除に積極的な意思を固めた上で、警察、弁護士、暴力追放運動推進センターを含む幅広い人々や機関と協力する体制を構築する必要があろう。たかがコンビニの弁当、などと侮ってはならない。本気で暴力団排除条例の趣旨を実現しようとするならば、人任せにせず、社会全体がそれぞれの立場に応じた協力を惜しんではならないと考える。

●弁護士からのアドバイス●

　一般消費者に対する小口の小売りの場面は、通常条例違反を問われるような場面にはなく、現状、積極的な対応まで求められているとはいえないかもしれないが（そのため、あまり議論が進んでいないと思われる）、今後は、業界全体で議論を進めていくことも検討すべきように思われる。

　また、上記3で取り上げたような大量購入の場合は、事前に注文が入る場合が多いと思われるが、電話の自動音声対応で、暴力団関係者からの注文は受け付けない旨の音声を初めに流すことで、一定の抑止効果を狙う取組みをすることも検討されてもよいかもしれない。

〔第2部〕 第2章 反社会的勢力とのトラブルとその対応

2 暴力団員が妻子と住むためのアパートを貸し付けることは問題ないか

> **事例** 当社の取引先である不動産業者から、「暴力団員が、妻子と住むために小さなアパートを借りようとしています。申込者は暴力団員本人なのですが、これは断るべきなのでしょうか」と相談を受けました。
> どのように教えてあげたらよいでしょうか。

【ポイント】

1　不動産は、暴力団の活動拠点や資金源となることから、暴力団を排除する必要性が特に高い取引形態である。

2　賃借した暴力団員が当該不動産を一切暴力団活動の用に供さないとの確証は得ようがなく、暴力団員が入居した場合のリスクが高いことに照らせば、不動産の規模や入居目的にかかわらず、毅然と断るべきである。

3　いったん貸してしまうと、取り返しのつかない事態が発生してしまう可能性もあり、事後的な排除には困難が伴う場合もあるため、契約の入口段階で排除することが極めて重要である。

解　説

1　不動産からの暴力団排除の必要性

　仮に、本事例のように、対象物件が小さなアパートであり、当初は暴力団員がその妻子と住むために借りたものであったとしても、後々、他の暴力団員が多数出入りするようになったり、組事務所や組の拠点の1つとして利用されるようになったりする可能性は否定できない。また、当該暴力団員が他の入居者や近隣住民との間で何らかのトラブルを引き起こすおそれもあり、その結果、当該アパートの評判にも悪影響が生じ、資産価値が低下することにもなりかねない。

　さらには、仮に当該暴力団員が属する組織が関係する抗争が発生したよう

240

な場合には、発砲事件などにより他の入居者の生命・身体・財産が危険にさらされることになる可能性がある。[1]

したがって、仮に小さなアパートであったとしても、不動産から暴力団を排除する必要性が高いことは論を俟たない。

また、仮に暴力団排除条項や用法遵守義務違反等を根拠に当該暴力団員を事後的に排除することができたとしても、立ち退きに際して暴力団員側から強い抵抗を受けたり、それ以前に付近住民に不安感を抱かせるとともに、取り返しのつかない事態が発生する可能性も否定できないから、そもそも、契約の入口段階で暴力団員を入居させないことが重要である。

2 暴力団排除条例上の規制

不動産は暴力団に悪用される可能性が特に高いことから、全国で施行された暴力団排除条例では、不動産取引について特別の条項を設けている。

たとえば、東京都暴力団排除条例では、努力義務ではあるものの、不動産の譲渡等（譲渡または貸付け）に係る契約を締結するにあたり、暴力団事務所の用に供するものでないことを確認することや（19条1項）、不動産を暴力団事務所の用に供してはならないこと、暴力団事務所の用に供されていることが判明した場合には無催告解除等ができることを契約書に定めること（19条2項）が求められている。

また、本事例のような民間の不動産賃貸借に適用があるものではないものの、各地の公営住宅条例にも暴力団排除条項が盛り込まれるようになっている（【書式33】参照）。

3 不動産業界での主な取組み

暴力団排除に向けた取組強化の機運が高まる中で、不動産関係団体は、国土交通省や警察庁とも協議・検討を重ね、独自の取組みを行っている。

---

1 この点、市営住宅条例上の暴力団排除条項を根拠として、暴力団員である入居者に対し市営住宅からの明渡しを求めた事案において、裁判所は、「暴力団員が市営住宅に入居し続ける場合には、当該市営住宅の他の入居者等の生活の平穏が害されるおそれを否定することはできない」と述べている（西宮市営住宅事件：最判平27・3・27民集69巻2号419頁）。

241

〔第 2 部〕 第 2 章 反社会的勢力とのトラブルとその対応

(1) モデル条項の策定

たとえば、不動産流通 4 団体（公益社団法人全国宅地建物取引業協会連合会、公益社団法人全日本不動産協会、一般社団法人不動産流通経営協会、一般社団法人日本住宅建設産業協会）は、平成23年 6 月に、不動産取引に関する暴力団排除条項のモデル条項（売買契約編、媒介契約編、賃貸住宅契約編）を策定・公表した。

また、同じく一般社団法人不動産協会も、平成23年 9 月に、暴排条項のモデル条項（売買契約編、賃貸借契約編）を策定・公表している。

本事例のような賃貸借契約に関するモデル条項例は、いずれも、①反社会的勢力でないこと等の確約、②反社会的勢力の活動拠点等として使用することの禁止、③それらに反した場合の契約解除、を盛り込んだものとなっている（【書式31】、【書式32】参照）。

(2) 不動産業・警察暴力団等排除中央連絡会の設立

また、平成23年 9 月30日には、関係行政機関と不動産業界との連携を強化し、モデル条項の普及・活用促進をはじめとした不動産取引からの暴力団等反社会的勢力の排除に係る取り組みをさらに推進するため、警察庁、国土交通省、各不動産団体、全国暴力追放運動推進センターおよび弁護士を構成団体として、「不動産業・警察暴力団等排除中央連絡会」が設置され、その後、暴力団等の反社会的勢力排除に関する基本理念となる「不動産取引における暴力団等反社会的勢力排除の 5 原則」を採択するなどしている。[2]

4 居住用不動産からの暴力団排除の許容性

反社会的勢力を不動産取引から排除することが必要であり、各地の条例や不動産業界においてその取り組みが進んでいることは上記のとおりである。

ところで、暴力団員が生きていくためには食事をする必要があることと同様に、生きていくためには誰しも住む場所が必要である。それにもかかわらず、暴力団員が個人的に居住する場合にも必ず排除しなければならないのであろうか。

この点、市営住宅条例上の暴力団排除条項を根拠に、暴力団員である入居

---

2 http://www.mlit.go.jp/totikensangyo/const/sosei_const_tk3_000085.html

者に対し市営住宅からの明渡しを求めた事案において、裁判所は、「暴力団構成員という地位は、暴力団を脱退すればなくなるものであって……暴力団構成員であることに基づいて不利益に取り扱うことは許される」として、入居者が暴力団員であることを理由に排除することは不当な差別ではないとしている（広島市営住宅事件：広島高判平21・5・29LLI/DB判例秘書、最決平21・10・1 LLI/DB判例秘書。西宮市営住宅事件：前掲・最判平27・3・27も同旨）。

　したがって、純粋に暴力団員の居住用であったとしても、当該賃貸不動産から排除することは、裁判例上も許容されているのである。

　なお、上記3で紹介した不動産業界のモデル条項も、居住用か事業用かを問わず、反社会的勢力を相手方とする取引等をすべて解消すべき対象と捉えていることにも留意する必要がある。

5　事例の検討（暴力団員に対するアパート貸付けの可否・当否）

　以上を前提に考えると、本事例のように、暴力団員から不動産を借りたい旨の申し入れがあった場合には、たとえ対象の不動産が小さく、また、たとえそれが当該暴力団員が個人的に居住する目的であったとしても、不動産の規模や入居目的にかかわらず、毅然と断るべきである。

　いったん貸してしまうと、暴力団の拠点にされてしまうなど、本来とは異なる用法で使われてしまったり、場合によっては取り返しのつかない事態が発生してしまう可能性もあるため、反社会的勢力が賃貸借関係に入り込んでしまわないよう、契約の入口段階で排除することが極めて重要なのである。

　なお、暴力団員であると認識しつつ、あえて不動産を貸し付ける場合には、不当な利益供与になる場合があり、当該事業者は暴力団排除条例違反となり得ることにも十分留意する必要がある。

6　実際の現場での対応

　本事例のように、賃貸借契約を締結する前の段階であれば、賃貸人は、自己の不動産を貸し付ける相手（賃借人）を自由に選ぶことが許されるため（契約自由の原則）、申込者が暴力団員等の反社会的勢力であるか否か確証が

243

〔第2部〕 第2章 反社会的勢力とのトラブルとその対応

得られない場合であっても、疑問を感じた場合には、契約拒否をためらう必要はない。

また、不動産の賃貸借は、コンビニエンスストアでの日用品の売買などのようにその場で即決して契約が完了するようなものとは異なり、一定程度の時間をかけて審査し、審査によっては貸付けを受けられないことが当然に予定されている取引というべきであるから（このような取引であることは社会的にも認識されている）、不動産を借りたい旨の申し込みがあった場合には、即日に契約を締結するのではなく、本人確認資料等を提出させたうえで、必要な限りで、属性の調査や暴力団事務所の用に供するものでないことの確認を行うべきである。

そのうえで、仮に暴力団員であることや、その疑いが生じたような場合には、契約を締結しない判断をすべきであり、仮に暴力団員が個人やその家族と居住するために居住用不動産の賃借を申し込んできた場合であったとしても、何ら躊躇する必要などない。

申し込みを拒絶するにあたっては、「審査の結果」、「総合的に検討した結果」、「当社の審査基準に照らし」などとすれば足り、具体的な拒絶理由（暴力団員であること）を示す必要はない。また、無用なトラブルを避け、早期に関係を遮断するためにも、申込書類等は拒絶通知とあわせて返送するほうがよい。

なお、弁護士が代理人として介入する場合には、通知書を内容証明郵便で送ることが一般的ではあるが、内容証明郵便では相手方の無用な反発を招きかねず、また、他の書類を同封することができないことから、個人または企業の担当者から通知する場合には、まずは書留などで送るのが穏当であろう。

末尾に、不動産賃貸借契約の申込みを拒絶する際の通知書の一例（【書式30】）をあげておくので参考にされたい。

7 今後の課題

自らの住居での平穏・静謐な生活を願い、そのために暴力団員が近くに住んでほしくないと思うことは至極当然のものであり、上述のような不動産取引からの暴力団排除の流れは、そうした善良な国民の最低限の願いにかなう

ものである。

しかし、暴力団員やその家族にも生活の場としての住まいが必要である。「アパートを借りたければ暴力団を辞めればよいではないか」などという意見もあるが、暴力団に所属しているとしても暴力団員やその家族も人間であること、暴力団を辞めるのは容易ではないこと、また、辞めたとしても元暴力団員を排除する条項に抵触したり、辞めても抗争時に襲撃される可能性が残るなど、簡単に解決がつくとは思えない。住居の問題ではないが、生活保護の問題について厚生労働省の通知（「暴力団員に対する生活保護の適用について」平成18年3月30日付け社援保発第0330002号）では、急迫した状況（生存が危うい場合、その他社会通念上放置しがたいと認められる程度に情況が切迫している場合をいう）にある場合には、例外的に暴力団員に生活保護を支給することが容認されている。

住居の問題は、緊急の場合の生活保護とは異なり、長期にわたり、また、近隣住民に対する影響があるなど難しい点がある。本書では、残念ながらこの問題を解決する案を提示することができなかった。この問題は、安心・安全な住まいがほしいという当然の要求を満たしたうえで、暴力団員およびその家族であっても住まいが必要であるという要請から目をそらさずに解決を図ることが大切である。

●弁護士からのアドバイス●

　反社会的勢力を賃貸不動産に介入させないための予防策として、契約締結前に相手方の属性確認を行うとともに、事後的な契約解除に備えて、使用目的や入居者を限定するなどして契約条項を厳格化することや、暴力団排除条項を導入するなどしておくことで、暴力団関係者が賃借を断念する抑止効果も期待できる。

　また、契約後も、名義貸しではないか（自分では契約できない暴力団員が名義を借りて不動産を借りることもある）、粗暴な言動や迷惑行為をしたり不審な人物が頻繁に出入りしたりしていないかなどのチェックを怠らないようにし、契約後に入居者が暴力団員であることが判明した場合に

〔第2部〕 第2章 反社会的勢力とのトラブルとその対応

は、暴力団排除条項や用法遵守義務違反、信頼関係破壊の法理等を利用して、早期に当該暴力団員を排除する必要があるが、立ち退きを拒むなど暴力団員側から抵抗を受けることも想定されるため、早めに弁護士等の専門家に相談するとよいであろう。

【書式30】 契約申込みを拒絶する際の通知書例

ご 連 絡

冠省

　当社は、平成○○年○月○日付け賃貸借申込書にて、○○様より、以下の物件の賃貸借契約をお申し込みいただきました。

　（物件の表示）

　　　所在地

　　　名　称

　しかし、審査の結果、○○様によるお申し込みには応じかねることとなりましたので、その旨本書をもってご回答申し上げます。

　なお、○○様からご提出いただいた申込書類等を併せてご返送させていただきますのでご査収ください。

草々

　平成○○年○月○日

　〒○○○－○○○○

　東京都○○区○○○－○－○

　○　○　○　○　様

〒○○○－○○○○

東京都○○区○○○－○－○

○○不動産株式会社　　○○支店

支店長　○　○　○　○　㊞

（担当：○○）

4　日常生活における反社との付き合い方　②

【書式31】　不動産流通４団体のモデル暴排条項例（賃貸借契約）

（反社会的勢力の排除）

第Ｘ条　貸主（甲）及び借主（乙）は、それぞれ相手方に対し、次の各号の事項を確約する。

①　自らが、暴力団、暴力団関係企業、総会屋若しくはこれらに準ずる者又はその構成員（以下総称して「反社会的勢力」という）ではないこと。

②　自らの役員（業務を執行する社員、取締役、執行役又はこれらに準ずる者をいう）が反社会的勢力ではないこと。

③　反社会的勢力に自己の名義を利用させ、この契約を締結するものでないこと。

④　自ら又は第三者を利用して、次の行為をしないこと。

　　ア　相手方に対する脅迫的な言動又は暴力を用いる行為

　　イ　偽計又は威力を用いて相手方の業務を妨害し、又は信用を毀損する行為

（禁止又は制限される行為）

第Ｙ条　（１、２略）

３　乙は、本物件の使用に当たり、別表第１に掲げる行為を行ってはならない。

別表第１　（第Ｙ条第３項関係）

　　六　本物件を反社会的勢力の事務所その他の活動の拠点に供すること。

　　七　本物件又は本物件の周辺において、著しく粗野若しくは乱暴な言動を行い、又は威勢を示すことにより、付近の住民又は通行人に不安を覚えさせること。

　　八　本物件に反社会的勢力を居住させ、又は反復継続して反社会的勢力を出入りさせること。

（契約の解除）

第Ｚ条　（１、２略）

３　甲又は乙の一方について、次のいずれかに該当した場合には、その相手方は、何らの催告も要せずして、本契約を解除することができる。

　　一　第Ｘ条の確約に反する事実が判明したとき。

　　二　契約締結後に自ら又は役員が反社会的勢力に該当したとき。

４　甲は、乙が別表第１第六号から第八号に掲げる行為を行った場合は、何らの催告も要せずして、本契約を解除することができる。

247

〔第2部〕　第2章　反社会的勢力とのトラブルとその対応

【書式32】　不動産協会のモデル暴排条項例（賃貸借契約）

第Ｘ条　（反社会的勢力の排除）

　　借主（乙）は、貸主（甲）に対し、次の各号の事項を確約する。

(1)　自らまたは自らの役員（業務を執行する社員、取締役、執行役またはこ
　　れらに準ずる者をいう。）が、暴力団、暴力団関係企業、総会屋もしくは
　　これらに準ずる者またはその構成員（以下総称して「反社会的勢力」とい
　　う。）ではないこと。

(2)　反社会的勢力に自己の名義を利用させ、本契約の締結をするものではな
　　いこと。

(3)　自らまたは第三者を利用して、次の行為をしないこと。

　　ア　甲に対する脅迫的な言動または暴力を用いる行為。

　　イ　偽計または威力を用いて甲の業務を妨害し、または信用を毀損する行
　　　為。

第Ｙ条　（禁止又は制限される行為）

　　乙は、本物件の使用に当たり、次の各号に掲げる行為を行ってはならない。

(1)　本物件を反社会的勢力の事務所その他の活動の拠点に供すること。

(2)　本物件または本物件の周辺において、著しく粗野もしくは乱暴な言動を
　　行い、または威勢を示すことにより、甲、他の賃借人、付近の住民または
　　通行人に不安を覚えさせること。

(3)　本物件を反社会的勢力に占有させ、または本物件に反復継続して反社会
　　的勢力を出入りさせること。

第Ｚ条　（契約の解除）

　　乙について、次のいずれかに該当した場合には、甲は何らの催告もせずし
　　て、本契約を解除することができる。

(1)　第Ｘ条の確約に反する事実が判明したとき。

(2)　契約締結後に自らまたは役員が反社会的勢力に該当したとき。

2　甲は、乙が第Ｙ条に掲げる行為を行った場合は、何らの催告も要せずして、
　本契約を解除することができる。

248

【書式33】 公営住宅条例の暴排条項例（東京都営住宅条例）

（使用者の資格）
第6条　一般都営住宅を使用することのできる者（第5号に掲げる場合にあっ
　　ては、現に同居し、又は同居しようとする親族（婚姻の届出をしないが事実
　　上婚姻関係と同様の事情にある者その他婚姻の予約者を含む。以下この条に
　　おいて同じ。）を含む。）は、申込みをした日において、次に掲げる条件を具
　　備している者でなければならない。
（一～四　略）
　　五　暴力団員による不当な行為の防止等に関する法律（平成3年法律第77
　　　号）第2条第6号に規定する暴力団員（以下「暴力団員」という。）でな
　　　いこと。
（以下、略）

（同居の許可）
第19条　使用者は、入居の際の同居者以外の者を新たに同居させようとすると
　　きは、省令第11条に規定するところによるほか、規則で定めるところにより、
　　知事の許可を受けなければならない。
2　知事は、前項の新たに同居させようとする入居の際の同居者以外の者が暴
　　力団員であるときは、同項の許可をしてはならない。

（使用の承継）
第20条　使用者が死亡し、又は退去した場合において、その死亡時又は退去時
　　に当該使用者と同居していた者が引き続き居住することを希望するときは、
　　省令第12条に規定するところによるほか、規則で定めるところにより、知事
　　の許可を受けなければならない。
2　知事は、前項の引き続き居住することを希望する者（同居する者を含む。）
　　が暴力団員であるときは、同項の許可をしてはならない。

（明渡請求権）
第39条　知事は、次の各号のいずれかに該当する場合は、使用者に対し使用許
　　可を取り消し、住宅の明渡しを請求することができる。
（一～五　略）
　　六　暴力団員であることが判明したとき（同居する者が該当する場合を含
　　　む。）。
（七～十　略）
2　前項の規定により明渡しの請求を受けた者は、速やかに住宅を明け渡さな

〔第２部〕　第２章　反社会的勢力とのトラブルとその対応

ければならない。この場合、使用者は、損害賠償その他の請求をすることが
できない。

（以下、略）

5　反社によるさまざまなクレーム・要求とその対応　1

5　反社によるさまざまなクレーム・要求とその対応

1　従業員を解雇したことにかこつけた、解雇および残業代に関するクレームがあった場合どう対応するか

事例　先日、見知らぬ男性3名が、以前当社の従業員だったAとともに当社の店舗（スーパー）を訪れ、「以前御社で働いていたAくんが、一方的に解雇され、残業代も払ってもらえていないと泣きついてきたのだが、そのとおりなのか」などと質問されました。

Aは、たしかに以前当社の従業員として働いていましたが、無断欠勤が続き、解雇したという経緯がありました。残業代についても、Aが、仕事もせずに居残りをしていたため支払っておりませんでした。そのため、私は、解雇の事実と残業代の不払いについて説明しましたが、男性3名は、「お宅の会社は労働基準法を守らないということなんだな‼」などと言って、帰っていきました。

後日、「○○会」と書かれた街宣車が、当社の店舗の前に来て、「このスーパーは、労働基準法を守らず、労働者を泣かせても開き直っています！」などと大音量で叫び続けました。

また、「○○会」の男性3名とAは、今後、代表者である私の自宅周辺でビラを撒いたり、労働基準局や当社の主要取引先にも「説明」するために押しかけるなどと言ってきています。

非常に困っていますので、Aや男性らに、いくらか支払おうと考えているのですが、いかがでしょうか。

【ポイント】

1　不当要求者に金銭を支払ってはいけない。金銭を支払うと、その後も

〔第2部〕 第2章 反社会勢力的とのトラブルとその対応

　　繰り返し不当要求を受けることになる。

　2　街宣活動等に対しては、街宣禁止の仮処分（【書式34】）などの法的手
　　続や、刑事告訴等による刑事事件化で対抗する。

　3　主要取引先などの第三者への迷惑行為についても、当該会社の営業の
　　基盤を脅かすなどの特別の事情がある場合には、当該迷惑行為禁止の仮
　　処分が認められることがある。

解　説

1　不当要求への対応について

⑴　不当要求とは

「不当要求」とは、法律上の定義はないが、「脅迫、威圧的な言動、暴言、
けん騒その他の不穏当な言動等により、金銭の支払等を要求する行為」であ
る。

　要求行為の態様が社会通念上許容される限度を超えていれば、仮に要求者
に法的権利があったとしても、不当要求となる。

⑵　不当要求対応の流れ

　相手方からの要求行為（クレーム等も含む）に対しては、以下の流れで対
応するのが基本である。

　①　聞く（相手方が主張する事実関係、および要求内容を聞く）

　②　調べる（相手方が主張する事実関係を調べる）

　③　判定する（事実関係の有無、および要求に応じるか否かを判定する）

　④　伝える（③の判定した内容を相手方に伝える）

　そして、当該要求が不当要求である場合には、その後、

　⑤　繰り返す（④の伝えた内容を繰り返す）

　⑥　排除する（法的手段を用いて排除する）

という流れで対応していくこととなる。

　相手方の要求の内容をしっかり聞く前や、事実関係をしっかり調べる前に、
要求に応じるか否かを判定して回答することのないように気をつけるべきで
ある。

252

(3) 不当要求対応の基本姿勢

　不当要求対応は、まず、「毅然として断る」という姿勢が重要である。恐怖心や、面倒であるからなどということで、一度不当要求に応じてしまうと、相手方から、「不当要求に応じる会社・人」（「カモ」）であるとみなされ、繰り返し不当要求を受けることとなる。

　また、「不当要求に応じたこと」（＝暴力団等の反社会的勢力に資金を提供したこと）そのものを脅しのネタにされ、不当要求を受けることもある。そのため、「毅然として断る」という姿勢が重要である。

　また、「組織的に対応する」ということも重要である。

　他にも、不当要求に対しては、「相手方を説得したり、相手方に納得してもらうなどと考えない」ことも重要である。不当要求者は、納得などしない。毅然として断り、それを繰り返す、平行線でよいのである。

　他には、「法的手続を利用して解決する」という姿勢も重要である。

(4) 本事例が不当要求にあたるか否か

(A) 法的権利・義務がないこと

　本事例のAについては、無断欠勤が続いていたため、解雇したという経緯があったということなので、会社が、Aを継続して雇用する法的義務はないはずである。

　また、残業代についても、Aが、仕事もせずに居残りをしていたため支払っていなかったということなので（なお、「仕事をしていなかったこと」を立証できるかという問題はある）、残業代を支払う法的義務もない。

(B) 態様が社会通念上許容される限度を超えること

　また、仮に何らかの法的義務があったとしても、「○○会」および当該団体のメンバーと思われる男性3名は、会社の店舗の前で、街宣車により、大音量で、会社を糾弾するような街宣行為をし、その結果、客足が遠のき、従業員も困っているとのことである。

　このような行為は、仮に、会社に何らかの法的義務があったとしても、社会通念上許容される限度を超える行為である。従業員の地位や、残業代等の支払いを要求するのであれば、街宣をかけるのではなく、訴訟や労働審判などの法的手続を利用して請求すべきだからである。

〔第2部〕 第2章 反社会勢力的とのトラブルとその対応

そのため、本事例は不当要求にあたることとなる。

(5) 金銭を支払って解決を図ること

(A) 金銭を支払ってはいけないこと

本事例の会社は、Aや男性らに、いくらか金銭を支払おうと考えているとのことである。

しかし、ここで安易に金銭を支払うと、前述したように、「不当要求に応じる会社」(「カモ」)であるとみなされ、今後も不当要求を受けることになるだろう。

そのため、「金銭を支払って解決しよう」などと考えてはならない。

(B) 支払うべき残業代等がある場合

なお、もし、Aに対し、法的に支払うべき残業代等があるのであれば、その額（および遅延損害金）を、Aに対し支払うことは考えられる。

しかし、街宣をかけてくるような相手方であるから、安易に裁判外で支払うのではなく、裁判所に対し、「（支払うべきと考えられる額を超えて）債務は存在しない」旨確認することを求める債務不存在確認請求訴訟（【書式35】）を提起するなど、法的手続を利用して解決するのがよいと思われる。

2 街宣活動、主要取引先への押しかけ等への対応

(1) 街宣活動とは

街宣活動とは、街頭宣伝活動の略であり、道路や広場など、町なかで行う宣伝活動をいう。

不当要求対応においては、いわゆる「エセ右翼」（エセ右翼行為を行う団体）等が、不当要求の手段として、街宣車等を利用して行う街宣活動を指すことが多い。

本事例のように、個々の企業やその役員等に対し、個別の問題や理由等を掲げ、抗議等の形式をとり、企業の本社や個人の自宅の周辺等で街宣活動が行われるのが典型例となる。実際には不当要求の手段として行っているにもかかわらず、あたかも憲法によってその自由が保障される表現行為であるかのように装って行われることに特徴がある。

254

(2) 街宣活動への対応について

街宣活動への対応については、以下のとおり、民事上および刑事上の対応が考えられる。

(A) 街宣等禁止の仮処分

(a) 街宣禁止の仮処分とは

本事例のように、相手方の街宣活動によって被害が生じている場合、裁判所に対し、相手方を債務者として、街宣活動を禁止する旨の命令（仮処分決定）を発するよう求めることが考えられる。これを、「街宣禁止の仮処分」という。

なお、街宣活動のみならず、面談（面談強要禁止の仮処分）や、架電（電話をかけること、架電禁止の仮処分）等、相手方の違法行為に応じて、当該行為を禁止する旨の仮処分決定を求めることができる。

このような、「〜してはならない」という内容の仮処分を、「不作為の仮処分」という。

(b) 街宣禁止の仮処分を申し立てるために準備をしておくこと

街宣禁止の仮処分を適切かつ迅速に申し立てるためには、十分な法的知識および経験等が必要になるため、弁護士に依頼することをお勧めする。

ここでは、弁護士に依頼することを前提に、被害者本人が街宣禁止の仮処分を申し立てるために準備しておくべき事柄を中心に述べる。

まず、街宣活動を行っている相手方を特定する必要がある。そこで、相手方を特定するための資料を収集および確保しておくべきである。

相手方を特定するための資料としては、以下のようなものが考えられる。

- ・相手方の名刺
- ・街宣車の写真、動画（団体名、および車のナンバーが写っているもの）
- ・相手方の写真
- ・相手方が撒いたビラ
- ・相手方が掲載された政治団体名簿（総務省所管団体であれば、総務省のホームページで確認可能）

また、街宣活動を禁止する対象の場所を特定する必要がある。相手方が実際に街宣活動を行っている場所はもちろん、今後街宣活動を行ってくること

〔第2部〕 第2章 反社会勢力的とのトラブルとその対応

が予想される場所（他の支店や営業所、役員の自宅、主要取引先、監督官庁等）も禁止対象として裁判所に申し立てるべきである。

そこで、当該場所の地図や写真を準備しておくとよい。

裁判所に街宣禁止の仮処分決定を下してもらうためには、当該街宣活動で会社（や役員等の個人）の権利が侵害されていること、重大な被害が生じていること、および判決を待つまでもなく早急に仮処分決定によって街宣活動を禁止する必要性があること等を、裁判所に認めてもらう（法律用語でいう「疎明」）必要がある。

かかる事実を裏付ける資料としては、以下のようなものが考えられる。

・街宣活動を撮影した写真および動画

・街宣内容を録音した録音データ、および録音反訳書

・街宣活動の音量を計測した騒音測定器の記録

・街宣活動の時間・場所・内容等を記録した一覧表

・街宣活動によって受けている被害を記載した陳述書

なお、街宣禁止の仮処分決定を得るためには、原則として、裁判所が定める担保金（事案によって幅があるものの5万円〜10万円程度であることがある）を納める（法務局に供託する）必要がある（なお、例外的に担保金を納めなくてもよいとされることもまれにある）。

⒝　**刑事告訴等による刑事事件化**

本事例のように、相手方の街宣活動等によって被害が生じている場合、警察に相談することが考えられる。

街宣活動等の内容等によって、威力業務妨害罪（刑法234条）、名誉毀損罪（刑法230条1項）、信用毀損罪（刑法233条前段）、恐喝罪（刑法249条1項）、強要罪（刑法223条）等の犯罪が成立しうる。

そこで、警察に相談し、被害届（【書式36】）を提出したり、刑事告訴をして、刑事事件として立件してもらうことが考えられる。

街宣活動等によって被害が生じたら、なるべく早期に管轄の警察署に相談に行くことを勧める。なお、相談に行く際には、街宣活動や被害の状況がわかるように、⒜で述べたような資料を持参すべきである。

⒞　**損害賠償請求等の訴訟提起**

以上のほか、相手方の街宣活動等により経済的な損害が生じている場合には、（街宣活動等の差止め請求とともに）損害賠償請求訴訟を提起することが考えられる。

(3) 主要取引先への押しかけ等への対応

本事例のように、不当要求者が、主要取引先や監督官庁などの第三者に対し、押しかけるなどの迷惑行為を行い、第三者からの圧力により不当要求を実現しようとすることがある。

当該迷惑行為を排除するためには、本来、当該取引先や監督官庁が、自身の権利（人格権や業務遂行権など）が侵害されているとして、不作為の仮処分を申し立てるなどするのが原則である。

しかし、仮処分の申立て等については、時間・費用・労力等がかかるほか、不当要求者とのトラブルに巻き込まれることをおそれるなどして、第三者である取引先や監督官庁が動いてくれず、むしろ、当該迷惑行為がやむように、不当要求に応じるよう暗に求めてくることすらある。

このような場合、主要取引先など第三者への迷惑行為が、当該会社の営業の基盤を脅かすなどの特別の事情がある場合であり、当該会社の平穏に営業活動を行う権利を直接間接に侵害するおそれがあるとして、第三者への迷惑行為の禁止の仮処分を申し立てることが考えられる（東京高等裁判所平成15年(ラ)第1233号参照。藤川元「仮処分を利用した民暴対策——窮地を救う仮処分——」（佐長彰一先生喜寿・危機管理の法理と実務）276頁以下参照）。

街宣等禁止仮処分命令申立書の書式中にあるような主要取引先に対する迷惑行為に類似する迷惑行為が監督官庁にも行われるならば、監督官庁への迷惑行為の禁止も仮処分申立ての趣旨に含ませることができるであろう。

●弁護士からのアドバイス●

1 本事例では、「○○会」の男性3名が、街宣活動を含む不当要求行為を行っている。

このように、右翼団体を仮装するなどして、民事紛争に介入し、団体または個人に対し、義務なき行為を求めたり、不当な要求ないし違

〔第2部〕 第2章 反社会勢力的とのトラブルとその対応

法な行為をし、それにより直接的もしくは間接的に利益を得ようとする行為を、エセ右翼行為という。

2 エセ右翼行為は、直接型と間接型に分けることができる。

直接型とは、エセ右翼行為者が、自らを当事者として、対象者に対し、不当要求行為を行う場合である。賛助金や機関紙購読料を支払わせようとする行為などが典型例となる。

これに対し、間接型とは、ある者が、自己の利益を図るなどの目的のため、エセ右翼行為者に報酬を支払うなどして依頼し、エセ右翼行為者がこれを受任し、エセ右翼行為に及ぶ場合である。

本事例の「○○会」の行為は、この間接型にあたることになる。

【書式34】 街宣等禁止仮処分命令申立書

街宣等禁止仮処分命令申立書

平成○○年○月○日

○○地方裁判所　御中

債権者代理人
弁護士　　○　　○　　○　　○

当事者の表示　　別紙当事者目録記載のとおり（省略）

申 立 て の 趣 旨

債務者らは、自らまたは第三者をして、下記の行為をし、もしくはさせてはならない。

記

1　別紙物件目録記載の各建物の正面入口から半径1000メートル以内において、徘徊し、大声を張り上げ、街頭宣伝車による演説を行い、または音楽を流す等して債権者の業務を妨害し、またはその名誉および信用を毀損する一切の行為

258

5　反社によるさまざまなクレーム・要求とその対応　[1]

2　債権者役員および従業員に対し、債権者代理人弁護士を介することなく、
面会または架電等の方法で、直接交渉を要求する行為
3　別紙物件目録記載の各建物の正面入口から半径1000メートル以内において、
債権者または債権者代表取締役を誹謗中傷する内容のビラを配布し、債権者
または債権者代表取締役の業務または生活を妨害する一切の行為
4　債権者と債務者Aとの間の労働契約に関し、債権者の取引先であるP社に
対し、文書を差し出したり、架電したり、役員、従業員または職員に直接面
会を求めるなどの方法で、交渉を要求する行為
との仮処分命令を求める。

申　立　て　の　理　由

第1　被保全権利
1　債権者は、○○市に本店を置き、「スーパーマーケット○○」（以下、
「本件店舗」という）を経営するなど、食料品の小売販売等を目的とする
株式会社である。
債務者Aは、平成○○年○月から平成○○年○月まで、債権者の従業員
として本件店舗で働いていた者である。
債務者α、同β、および同γ（以下3名合わせて「債務者αら」とい
う）は、政治結社「○○会」の構成員を名乗る者である。
2　債務者αらおよび同Aは、平成○○年○月○日、本件店舗を訪問し、債
権者代表取締役に対し、「以前御社で働いていたAくんが、一方的に解雇
され、残業代も払ってもらえていないと泣きついてきたのだが、そのとお
りなのか」などと質問した。
Aは、平成○○年○月○日から同年○○月○日まで、無断欠勤が続いて
いたため、債権者は、Aを、同年○○月○日付で解雇していた。また、残
業代についても、Aが、一切仕事をせずに労働時間後も居残りをしていた
だけであり、残業代支払義務が生じていなかったため、支払っていなかっ
た。
そこで、債権者代表取締役は、債務者αらに対し、上記解雇および残業
代の不払いについて説明した。
これに対し、債務者αらは、債権者代表取締役に対し、「お宅の会社は
労働基準法を守らないということなんだな⁉」、「世間の人にも知ってもら
わないといけないな」などと高圧的に述べたうえで、本件店舗を立ち去っ
た。
その後、平成○○年○月○日午後○時○分ころから午後○時○分ころま
での約30分間、「○○会」と書かれた黒塗りの街頭宣伝車（車両番号○○

259

〇〇、以下、「本件街宣車」という）に乗った債務者αらが、本件店舗前において、拡声器を用いて、「このスーパーは、労働基準法を守らず、労働者を泣かせても開き直っています！」、「かわいそうに、Ａくんは、残業代も十分に払ってもらえず、このスーパーを解雇されてしまいました！」、「こんなことが許されるのでしょうか！」、などと大音量で叫び続けた。

そのため、本件店舗において買い物をしていた客が、債権者従業員に対し、「このスーパーは労働法を守っていないの？」などと質問したり、本件店舗において買い物しようとしていた客が、本件店舗に入らずに立ち去るなどしたため、同日の本件店舗の売上げが、通常の日に比べて、〇割以上減少してしまった。

また、本件店舗において働いていた債権者従業員も、うち１名が、上記街宣活動に恐怖心を抱いたことを理由として退職したほか、多くの従業員が、上記街宣活動によって本件店舗で働くことに恐怖心を抱くようになってしまった。

3　その後、債務者αらおよび同Ａは、平成〇〇年〇月〇日、本件店舗を訪れ、債権者代表取締役に対し、「御社はまだ労働基準法を守ろうと思わないのか？」、「もっと世間の人に知ってもらう必要がありそうだ」などと述べ、本件店舗前で再び街頭宣伝を行うことを匂わせた。

また、債務者αらおよび同Ａは、「御社の取引先Ｐ社や労基署にも知ってもらわないといけないな」、「Ｐ社や労基署に説明に行くしかないか」などと述べ、債権者の主要な取引先であるＰ社や、債権者の監督官庁である〇〇労働基準監督署に対し、債権者があたかもＡを不当に解雇したり、残業代を支払っていないなど、労働基準法に違反しているかのような虚偽の事実を告げる旨述べた。

なお、Ｐ社は、債権者が本件店舗の経営を開始した当初から約〇年もの長期間、債権者の商品の約〇割の仕入れ元として取引をしている主要な取引先である。

さらに、債務者αらおよび同Ａは、「社長の近所の方々にも知ってもらったほうがいいかもしれない」、「日曜日にビラを撒いて知ってもらったほうがいいかな」などと述べ、債権者代表取締役の自宅周辺で、あたかも債権者ないし債権者代表取締役が労働基準法に違反しているかのような虚偽の事実を記載したビラを撒く旨述べた。

4　その後、平成〇〇年〇月〇日午後〇時〇分ころから午後〇時〇分ころまでの約30分間、再び、本件街宣車に乗った債務者αらが、本件店舗前において、拡声器を用いて、「このスーパーは、労働基準法を守らず、労働者を泣かせても開き直っています！」、「かわいそうに、Ａくんは、残業代も十分に払ってもらえず、このスーパーを解雇されてしまいました！」、「こ

んなことが許されるのでしょうか！」、などと大音量で叫び続けた。

5　さらに、債務者αらおよび同Aは、平成○○年○月○日午後○時○分ころ、債権者の主要な取引先であるP社の本社事務所に押しかけ、同日午後○時○分ころまでの約30分間、同社の従業員及び役員に対し、「スーパー○○は、労働基準法を守らず、労働者を泣かせても開き直っている」、「Aは、残業代も十分に払ってもらえず、スーパー○○を解雇されてしまった」、「御社は労働基準法を守らないようなスーパー○○とこれからも取引を続けるつもりなのか」などと述べ続け、債権者があたかもAを不当に解雇したり、残業代を支払っていないなど、労働基準法に違反しているかのような虚偽の事実を告げた。

　　そして、債務者らから押しかけられ、かかる虚偽の事実を告げられたP社は、債権者に対し、「早く問題を解決するように強く要望する」、「このような事態が続くことは当社としても甚だ迷惑であり、これまでの継続的な取引における信頼関係に影響する。早く解決しないと何らかの処置をせざるを得ない」などと強く述べ、債権者が債務者らのP社に対する迷惑行為を止めないと、債権者との取引を解消することを示唆した。

6　以上のように、債権者は、債務者らの街宣活動により、本件店舗で買い物をしようとしていた客が本件店舗での買い物を避けて売上げが減少したり、恐怖した従業員が退職するなどして、業務を著しく妨害され、また営業上の名誉・信用も著しく毀損されている。

　　また、債務者らは、債務者らの要求に応じなければ、債権者の主要な取引先や監督官庁に押しかけたり、債権者代表取締役の自宅周辺等においてビラを撒くなどと述べており、そのような事態になれば、債権者はさらに業務を妨害され、営業上の名誉・信用を毀損され、債権者代表者も名誉・信用を毀損されることとなる。

　　そして、債務者らは、実際に、債権者の主要な取引先であるP社に対し、本社事務所に押しかけ、債権者があたかも労働基準法に違反しているかのような虚偽の事実を述べ続けるなどしたため、債権者は、P社から、債権者が債務者らのP社に対する迷惑行為を止めないと、P社との取引を解消することを示唆されるに至っている。P社は、債権者が本件店舗の経営を開始した当初から約○年もの長期間、債権者の商品の約○割の仕入れ元として取引をしている主要な取引先であり、債務者らの業務妨害行為により、P社との取引が解消されるなどしてしまうと、本件店舗を経営することができなくなり、債権者が倒産するおそれすらある。すなわち、債務者らのP社に対する迷惑行為は、債権者の平穏に営業活動を行う権利を直接、間接に侵害している。

　　以上より、債権者は、平穏に営業する権利ないし営業上の名誉権に基づ

〔第2部〕 第2章　反社会勢力的とのトラブルとその対応

き、債務者に対して、街宣活動等の差止請求権を有している。

第2　保全の必要性
1　債権者は、債権者代理人に依頼し、債務者らに対し、平成○○年○月○日、街宣活動の中止を求める通知書（内容証明郵便）を発送し、当該通知書は同月○日に債務者らに到達した。

それにもかかわらず、債務者らは、前述したように、平成○○年○月○日に、本件店舗前において2度目の街宣活動を行い、さらに、平成○年○月○日には、P社本社事務所に押しかけ、迷惑行為を行っており、悪質かつ執拗である。

2　そもそも、債権者は、Aが無断欠勤を続けたため、解雇したのであり、何ら不当な解雇ではない。また、残業代についても、Aが労働時間後に労働を一切提供せずに居残りをしていただけであったため残業代を支払わなかったのであり、残業代支払義務を負っていない。

それにもかかわらず、債務者らが、不当解雇であるとか、残業代が支払われていないなどと、本件店舗前において大音量で叫び続けることは、内容が事実無根であり、かつ、その態様も明らかに相当性を欠いており、表現の自由や政治活動の自由等で保障されている範疇を超えている。

3　債権者は、債務者らに対し、街宣活動等の差止めを請求する本案訴訟を準備中である。

しかし、本案訴訟において勝訴判決を得ても、その間債務者らによる街宣活動等が継続すれば、債権者に回復しがたい莫大な損害が生じることとなる。

よって、申立ての趣旨記載の仮処分命令の発令を求める次第である。

疎　明　方　法

甲1　登記事項証明書（債権者）
甲2　名刺（債務者ら）
甲3　政治団体名簿
甲4　写真撮影報告書（街宣活動、街宣車等）
甲5　録音データ（街宣活動）
甲6　録音反訳書（街宣活動）
甲7　住宅地図
甲8　登記事項証明書（P社）
甲9　陳述書（被害状況等）

5 反社によるさまざまなクレーム・要求とその対応 ①

添 付 書 類

1	甲号証（写）	各1通
2	証拠説明書	1通
3	資格証明書	1通
4	訴訟委任状	1通

以　上

【書式35】　債務不存在確認請求訴訟訴状（労働契約）

訴　　状

平成○○年○月○日

○○地方裁判所　御中

原告訴訟代理人

弁護士　　○　　○　　○　　○

当事者の表示　　別紙当事者目録記載のとおり（省略）

債務不存在確認請求事件
　　訴訟物の価額　　　金　○○万円
　　貼用印紙代　　　　金　○万円

請　求　の　趣　旨

1　原告と被告との間において、原告と被告との間の労働契約に基づく原告の
　被告に対する債務が存在しないことを確認する
2　訴訟費用は被告の負担とする
との判決を求める。

請　求　の　原　因

第1　当事者について
　1　原告は、○○市に本店を置き、「スーパーマーケット○○」（以下、「本
　　件店舗」という）を経営するなど、食料品の小売販売等を目的とする株式

263

〔第2部〕　第2章　反社会勢力的とのトラブルとその対応

　　会社である。
　2　被告は、平成○○年○月から平成○年○月まで、原告の従業員として本
　　件店舗で働いていた者である。

第2　原告と被告との間の労働契約の締結および終了について
　1　原告と被告は、平成○○年○月○日、下記の内容の労働契約（以下「本
　　件労働契約」という）を締結した。
　　　　　　　　　　　　　　　　記
　　　①　所定労働時間：1日8時間（午前9時〜午後6時、②の休憩時間除
　　　　く）
　　　②　休憩時間：1日1時間
　　　③　休日：週2日（毎週○曜日及び○曜日）
　　　④　基本給：月額○万円
　　　⑤　支払日：毎月末日締め翌月10日払い
　2　その後、被告は、平成○○年○月○日から同年○月○日まで、無断欠勤
　　を続けた。
　　　そのため、原告は、被告を、同年○月○日付で解雇し、本件労働契約は
　　終了した。

第3　被告が原告に対して残業代等の金銭の支払を請求していること
　　　被告は、原告に対し、本件労働契約に基づき残業代等の金銭の支払を請求
　　している。
　　　具体的には、以下のとおりである。
　1　被告は、政治結社「○○会」の構成員を名乗る訴外α、同β、および同
　　γ（以下3名合わせて「訴外αら」という）とともに、平成○○年○月○
　　日、本件店舗を訪問し、訴外αが、原告代表取締役に対し、「以前御社で
　　働いていた被告くんが、一方的に解雇され、残業代も払ってもらえていな
　　いと泣きついてきたのだが、そのとおりなのか」などと質問した。
　　　被告は、前述したように、平成○○年○月○日から同年○月○日まで、
　　無断欠勤が続いていたため、原告は、被告を、同年○月○日付で解雇して
　　いた。また、残業代についても、被告が、被告の上司にあたる原告従業員
　　が再三帰宅を促していたにもかかわらず、一切仕事をせずに労働時間後も
　　居残りをしていただけであり、残業代支払義務が生じていないと判断され
　　るため、支払っていなかった。
　　　そこで、原告代表取締役は、訴外αらに対し、上記解雇および残業代の
　　不払いについて説明した。
　　　これに対し、訴外αらは、原告代表取締役に対し、「お宅の会社は労働

5 反社によるさまざまなクレーム・要求とその対応 [1]

基準法を守らないということなんだな！？」、「世間の人にも知ってもらわ
ないといけないな」などと高圧的に述べたうえで、本件店舗を立ち去った。
2 その後、平成○○年○月○日午後○時○分ころから午後○時○分ころま
での約30分間、「○○会」と書かれた黒塗りの街頭宣伝車（車両番号○○
○○、以下「本件街宣車」という）に乗った訴外αらが、本件店舗前にお
いて、拡声器を用いて、「このスーパーは、労働基準法を守らず、労働者
を泣かせても開き直っています！」、「かわいそうに、被告くんは、残業代
も十分に払ってもらえず、このスーパーを解雇されてしまいました！」、
「こんなことが許されるのでしょうか！」、などと大音量で叫び続けた。
3 以上のように、被告は、訴外αらとともに、原告に対し、街宣活動など
という不当な手段まで用いて、残業代等の金銭の支払等を請求している。
しかし、原告は、被告に対し、残業代を含む本件労働契約に基づく金銭
支払債務を負っていない。

第4 よって、請求の趣旨記載のとおりの判決を求める。
なお、原告は、被告らが、その後も本件労働契約に関し街宣活動等の業
務妨害行為を行うなどしたため、○○地方裁判所に対し、被告らを債務者
とする、街宣等禁止仮処分を申し立て、平成○○年○月○日に、当該仮処
分命令が発令されている（○○地方裁判所平成○年（ヨ）第○○号）。

証　拠　方　法

証拠説明書記載のとおり（省略）

添　付　書　類

1	甲号証（写）	各1通
2	証拠説明書	2通
3	資格証明書	1通
4	訴訟委任状	1通

以　上

【書式36】 被害届例（威力業務妨害等）

被　害　届

平成○○年○月○日

265

〇〇警察署長　殿

　　　　　　　　　　届出人住居　　　〇〇市〇〇・・・
　　　　　　　　　　氏　　　名　　　〇　　〇　　〇　　〇
　　　　　　　　　　　　（電話　〇〇－〇〇〇〇－〇〇〇〇）

　次のとおり威力業務妨害等の被害がありましたからお届けします。

第1　被害者の住居、職業、氏名、年齢
　　　〇〇市・・・

第2　被害の年月日時
　　　平成〇〇年〇月〇日から同年〇月〇日

第3　被害の場所
　　　〇〇市〇〇・・・所在の「スーパーマーケット〇〇」付近

第4　被害の模様
　　　平成〇〇年〇月〇日午後〇時〇分ころから午後〇時〇分ころまでの約30分間、「〇〇会」と書かれた黒塗りの街頭宣伝車（車両番号〇〇〇〇、以下「本件街宣車」という）に乗ったα、β、およびγ（以下3名合わせて「αら」という）が、本件店舗前において、拡声器を用いて、「このスーパーは、労働基準法を守らず、労働者を泣かせても開き直っています！」、「かわいそうに、Aくんは、残業代も十分に払ってもらえず、このスーパーを解雇されてしまいました！」、「こんなことが許されるのでしょうか！」、などと大音量で叫び続けた。
　　　また、その後、被害者代理人弁護士が、αらに対し、上記のような街宣活動の中止を求める通知書（内容証明郵便）を送付したにもかかわらず、平成〇〇年〇月〇日午後〇時〇分ころから午後〇時〇分ころまでの約30分間、再び、本件街宣車に乗ったαらが、本件店舗前において、拡声器を用いて、「このスーパーは、労働基準法を守らず、労働者を泣かせても開き直っています！」、「かわいそうに、Aくんは、残業代も十分に払ってもらえず、このスーパーを解雇されてしまいました！」、「こんなことが許されるのでしょうか！」、などと大音量で叫び続けた。
　　　以上のようなαらの行為により、本件店舗において買い物しようとしていた客が、本件店舗に入らずに立ち去るなどしたため、同日の本件店舗の売上げが、通常の日に比べて、〇割以上減少してしまった。
　　　また、本件店舗において働いていた被害者従業員も、うち1名が、上記

街宣活動に恐怖心を抱いたことを理由として退職したほか、多くの従業員が、上記街宣活動によって本件店舗で働くことに恐怖心を抱くようになってしまった。

第5 被害金品
売上の減少（○○円）

第6 犯人の住居、氏名または通称、人相、着衣、特徴等
政治結社「○○会」の構成員を名乗る α 、 β 、および γ ……

第7 遺留品その他参考となるべき事項

〔第2部〕 第2章 反社会勢力的とのトラブルとその対応

2 従業員に対する借金の取立てのため来訪された場合どう対応するか

事例　先日、突然当社に、いかつい人相の男が来訪し、「おたくのところのAに金を貸している者だ」、「Aを出せ」などと言われました。Aは当社の従業員ですが、ちょうどその日は地方に出張しておりましたので、その旨お伝えし、お引き取りいただきました。

　Aに話を聞いたところ、Aは、いわゆるヤミ金からお金を借りてしまい、返済できていないとのことでした。先日の男は、また当社に来訪するとのことですが、どうしたらよいのでしょうか。

　なお、当社の事務所は小さく、来訪者が入り口ドアを開けると、執務スペースが見えるため、Aが事務所にいた場合、居留守を使うことなどはできません。

【ポイント】

1　会社の業務に関係がない来訪者について、会社として対応する必要はなく、退去を求めることもできる。

2　来訪や連絡によって、会社の業務に支障が生じるような場合には、業務妨害行為として、民事的責任および刑事的責任が生じうる。

3　いわゆるヤミ金から借りた金銭については、返済する法的義務がない場合もあるので、借入金額および利息等をよく検討すべきである。

解説

1　会社の業務に関係がない来訪者への対応

　会社の事務所は、当然のことながら、会社の業務を行うために設けられている。そのため、会社の業務に関係がない来訪者に対して、会社として対応する必要はない。

　もちろん、面識がない来訪者については、用件（来訪目的）を聞くまでは、会社の業務に関係があるかどうかわからないのであるから、「お客様」とし

268

5 反社によるさまざまなクレーム・要求とその対応 ②

て対応することになる。しかし、来訪目的を聞き、それが会社の業務に関係がないことが明らかになれば、会社としては、対応できない旨回答し、退去を求めることができることになる。

もちろん、経営者の判断で、従業員に取り次ぐことは一向に構わない。

しかし、それはあくまで経営者の判断でできるということであって、取り次がなければならないという法的義務はない。業務時間中は、労働者（従業員）には、使用者（経営者）に対し、労働を提供する法的義務があり、使用者には、労働者に対し、労働に服させる権利があるためである（労働契約法6条参照）。

本事例でも、今後、再び、従業員Aの債権者と名乗る者が、事務所に来訪してきたとしても、Aに取り次ぐ必要はない。債権者に、Aが執務している姿を見られ、出すように要求されたとしても、会社としては、業務時間中は、Aに労働させる権利があり、Aには会社に労働を提供する義務があるのであるから、債権者には対応できない旨回答し、そのままAに労働させることができる。

2 債権者が退去しない場合等の対応

(1) 事務所から退去しない場合

会社が対応できない旨回答し、退去するよう求めても従業員の債権者が帰ろうとしない場合、債権者の行為態様によっては、不退去罪（刑法130条後段）や威力業務妨害罪（刑法234条）等の犯罪が成立することもある。

会社としては、債権者が帰ろうとせず、対応に困った場合、まず、「当社の業務には関係のないご用件であり、対応できませんので、お帰りください」等と明確に退去を求めるべきである。

それでも退去しない場合には、「お帰りいただけないと不退去罪に該当することになり、警察に通報させていただきます。お帰りください」等と再度退去を求め、それでも退去しない場合には、「最後の警告です。お帰りください」等と3回目の退去を求める。

それでも退去しない場合には、不退去罪が成立したとして、躊躇なく110番通報をすべきである。

269

〔第2部〕 第2章 反社会勢力的とのトラブルとその対応

以上のように、警察に通報することを見越して、退去を求める際には、録音や録画をしておくことが望ましい。

(2) 事務所からは退去したものの近くで待ち伏せしている場合

これに対し、従業員の債権者が、事務所からは退去したものの、事務所ビルの前の公道などで従業員が業務時間後に帰宅しようとするのを待ち伏せしているような場合、どうすべきか。

業務時間外であるから、会社が従業員に労働に服させる権利も、従業員が労働を提供する義務も生じない（従業員個人のプライベートな時間となる）。また、公道であるから、会社に退去を求める権利もない。

そのため、債権者の待ち伏せ行為が、会社の業務を具体的に妨害するなどの例外的な場合でない限り、会社としては、法的に対応することは難しいことになる（もちろん、法的対応ではなく、事実上、従業員を守ったりかばったりすることはできる）。

これに対し、従業員個人としては、身体や財産等に対する危険を感じるのであれば、110番通報して事情を説明し、事実上債権者から身を守ることが考えられる。

なお、貸金業を営む者等が、正当な理由がないのに、債務者等の勤務先その他の居宅以外の場所を訪問することは、貸金業法21条1項で定められている違法な取立ての1つにあたり（同条項3号）、2年以下の懲役もしくは300万円以下の罰金に処せられるおそれがある（同法47条の3第1項3号）。そのため、従業員としては、110番通報する際、かかる点を強調するとよいだろう。

(3) 債権者が頻繁に電話をかけてくる等の場合

従業員の債権者が、会社の事務所に来訪しないものの、業務時間中に、頻繁に電話をかけてきたり、大量のFAXを送りつけてきたりするために、会社の業務に支障が生じる場合、会社に対する威力業務妨害罪（刑法234条）が成立しうる。

そのため、会社としては、証拠（電話録音、記録、FAX書面等）を確保したうえで、警察に相談することが考えられる。

また、民事上の手続として、架電禁止（電話をかけてくることを禁止する）

やFAX送信禁止等の仮処分（民事保全手続）（【書式37】）を申し立てたり、経済的な損害が生じているのであれば、損害賠償を請求することなども考えられる。

3　ヤミ金への対応

(1)　ヤミ金とは

本事例で、従業員Aは、ヤミ金から金銭を借りているとのことである。

いわゆるヤミ金（闇金融業者、ヤミ金融業者）とは、一般的に、貸金業法上の登録を行っていない貸金業者をいう（なお、広義には、貸金業法上の登録を行っている貸金業者が違法な高金利で貸付けを行う場合も含む）。

(2)　ヤミ金への対応

ヤミ金は、一般的に、利息制限法はおろか、貸金業法42条1項で定められた年109.5パーセントを超える超高利で貸付を行う。そのような年109.5パーセントを超える割合による利息で貸金業者が金銭を貸し付けた場合、同項により、契約（金銭消費貸借契約）自体が無効となる（以下では、ヤミ金から年109.5パーセントを超える割合による利息で借り入れたことを前提とする）。

そのため、ヤミ金から借りた金銭については、返済する契約上の義務がない。また、利息のみならず、受け取った元金についても、不当利得として返還する必要もない（最三小判平20・6・10民集62巻6号1488頁）。むしろ、ヤミ金に返済した金銭については、ヤミ金側の不当利得であるとして、返還請求することができるとされている。

そのため、ヤミ金から取立てを受けても、法的には、応じる必要がないのである。

●弁護士からのアドバイス●

1　以上のように、会社としては、従業員の債権者と名乗る者が事務所に来訪しても、会社の業務に関係がない来訪であり、対応する必要はなく、退去を求めることができる。

　会社の業務に支障が生じるようであれば、毅然とした態度で、債権

〔第2部〕 第2章 反社会勢力的とのトラブルとその対応

者の来訪や架電等を排除していくこととなる。

2　もっとも、従業員の借金問題が、会社の業務に直接関係ない個人的な問題といっても、従業員が借金に苦しんでいれば、日頃の仕事の質にも悪影響が出てしまうものと思われる。

　仮に、仕事の質に悪影響が出ていなくても、会社の従業員が個人的な問題で苦しんでいることが明らかであれば、（当該従業員が拒まない限り）経営者としては、従業員の個人的な問題が少しでも解消できるよう、助言等することも考えられる。

3　本事例のように、ヤミ金にまで借金をしてしまっているというのは、正規の消費者金融から借金ができなくなっていると推認できるため、相当深刻な状況である。一般的には、当該従業員の資産および収入からして、借金を返済することが不可能な状況（破産法上の「支払不能」の状態）に陥っている。

　そこで、経営者としては、当該従業員に対し、「弁護士に相談してみたらどうか」等と助言するのがよいように思われる。

【書式37】　架電等禁止仮処分命令申立書

架電等禁止仮処分命令申立書

平成○○年○月○日

○○地方裁判所　御中

債権者代理人
弁護士　　○　　○　　○　　○

当事者の表示　　別紙当事者目録記載のとおり（省略）

申　立　て　の　趣　旨

債務者は、自らまたは第三者をして、下記の行為をし、もしくはさせてはならない。

272

記

　債権者に対し、架電またはファクシミリ送信すること
との仮処分命令を求める。

申　立　て　の　理　由

第1　被保全権利
　1　債権者は、○○市に本店事務所（以下「本件事務所」という）を置き、
　　○○を目的とする株式会社である。
　　　申立外Aは、債権者の従業員として、本件事務所にて働いている。
　　　債務者は、いわゆる「ヤミ金業者」（貸金業法上の登録を行っていない
　　貸金業者）である。
　2　債務者は、平成○○年○月○日、突然、本件事務所を訪問し、債権者従
　　業員および同代表取締役に対し、「おたくのところのAに金を貸している
　　者だ」、「Aを出せ」などと述べ、申立外Aを連れてくるよう強く要求した。
　　　Aが、地方に出張していたため、その旨説明したところ、債務者は、
　　「また連絡する」、「Aと連絡が取れるまでおたくに連絡し続けることにな
　　る」などと言って帰っていった。
　3　その後、債務者は、別紙「架電目録」（省略）記載のとおり、同月○日
　　から同年○月○日までの間、○○回にわたり、本件事務所に設置された固
　　定電話（0○－○○○○－○○○○）に架電し、対応した債権者従業員や
　　役員に対し、「Aを出せ」、「いつまでかばう気だ」などと、申立外Aを債
　　務者の電話に応対させるよう要求することを繰り返している。
　　　また、債務者は、別紙「ファクシミリ目録」（省略）記載のとおり、同
　　月○日から同年○月○日までの間、○○回にわたり、「Aを出せ」、「Aは
　　いつまで逃げ回るつもりだ」などと記載した書面を、本件事務所に設置さ
　　れたファクシミリ受信機（0○－○○○○－○○○○）にファクシミリ送
　　信することを繰り返している。
　4　債務者と申立外Aとの間の金銭消費貸借契約に関しては、同人らの間の
　　法律関係であり、債権者の業務には関係がない事柄である。そのため、債
　　権者には、かかる金銭消費貸借契約に関する債務者からの問い合わせ等に
　　対して応じる義務はない。
　　　そのように、債権者従業員や役員らが、繰り返し説明しているにもかか
　　わらず、債務者は、債権者宛に、上記のような架電やファクシミリ送信を
　　繰り返している。
　　　債権者の従業員や役員らは、債務者の上記架電やファクシミリ送信に連
　　日対応させられている。また、債権者は、債権者の取引先などからの電話

〔第2部〕 第2章 反社会勢力的とのトラブルとその対応

やファクシミリの受信に支障が生じている。

  5 以上より、上記債務者の架電やファクシミリ送信は、債権者の業務遂行権（人格権に基づき平穏に営業を行う権利）を侵害するものである。

第2 保全の必要性

  1 債権者は、債務者に対し、平成○○年○月○日、上記架電およびファクシミリ送信をやめるよう書面により警告を発した。

    しかし、債務者は改めず、同日以降も連日架電およびファクシミリ送信し続けており、債権者の業務の遂行は現在も害されている。

  2 債権者は、債務者に対し、侵害行為の差止めおよび損害賠償を請求する本案訴訟を提起すべく準備中である。

    しかし、本案判決を得るまで債務者の上記行為が継続しては、債権者に回復しがたい莫大な損害が生じることとなる。

    よって、申立ての趣旨記載の仮処分命令の発令を求める次第である。

疎 明 方 法

1 経過説明書
2 着信履歴
3 応対記録
4 通話録音データ
5 債務者から送信されたファクシミリ書面
6 警告書
7 ・・・・

添 付 書 類

1 甲号証（写）   各1通
2 証拠説明書   1通
3 資格証明書   1通
4 訴訟委任状   1通

以 上

5 反社によるさまざまなクレーム・要求とその対応 3

3 クラブのママとの不倫関係を会社や家族等にバラすなどと威迫されている場合、どう対応するか

事例 私は、当社の役員を務めておりますが、実は、クラブの ママと、2年ほど前から、いわゆる不倫関係にあります。 先日、私宛に1通の封書が届き、「クラブのママと不倫していることを 知っている」、「会社や家族、マスコミに知られてもよいのか」などと記 載されていました。

　びっくりして、記載されていた携帯電話番号に電話をかけたところ、 ドスのきいた男性の声で、「会社や家族に知られたらまずいのではない か」、「マスコミも、この件を知ったら大騒ぎするのではないか」、「秘密 にしておきたいところだが、それには色々と費用がかかる」などと言わ れ、暗に金銭の支払いを求められました。

　会社や家族、マスコミなどに知られたら困りますので、いくらか支払 おうと考えているのですが、いかがでしょうか。

【ポイント】
1　自らに落ち度がある場合であっても、不当要求に応じてはいけない。 応じてしまうと、その後繰り返し不当要求を受けることとなる。
2　落ち度を「弱み」ではなくする。そのために、可能な限り、自分から 会社や家族等に話し、謝罪する。難しければ、まずは親しい知人等に相 談する。1人で抱え込まないことが肝要である。
3　場合によっては、弁護士に相談し、不当要求に法的に対応していく。

解　説　### 1　自らに落ち度がある場合の不当要求

　本事例のように、自らに落ち度がある場合に、当該落ち 度に付け込んで、不当要求がなされるケースは少なくない。そのような場合、 不当要求を受けた者は、当該落ち度を、会社や家族、世間等に知られること

275

〔第2部〕 第2章 反社会勢力的とのトラブルとその対応

をおそれ、不当要求に応じて、金銭を支払ってしまおうと考えてしまいがちである。

なお、相手方が、「これで終わりにしてやる」、「これっきりだから」などと言っていたとしても、言葉どおり終わりになることはない。当該相手方や相手方と通じた別の反社等から、何かと理由をつけて、不当要求が行われることになる。

そのため、自らに落ち度があっても、不当要求に応じるべきではない。

2　自らに落ち度がある場合の不当要求への対応

(1)　毅然として断ること

前述したように、自らに落ち度があるからといって、安易に不当要求に応じてしまうと、「不当要求に応じる会社・人物」（「カモ」）であるとみなされ、その後も不当要求を受けることになる。

そのため、「金銭を支払って解決しよう」などと考えるべきではない。

自らに落ち度があっても、「毅然として断る」という姿勢が重要である。

(2)　落ち度を「弱み」ではなくすること

それでは、「毅然として断る」ためには、どうすればよいか。

そもそも、不当要求者は、「弱み」を握っていると考えているからこそ、不当要求に及んでくるのである。そこで、落ち度を「弱み」ではなくすることになる。

本事例の場合、「不倫をしていること（自らの落ち度）を、会社や家族等にバラされてしまう」という恐怖心が「弱み」になっている。かかる落ち度を「弱み」ではないようにするためには、自らの落ち度を、自分から会社や家族に話し、謝罪すべきということになる。自分から会社や家族に話してしまえば、不当要求者からバラされることは「弱み」ではなくなるからである。

(3)　自分1人で抱え込まないこと

そうは言っても、なかなか自分1人で率先して謝罪することは難しいかもしれない。そのような場合、まずは、信頼できる知人や仲間、場合によっては弁護士などの第三者に相談するのがよいであろう。

重要なのは、「自分1人で抱え込まない」ことである。抱え込んでしまう

276

と、落ち度が「弱み」になり、不当要求に応じ、そのままずるずると不当要求が続くことになってしまう。

抱え込まず、誰かに相談し、落ち度を「弱み」ではないようにして、不当要求を拒絶していくべきである。

なお、そもそも、自分では「弱み」だと思っていた落ち度が、実は「弱み」ではないこともあるかもしれない。たとえば、本事例のように不倫をしていたことを、実は妻が知っており、不倫をしていたことを謝罪することで、「正直に話してくれたから許す」というように、夫婦関係が改善されることもあるかもしれない。

1人で抱え込まないことが重要である。

3　その他の対応

(1)　恐喝への牽制

「秘密を話されたくなかったら金銭を支払え」などと言う行為は、恐喝罪（刑法249条1項）の恐喝（脅迫）行為に該当する。

そこで、前述した「落ち度を弱みでないようにする対応」をしたうえで、不当要求者と話し、「不倫をしていることを会社や家族に話されたくなかったらお金を払えということですか」とか、「お金を払わなければ、不倫をしていることを会社や家族に話すということですか」などと言って、牽制してみてもよい。

ただ、あまり刺激や挑発をしてしまうと、「メンツを潰された」として、危害を加えられるおそれもあるため、気をつけるべきである。

(2)　法的対応

相手方の不当要求行為が止まないようであれば、弁護士に相談するのがよいだろう。弁護士を代理人として、刑事的な対応（警察に相談し、恐喝罪等で立件してもらう）、および民事的な対応（架電禁止等の不作為の仮処分を申し立てるなど）を行うことになろう。

〔第2部〕 第2章 反社会勢力的とのトラブルとその対応

●弁護士からのアドバイス●

1 　以上のように、自らの落ち度がある場合には、自分から会社や家族
等に話し、謝罪するなどして、落ち度を「弱み」でなくすることが、
不当要求を拒絶するためには必要である。

　もっとも、「言うは易し、行うは難し」である。

　そこで、まずは、親しい知人や友人に打ち明けるのがよいと思われ
る。

　1人で抱え込まないことが、何より肝要である。

2 　してしまったことは仕方がない。過去は変えられない。変えられる
のは未来だけである。

　「ピンチはチャンス」ではないが、本文に記載したように、もしか
したら夫婦関係が改善されるチャンスなどということすらあるかもし
れない。

　勇気を出して、打ち明けるようにしたい。

5 反社によるさまざまなクレーム・要求とその対応 ④

④ 共同経営者が反社に助力を求め、反社を従業員として採用しようとしているがどう対応すべきか

> **事 例**　当社は、私が社長、私の弟が副社長として、協力して経営をしてきました。
>
> しかし、最近、私と弟との間でいさかいが生じ、当社の経営について争うようになってしまいました。そして、弟は、あろうことか、反社会的勢力に助力を求めようとしており、反社会的勢力に該当するある男を、当社の従業員として採用しようとしているようです。
>
> どうすればよいでしょうか。

【ポイント】

1　会社の役員が反社を利用しようとしている場合、法的手段を用いて事前に止めるべきであり、もし利用してしまった場合には、当該事実を隠そうとしてはならない。

2　反社が従業員として入社してしまった場合、容易ではないが、可能な限り速やかに辞めさせるようにする。

3　そもそも、本事例の弟の立場に立っても、反社を利用しようなどと考えてはならない。反社を利用した場合、法的・社会的な制裁を受けるリスクがあるだけでなく、当該反社から不当要求を受けることになる。

解 説　**1　反社を利用しようとすること**

　　本事例では、副社長である社長の弟が、経営権争いのために、反社会的勢力、いわゆる反社に助力を求めようとしているとのことである。いかなる理由があったとしても、企業の役員が（一般の個人もだが）、反社を利用しようなどとしてはならない。

　言うまでもないが、もし、利用した反社が、何らかの犯罪行為に及んだ場合、自らも共犯になりかねない。

279

〔第2部〕 第2章 反社会勢力的とのトラブルとその対応

また、現在のわが国では、「企業が反社会的勢力による被害を防止するための指針」（政府指針）等により、反社との一切の関係遮断が求められ、暴力団排除条例において、利益供与はもちろん、利用行為自体が、法的に違法とされている自治体も少なくない。仮に、反社を利用することが、法的には違法にならなかったとしても、反社を利用したことが世間に知られると、会社の信用や評判に大打撃となる。

そして、何より、反社を「利用」しているつもりになっていても、後日、その反社から、「利用したこと」自体をネタに、不当要求を受けることとなるだろう。

以上より、いかなる理由があったとしても、反社を利用しようとすることなど言語道断である。

2 副社長への対応

(1) 事前対応

本事例では、副社長である社長の弟が、反社を利用しようとしているとのことである。社長としては、社長個人のためではなく、会社の将来のために、そのような行為を事前に止めるべきである。

まずは副社長を説得することになるだろうが、説得に応じない場合、取締役会を開催して話し合い、副社長が代表権を有しているのであれば解職して代表権を失わせたり、株主総会を開催して取締役から解任したりすることが考えられる。

また、取締役の行為の差止め（会社法360条1項）等も考えられる。

いずれにしても、可能な限り、副社長の行為を事前に止めるようにすべきである。

(2) 事後対応

もし、事前に止めることができなかった場合、反社への対応をしていくことになるが、「世間に隠すようにする」ことだけは避けるべきである。

隠そうとすると、それが「弱み」となり、不当要求のネタにされるからである。

5 反社によるさまざまなクレーム・要求とその対応 ④

3 反社に該当する男性への対応

(1) 事前対応について

まず、反社に該当する男性が、まだ従業員として入社（労働契約締結）していないのであれば、契約締結の自由（採用の自由）の原則から、入社させない（労働契約を締結しない）こととなる。

理由を明示する必要はない。むしろ、理由を示すと色々と難癖をつけてくるおそれがあるため、明示しないほうがよいだろう。

(2) 事後対応

これに対し、反社に該当する男性が、従業員として入社（労働契約締結）してしまった場合には、いかにして辞めさせるかということになる。

(A) 自主退職を促すこと

まず、自主退職を促し、応じられればそれがよい。もっとも、退職金等の金銭の支払いを要求してきた場合には、過剰に（他の従業員よりも多く）支払うことがないようにすべきである。

なお、過剰な退職金等の支払いを要求してきた場合には、当該過剰要求行為を解雇理由の1つとして、解雇することも考えられる。

(B) 解雇すること

反社に該当する男が、自主退職しなかった場合は、解雇ができないか、検討することとなる。

労働者は、労働法によってその地位が保護されており、使用者が労働者を解雇する際、「客観的に合理的な理由を欠き、社会通念上相当であると認められない場合」には、解雇が無効となってしまう（労働契約法16条、解雇権濫用法理）。

(a) 暴力団員である場合

男性が、「反社」の中でも、暴力団員であるならば、その他の属性（密接交際者など）よりも、解雇が有効とされやすいであろう。

(b) その他（密接交際者など）の場合

これに対し、密接交際者などの場合には、その属性だけでは、有効な解雇にはならないといわざるを得ない。

281

〔第2部〕 第2章 反社会勢力的とのトラブルとその対応

　そのため、本事例のような場合では、有効な解雇と認められるように、入社の経緯（あえて社長に関与させずに副社長が勝手に入社させたなど）や目的（社長を陥れたり、脅すなどして、経営権争いを副社長に有利にするためなど）、入社後の勤務状況、暴力団との関わり方などの諸事情を、これらを裏付ける証拠とともに、把握する必要があると思われる。

　(C)　入社（労働契約締結）の無効を主張すること

　なお、副社長が代表権を有していないのであれば、代表権を有していない取締役が代表取締役である社長に無断で入社させたものとして、労働契約が無効である旨主張することも考えられる。

　もっとも、相手方の反社から、「副社長に代表権がないことを知らなかった」などと反論されると、いわゆる表見代表取締役の制度（会社法354条）により、無効と認められないおそれがある。

●弁護士からのアドバイス●

1　本稿では、紙幅の関係もあり、「反社に該当する男性」について、該当することが明らかであることを前提に記述したが、実際には、反社に該当するか否かを明らかにすることは容易ではない。

　　反社に該当するか否かの属性調査の手法については、本章1①に記述しているので、参照されたい。

2　なお、本事例のように、反社に該当する者が入社してしまったときに備え、有効に解雇するために、就業規則に暴排条項を盛り込んだり、採用の際に表明確約書を差し入れさせたりするとよいだろう。

【資料1】　暴力団員による不当な行為の防止等に関する法律（抄）

第3部　関連資料編

【資料1】　暴力団員による不当な行為の防止等に関する法律（抄）

（平成3年法律第77号）

第1章　総則

（目的）

第1条　この法律は、暴力団員の行う暴力的要求行為等について必要な規制を行い、及び暴力団の対立抗争等による市民生活に対する危険を防止するために必要な措置を講ずるとともに、暴力団員の活動による被害の予防等に資するための民間の公益的団体の活動を促進する措置等を講ずることにより、市民生活の安全と平穏の確保を図り、もって国民の自由と権利を保護することを目的とする。

（定義）

第2条　この法律において、次の各号に掲げる用語の意義は、それぞれ当該各号に定めるところによる。

一　暴力的不法行為等　別表に掲げる罪のうち国家公安委員会規則で定めるものに当たる違法な行為をいう。

二　暴力団　その団体の構成員（その団体の構成団体の構成員を含む。）が集団的に又は常習的に暴力的不法行為等を行うことを助長するおそれがある団体をいう。

三　指定暴力団　次条の規定により指定された暴力団をいう。

四　指定暴力団連合　第4条の規定により指定された暴力団をいう。

五　指定暴力団等　指定暴力団又は指定暴力団連合をいう。

六　暴力団員　暴力団の構成員をいう。

七　暴力的要求行為　第9条の規定に違反する行為をいう。

八　準暴力的要求行為　一の指定暴力団等の暴力団員以外の者が当該指定暴力団等又はその第9条に規定する系列上位指定暴力団等の威力を示して同条各号に掲げる行為をすることをいう。

（指定）

第3条　都道府県公安委員会（以下「公安委員会」という。）は、暴力団が次の各号のいずれにも該当すると認めるときは、当該暴力団を、その暴力団員が集団的に又は常習的に暴力的不法行為等を行うことを助長するおそれが大きい暴力団として指定するものとする。

一　名目上の目的のいかんを問わず、当該暴力団の暴力団員が当該暴力団の威力を利用して生計の維持、財産の形成又は事業の遂行のための資金を得ることができるようにするため、当該暴力団の威力をその暴力団員に利用させ、又は当該暴力団の威力をその暴力団員が利用することを容認することを実質上の目的とするものと認められること。

二　国家公安委員会規則で定めるところにより算定した当該暴力団の幹部（主要な暴力

283

団員として国家公安委員会規則で定める要件に該当する者をいう。）である暴力団員の人数のうちに占める犯罪経歴保有者（次のいずれかに該当する者をいう。以下この条において同じ。）の人数の比率又は当該暴力団の全暴力団員の人数のうちに占める犯罪経歴保有者の人数の比率が、暴力団以外の集団一般におけるその集団の人数のうちに占める犯罪経歴保有者の人数の比率を超えることが確実であるものとして政令で定める集団の人数の区分ごとに政令で定める比率（当該区分ごとに国民の中から任意に抽出したそれぞれの人数の集団において、その集団の人数のうちに占める犯罪経歴保有者の人数の比率が当該政令で定める比率以上となる確率が10万分の1以下となるものに限る。）を超えるものであること。

 イ 暴力的不法行為等又は第8章（第50条（第2号に係る部分に限る。）及び第52条を除く。以下この条及び第12条の5第2項第2号において同じ。）に規定する罪に当たる違法な行為を行い禁錮以上の刑に処せられた者であって、その執行を終わり、又は執行を受けることがなくなった日から起算して10年を経過しないもの

 ロ 暴力的不法行為等又は第8章に規定する罪に当たる違法な行為を行い罰金以下の刑に処せられた者であって、その執行を終わり、又は執行を受けることがなくなった日から起算して5年を経過しないもの

 ハ 暴力的不法行為等又は第8章に規定する罪に当たる違法な行為を行い禁錮以上の刑の言渡し及びその刑の全部の執行猶予の言渡しを受け、当該執行猶予の言渡しを取り消されることなく当該執行猶予の期間を経過した者であって、当該刑に係る裁判が確定した日から起算して10年を経過しないもの

 ニ 暴力的不法行為等又は第8章に規定する罪に当たる違法な行為を行い罰金の刑の言渡し及びその刑の執行猶予の言渡しを受け、当該執行猶予の言渡しを取り消されることなく当該執行猶予の期間を経過した者であって、当該刑に係る裁判が確定した日から起算して5年を経過しないもの

 ホ 暴力的不法行為等又は第8章に規定する罪に当たる違法な行為を行い禁錮以上の刑に係る有罪の言渡しを受け、当該言渡しに係る罪について恩赦法（昭和22年法律第20号）第2条の大赦又は同法第4条の特赦を受けた者であって、当該大赦又は特赦のあった日（当該日において当該言渡しに係る刑の執行を終わり、又は執行を受けることがなくなっている場合にあっては、当該執行を終わり、又は執行を受けることがなくなった日）から起算して10年を経過しないもの

 ヘ 暴力的不法行為等又は第8章に規定する罪に当たる違法な行為を行い罰金以下の刑に係る有罪の言渡しを受け、当該言渡しに係る罪について恩赦法第2条の大赦又は同法第4条の特赦を受けた者であって、当該大赦又は特赦のあった日（当該日において当該言渡しに係る刑の執行を終わり、又は執行を受けることがなくなっている場合にあっては、当該執行を終わり、又は執行を受けることがなくなった日）から起算して5年を経過しないもの

三 当該暴力団を代表する者又はその運営を支配する地位にある者（以下「代表者等」という。）の統制の下に階層的に構成されている団体であること。

第4条 公安委員会は、暴力団（指定暴力団を除く。）が次の各号のいずれにも該当すると認めるときは、当該暴力団を指定暴力団の連合体として指定するものとする。

一 次のいずれかに該当する暴力団であること。

 イ 当該暴力団を構成する暴力団の全部又は大部分が指定暴力団であること。

ロ　当該暴力団の暴力団員の全部又は大部分が指定暴力団の代表者等であること。
　　ハ　当該暴力団を構成する暴力団の全部若しくは大部分が指定暴力団若しくはイ若し
　　　くはロのいずれかに該当する暴力団であり、又は当該暴力団の暴力団員の全部若し
　　　くは大部分が指定暴力団若しくはイ若しくはロのいずれかに該当する暴力団の代表
　　　者等であること。
　二　名目上の目的のいかんを問わず、当該暴力団を構成する暴力団若しくは当該暴力団
　　の暴力団員が代表者等となっている暴力団の相互扶助を図り、又はこれらの暴力団の
　　暴力団員の活動を支援することを実質上の目的とするものと認められること。

（意見聴取）
第5条　公安委員会は、前2条の規定による指定（以下この章において「指定」という。）
　をしようとするときは、公開による意見聴取を行わなければならない。ただし、個人の
　秘密の保護のためやむを得ないと認めるときは、これを公開しないことができる。
2　前項の意見聴取を行う場合において、公安委員会は、指定に係る暴力団を代表する者
　又はこれに代わるべき者に対し、指定をしようとする理由並びに意見聴取の期日及び場
　所を相当の期間をおいて通知し、かつ、意見聴取の期日及び場所を公示しなければなら
　ない。
3　意見聴取に際しては、当該指定に係る暴力団を代表する者若しくはこれに代わるべき
　者又はこれらの代理人は、当該指定について意見を述べ、かつ、有利な証拠を提出する
　ことができる。
4　公安委員会は、当該指定に係る暴力団を代表する者若しくはこれに代わるべき者若し
　くはこれらの代理人が正当な理由がなくて出頭しないとき、又は当該指定に係る暴力団
　を代表する者若しくはこれに代わるべき者の所在が不明であるため第2項の規定による
　通知をすることができず、かつ、同項の規定による公示をした日から起算して30日を経
　過してもこれらの者の所在が判明しないときは、第1項の規定にかかわらず、意見聴取
　を行わないで指定をすることができる。
5　前各項に定めるもののほか、第1項の意見聴取の実施について必要な事項は、国家公
　安委員会規則で定める。

（確認）
第6条　公安委員会は、指定をしようとするときは、あらかじめ、当該暴力団が指定の要
　件に該当すると認める旨を証する書類及び指定に係る前条第1項の意見聴取に係る意見
　聴取調書又はその写しを添えて、当該暴力団が第3条又は第4条の要件に該当するかど
　うかについての国家公安委員会の確認を求めなければならない。
2　国家公安委員会は、当該暴力団が第3条又は第4条の要件に該当する旨の確認をしよ
　うとするときは、国家公安委員会規則で定めるところにより、当該暴力団が第3条第1
　号又は第4条第2号の要件に該当することについて、審査専門委員の意見を聴かなけれ
　ばならない。
3　国家公安委員会のする当該暴力団が第3条又は第4条の要件に該当する旨の確認は、
　前項の規定による審査専門委員の意見に基づいたものでなければならない。
4　国家公安委員会は、第1項の規定による確認をしたときは、確認の結果を速やかに当
　該公安委員会に通知するものとする。
5　当該公安委員会は、前項の規定により、当該暴力団が第3条又は第4条の要件に該当
　しない旨の確認の通知を受けたときは、当該暴力団について指定をすることができない。

（指定の公示）

第7条 公安委員会は、指定をするときは、指定に係る暴力団の名称その他の国家公安委員会規則で定める事項を官報により公示しなければならない。

2 指定は、前項の規定による公示によってその効力を生ずる。

3 公安委員会は、指定をしたときは、当該指定に係る指定暴力団等を代表する者又はこれに代わるべき者に対し、国家公安委員会規則で定めるところにより、指定をした旨その他の国家公安委員会規則で定める事項を通知しなければならない。

4 第1項の規定により公示された事項に変更があったときは、公安委員会は、その旨を官報により公示しなければならない。

（指定の有効期間及び取消し）

第8条 指定は、3年間その効力を有する。

2 公安委員会は、前項の規定にかかわらず、指定暴力団等が次の各号のいずれかに該当することとなったときは、当該指定暴力団等に係る指定を取り消さなければならない。

一 解散その他の事由により消滅したとき。

二 第3条各号又は第4条各号のいずれかに該当しなくなったと明らかに認められるとき。

3 公安委員会は、第1項の規定にかかわらず、指定暴力団連合が第3条の規定により指定暴力団として指定されたときは、当該指定暴力団連合に係る第4条の規定による指定を取り消さなければならない。

4 公安委員会は、指定暴力団等が第2項各号のいずれかに該当することとなったことを理由として同項の規定による指定の取消しをしようとするときは、あらかじめ、当該指定暴力団等が同項第1号又は第2号に掲げる場合に該当すると認める旨を証する書類を添えて、当該指定暴力団等が同項第1号又は第2号に掲げる場合に該当するかどうかについての国家公安委員会の確認を求めなければならない。

5 国家公安委員会は、前項の規定による確認をしたときは、確認の結果を速やかに当該公安委員会に通知するものとする。

6 当該公安委員会は、前項の規定により、当該指定暴力団等が第2項各号に掲げる場合に該当しない旨の確認の通知を受けたときは、当該指定暴力団等に係る指定を取り消すことができない。

7 前条第1項から第3項までの規定は、第2項又は第3項の規定による指定の取消しについて準用する。この場合において、同条第3項中「代表する者又はこれに代わるべき者」とあるのは、「代表する者又はこれに代わるべき者（次条第2項第1号に該当することとなったときの取消しの場合にあっては、当該消滅した指定暴力団等を代表する者又はこれに代わるべき者であった者）」と読み替えるものとする。

第2章　暴力的要求行為の規制等

第1節　暴力的要求行為の禁止等

（暴力的要求行為の禁止）

第9条 指定暴力団等の暴力団員（以下「指定暴力団員」という。）は、その者の所属する指定暴力団等又はその系列上位指定暴力団等（当該指定暴力団等と上方連結（指定暴力団等が他の指定暴力団等の構成団体となり、又は指定暴力団等の代表者等が他の指定暴力団等の暴力団員となっている関係をいう。）をすることにより順次関連している各

【資料1】 暴力団員による不当な行為の防止等に関する法律（抄）

指定暴力団等をいう。以下同じ。）の威力を示して次に掲げる行為をしてはならない。

一　人に対し、その人に関する事実を宣伝しないこと又はその人に関する公知でない事実を公表しないことの対償として、金品その他の財産上の利益（以下「金品等」という。）の供与を要求すること。

二　人に対し、寄附金、賛助金その他名目のいかんを問わず、みだりに金品等の贈与を要求すること。

三　請負、委任又は委託の契約に係る役務の提供の業務の発注者又は受注者に対し、その者が拒絶しているにもかかわらず、当該業務の全部若しくは一部の受注又は当該業務に関連する資材その他の物品の納入若しくは役務の提供の受入れを要求すること。

四　縄張（正当な権原がないにもかかわらず自己の権益の対象範囲として設定していると認められる区域をいう。以下同じ。）内で営業を営む者に対し、名目のいかんを問わず、その営業を営むことを容認する対償として金品等の供与を要求すること。

五　縄張内で営業を営む者に対し、その営業所における日常業務に用いる物品を購入すること、その日常業務に関し歌謡ショーその他の興行の入場券、パーティー券その他の証券若しくは証書を購入すること又はその営業所における用心棒の役務（営業を営む者の営業に係る業務を円滑に行うことができるようにするため顧客、従業者その他の関係者との紛争の解決又は鎮圧を行う役務をいう。第30条の6第1項第1号において同じ。）その他の日常業務に関する役務の有償の提供を受けることを要求すること。

六　次に掲げる債務について、債務者に対し、その履行を要求すること。

　イ　金銭を目的とする消費貸借（利息制限法（昭和29年法律第100号）第5条第1号に規定する営業的金銭消費貸借（以下この号において単に「営業的金銭消費貸借」という。）を除く。）上の債務であって同法第1条に定める利息の制限額を超える利息（同法第3条の規定によって利息とみなされる金銭を含む。）の支払を伴い、又はその不履行による賠償額の予定が同法第4条に定める制限額を超えるもの

　ロ　営業的金銭消費貸借上の債務であって利息制限法第1条及び第5条の規定により計算した利息の制限額を超える利息（同法第3条及び第6条の規定によって利息とみなされる金銭を含む。以下この号において同じ。）若しくは同法第9条に定める利息の制限額を超える利息の支払を伴い、又はその不履行による賠償額の予定が同法第7条に定める制限額を超えるもの

　ハ　営業的金銭消費貸借上の債務を主たる債務とする保証（業として行うものに限る。）がされた場合における保証料（利息制限法第8条第7項の規定によって保証料とみなされる金銭を含み、主たる債務者が支払うものに限る。以下この号において同じ。）の支払の債務であって当該保証料が同条第1項から第4項まで及び第6項の規定により支払を受けることができる保証料の上限額を超えるもの

七　人（行為者と密接な関係を有する者として国家公安委員会規則で定める者を除く。）から依頼を受け、報酬を得て又は報酬を得る約束をして、金品等を目的とする債務について、債務者に対し、粗野若しくは乱暴な言動を交えて、又は迷惑を覚えさせるような方法で訪問し若しくは電話をかけて、その履行を要求すること（前号に該当するものを除く。）。

八　人に対し、債務の全部又は一部の免除又は履行の猶予をみだりに要求すること。

九　金銭貸付業務（金銭の貸付け又は金銭の貸借の媒介（手形の割引、売渡担保その他これらに類する方法によってする金銭の交付又はこれらの方法によってする金銭の授

受の媒介を含む。以下この号において単に「金銭の貸付け」という。）をいう。）を営む者（以下「金銭貸付業者」という。）以外の者に対してみだりに金銭の貸付けを要求し、金銭貸付業者に対してその者が拒絶しているにもかかわらず金銭の貸付けを要求し、又は金銭貸付業者に対して当該金銭貸付業者が貸付けの利率その他の金銭の貸付けの条件として示している事項に反して著しく有利な条件による金銭の貸付けを要求すること。

十　金融商品取引業者（金融商品取引法（昭和23年法律第25号）第２条第９項に規定する金融商品取引業者をいう。以下この号において同じ。）その他の金融商品取引行為（同法第34条に規定する金融商品取引行為をいう。以下この号において同じ。）に係る業務を営む者に対してその者が拒絶しているにもかかわらず金融商品取引行為を行うことを要求し、又は金融商品取引業者に対して顧客が預託すべき金銭の額その他の有価証券の信用取引（同法第156条の24第１項に規定する信用取引をいう。以下この号において同じ。）を行う条件として当該金融商品取引業者が示している事項に反して著しく有利な条件により有価証券の信用取引を行うことを要求すること。

十一　株式会社又は当該株式会社の子会社（会社法（平成17年法律第86号）第２条第３号の子会社をいう。）に対してみだりに当該株式会社の株式の買取り若しくはそのあっせん（以下この号において「買取り等」という。）を要求し、株式会社の取締役、執行役若しくは監査役若しくは株主（以下この号において「取締役等」という。）に対してその者が拒絶しているにもかかわらず当該株式会社の株式の買取り等を要求し、又は株式会社の取締役等に対して買取りの価格その他の買取り等の条件として当該取締役等が示している事項に反して著しく有利な条件による当該株式会社の株式の買取り等を要求すること。

十二　預金又は貯金の受入れに係る業務を営む者に対し、その者が拒絶しているにもかかわらず、預金又は貯金の受入れをすることを要求すること。

十三　正当な権原に基づいて建物又はその敷地を居住の用又は事業の用に供している者に対し、その意思に反して、これらの明渡しを要求すること。

十四　土地又は建物（以下この号において「土地等」という。）について、その全部又は一部を占拠すること、当該土地等又はその周辺に自己の氏名を表示することその他の方法により、当該土地等の所有又は占有に関与していることを殊更に示すこと（以下この号において「支配の誇示」という。）を行い、当該土地等の所有者に対する債権を有する者又は当該土地等の所有権その他当該土地等につき使用若しくは収益をする権利若しくは当該土地等に係る担保権を有し、若しくはこれらの権利を取得しようとする者に対し、その者が拒絶しているにもかかわらず、当該土地等についての支配の誇示をやめることの対償として、明渡し料その他これに類する名目で金品等の供与を要求すること。

十五　宅地建物取引業者（宅地建物取引業法（昭和27年法律第176号）第２条第３号に規定する宅地建物取引業者をいう。次号において同じ。）に対し、その者が拒絶しているにもかかわらず、宅地（同条第１号に規定する宅地をいう。）若しくは建物（以下この号及び次号において「宅地等」という。）の売買若しくは交換をすること又は宅地等の売買、交換若しくは貸借の代理若しくは媒介をすることを要求すること。

十六　宅地建物取引業者以外の者に対して宅地等の売買若しくは交換をすることをみだりに要求し、又は人に対して宅地等の貸借をすることをみだりに要求すること。

【資料1】　暴力団員による不当な行為の防止等に関する法律（抄）

十七　建設業者（建設業法（昭和24年法律第100号）第2条第3項に規定する建設業者をいう。）に対し、その者が拒絶しているにもかかわらず、建設工事（同条第1項に規定する建設工事をいう。）を行うことを要求すること。

十八　集会施設その他不特定の者が利用する施設であって、暴力団の示威行事（暴力団が開催する行事であって、多数の暴力団員が参加することにより、当該施設の他の利用者又は付近の住民その他の者に当該暴力団の威力を示すこととなるものをいう。）の用に供されるおそれが大きいものとして国家公安委員会規則で定めるものの管理者に対し、その者が拒絶しているにもかかわらず、当該施設を利用させることを要求すること。

十九　人（行為者と密接な関係を有する者として国家公安委員会規則で定める者を除く。）から依頼を受け、報酬を得て又は報酬を得る約束をして、交通事故その他の事故の原因者に対し、当該事故によって生じた損害に係る示談の交渉を行い、損害賠償として金品等の供与を要求すること。

二十　人に対し、購入した商品、購入した有価証券に表示される権利若しくは提供を受けた役務に瑕疵がないにもかかわらず瑕疵があるとし、若しくは交通事故その他の事故による損害がないにもかかわらず損害があるとして、若しくはこれらの瑕疵若しくは損害の程度を誇張して、損害賠償その他これに類する名目で金品等の供与を要求し、又は勧誘を受けてした商品若しくは有価証券に係る売買その他の取引において、その価格若しくは商品指数（商品先物取引法（昭和25年法律第239号）第2条第2項の商品指数をいう。）若しくは金融商品取引法第2条第25項に規定する金融指標（同項第1号に規定する金融商品の価格を除く。）の上昇若しくは下落により損失を被ったとして、損害賠償その他これに類する名目でみだりに金品等の供与を要求すること。

二十一　行政庁に対し、自己若しくは次に掲げる者（以下この条において「自己の関係者」という。）がした許認可等（行政手続法（平成5年法律第88号）第2条第3号に規定する許認可等をいう。以下この号及び次号において同じ。）に係る申請（同条第3号に規定する申請をいう。次号において同じ。）が法令（同条第1号に規定する法令をいう。以下この号及び次号において同じ。）に定められた許認可等の要件に該当しないにもかかわらず、当該許認可等をすることを要求し、又は自己若しくは自己の関係者について法令に定められた不利益処分（行政庁が、法令に基づき、特定の者を名宛人として、直接に、これに義務を課し、又はその権利を制限する処分をいう。以下この号及び次号において同じ。）の要件に該当する事由があるにもかかわらず、当該不利益処分をしないことを要求すること。

　　イ　自己と生計を一にする配偶者その他の親族（婚姻の届出をしていないが事実上婚姻関係と同様の事情にある者及び当該事情にある者の親族を含む。）

　　ロ　法人その他の団体であって、自己がその役員（業務を執行する社員、取締役、執行役又はこれらに準ずる者をいい、相談役、顧問その他いかなる名称を有する者であるかを問わず、当該団体に対し業務を執行する社員、取締役、執行役又はこれらに準ずる者と同等以上の支配力を有するものと認められる者を含む。第32条第1項第3号において同じ。）となっているもの

　　ハ　自己が出資、融資、取引その他の関係を通じてその事業活動に支配的な影響力を有する者（ロに該当するものを除く。）

二十二　行政庁に対し、特定の者がした許認可等に係る申請が法令に定められた許認可

289

第3部 関連資料編

等の要件に該当するにもかかわらず、当該許認可等をしないことを要求し、又は特定の者について法令に定められた不利益処分の要件に該当する事由がないにもかかわらず、当該不利益処分をすることを要求すること。

二十三 国、特殊法人等（公共工事の入札及び契約の適正化の促進に関する法律（平成12年法律第127号）第2条第1項に規定する特殊法人等をいう。）又は地方公共団体（以下この条において「国等」という。）に対し、当該国等が行う売買、貸借、請負その他の契約（以下この条及び第32条第1項において「売買等の契約」という。）に係る入札について、自己若しくは自己の関係者が入札参加資格（入札の参加者の資格をいう。以下この号及び次号において同じ。）を有する者でなく、又は自己若しくは自己の関係者が指名基準（入札参加資格を有する者のうちから入札に参加する者を指名する場合の基準をいう。同号において同じ。）に適合する者でないにもかかわらず、当該自己又は自己の関係者を当該入札に参加させることを要求すること。

二十四 国等に対し、当該国等が行う売買等の契約に係る入札について、特定の者が入札参加資格を有する者（指名基準に適合しない者を除く。）であり、又は特定の者が指名基準に適合する者であるにもかかわらず、当該特定の者を当該入札に参加させないことを要求すること。

二十五 人に対し、国等が行う売買等の契約に係る入札について、当該入札に参加しないこと又は一定の価格その他の条件をもって当該入札に係る申込みをすることをみだりに要求すること。

二十六 国等に対し、その者が拒絶しているにもかかわらず自己若しくは自己の関係者を当該国等が行う売買等の契約の相手方とすることを要求し、又は特定の者を当該国等が行う売買等の契約の相手方としないことをみだりに要求すること（第3号、第23号又は第24号に該当するものを除く。）。

二十七 国等に対し、当該国等が行う売買等の契約の相手方に対して自己又は自己の関係者から当該契約に係る役務の提供の業務の全部若しくは一部の受注又は当該業務に関連する資材その他の物品の納入若しくは役務の提供の受入れをすることを求める指導、助言その他の行為をすることをみだりに要求すること。

（暴力的要求行為の要求等の禁止）

第10条 何人も、指定暴力団員に対し、暴力的要求行為をすることを要求し、依頼し、又は唆してはならない。

2 何人も、指定暴力団員が暴力的要求行為をしている現場に立ち会い、当該暴力的要求行為をすることを助けてはならない。

（暴力的要求行為等に対する措置）

第11条 公安委員会は、指定暴力団員が暴力的要求行為をしており、その相手方の生活の平穏又は業務の遂行の平穏が害されていると認める場合には、当該指定暴力団員に対し、当該暴力的要求行為を中止することを命じ、又は当該暴力的要求行為が中止されることを確保するために必要な事項を命ずることができる。

2 公安委員会は、指定暴力団員が暴力的要求行為をした場合において、当該指定暴力団員が更に反復して当該暴力的要求行為と類似の暴力的要求行為をするおそれがあると認めるときは、当該指定暴力団員に対し、1年を超えない範囲内で期間を定めて、暴力的要求行為が行われることを防止するために必要な事項を命ずることができる。

第12条 公安委員会は、第10条第1項の規定に違反する行為が行われた場合において、当

290

該行為をした者が更に反復して同項の規定に違反する行為をするおそれがあると認める
ときは、当該行為をした者に対し、1年を超えない範囲内で期間を定めて、当該行為に
係る指定暴力団員又は当該指定暴力団員の所属する指定暴力団等の他の指定暴力団員に
対して暴力的要求行為をすることを要求し、依頼し、又は唆すことを防止するために必
要な事項を命ずることができる。

2　公安委員会は、第10条第2項の規定に違反する行為が行われており、当該違反する行
為に係る暴力的要求行為の相手方の生活の平穏又は業務の遂行の平穏が害されていると
認める場合には、当該違反する行為をしている者に対し、当該違反する行為を中止する
ことを命じ、又は当該違反する行為が中止されることを確保するために必要な事項を命
ずることができる。

第12条の2　公安委員会は、指定暴力団員がその所属する指定暴力団等に係る次の各号に
掲げる業務に関し暴力的要求行為をした場合において、当該業務に従事する指定暴力団
員が当該業務に関し更に反復して当該暴力的要求行為と類似の暴力的要求行為をするお
それがあると認めるときは、それぞれ当該各号に定める指定暴力団員に対し、1年を超
えない範囲内で期間を定めて、暴力的要求行為が当該業務に関し行われることを防止す
るために必要な事項を命ずることができる。

　一　指定暴力団等の業務であって、収益を目的とするもの　当該指定暴力団等の代表者
　　等

　二　前号に掲げるもののほか、指定暴力団員がその代表者であり、又はその運営を支配
　　する法人その他の団体の業務であって、収益を目的とするもの　当該法人その他の団
　　体の代表者であり、又はその運営を支配する指定暴力団員

　三　当該指定暴力団員の上位指定暴力団員（指定暴力団員がその所属する指定暴力団等
　　の活動に係る事項について他の指定暴力団員から指示又は命令を受ける地位にある場
　　合における当該他の指定暴力団員をいう。以下この条において同じ。）の縄張の設定
　　又は維持の業務　当該上位指定暴力団員

　四　前号に掲げるもののほか、当該指定暴力団員の上位指定暴力団員の業務であって、
　　収益を目的とするもの　当該上位指定暴力団員

（準暴力的要求行為の要求等の禁止）

第12条の3　指定暴力団員は、人に対して当該指定暴力団員が所属する指定暴力団等若し
くはその系列上位指定暴力団等に係る準暴力的要求行為をすることを要求し、依頼し、
若しくは唆し、又は人が当該指定暴力団員が所属する指定暴力団等若しくはその系列上
位指定暴力団等に係る準暴力的要求行為をすることを助けてはならない。

（準暴力的要求行為の要求等に対する措置）

第12条の4　公安委員会は、指定暴力団員が前条の規定に違反する行為をした場合におい
て、当該指定暴力団員が更に反復して同条の規定に違反する行為をするおそれがあると
認めるときは、当該指定暴力団員に対し、1年を超えない範囲内で期間を定めて、同条
の規定に違反する行為が行われることを防止するために必要な事項を命ずることができ
る。

2　公安委員会は、前項の規定による命令をする場合において、前条の規定に違反する行
為に係る準暴力的要求行為が行われるおそれがあると認めるときは、当該命令に係る同
条の規定に違反する行為の相手方に対し、当該準暴力的要求行為をしてはならない旨の
指示をするものとする。

第3部　関連資料編

（準暴力的要求行為の禁止）
第12条の5　次の各号のいずれかに該当する者は、当該各号に定める指定暴力団等又はその系列上位指定暴力団等に係る準暴力的要求行為をしてはならない。
　　一　第12条第1項の規定による命令を受けた者であって、当該命令を受けた日から起算して3年を経過しないもの　当該命令において防止しようとした暴力的要求行為の要求、依頼又は唆しの相手方である指定暴力団員の所属する指定暴力団等
　　二　第12条第2項の規定による命令を受けた者であって、当該命令を受けた日から起算して三年を経過しないもの　当該命令に係る暴力的要求行為をした指定暴力団員の所属する指定暴力団等
　　三　次条の規定による命令を受けた者であって、当該命令を受けた日から起算して3年を経過しないもの　当該命令の原因となった準暴力的要求行為においてその者が威力を示した指定暴力団等
　　四　前条第2項の規定による指示を受けた者であって、当該指示がされた日から起算して3年を経過しないもの　当該指示に係る第12条の3の規定に違反する行為をした指定暴力団員の所属する指定暴力団等
　　五　指定暴力団員との間で、その所属する指定暴力団等の威力を示すことが容認されることの対償として金品等を支払うことを合意している者　当該指定暴力団等
2　一の指定暴力団等の威力を示すことを常習とする者で次の各号のいずれかに該当するものは、当該指定暴力団等又はその系列上位指定暴力団等に係る準暴力的要求行為をしてはならない。
　　一　当該指定暴力団等の指定暴力団員でなくなった日から5年を経過しない者
　　二　当該指定暴力団等の指定暴力団員が行った暴力的不法行為等若しくは第八章に規定する罪に当たる違法な行為に共犯として加功し、又は暴力的不法行為等に係る罪のうち譲渡し若しくは譲受け若しくはこれらに類する形態の罪として国家公安委員会規則で定めるものに当たる違法な行為で当該指定暴力団等の指定暴力団員を相手方とするものを行い刑に処せられた者であって、その執行を終わり、又は執行を受けることがなくなった日から起算して5年を経過しないもの
　　三　当該指定暴力団等の指定暴力団員に対し、継続的に又は反復して金品等を贈与し、又は貸与している者
　　四　次のイからハまでのいずれかに掲げる者がその代表者であり若しくはその運営を支配する法人その他の団体の役員若しくは使用人その他の従業者若しくは幹部その他の構成員又は次のイからハまでのいずれかに掲げる者の使用人その他の従業者
　　　イ　当該指定暴力団等の指定暴力団員
　　　ロ　前項各号に掲げる者（当該指定暴力団等がそれぞれ当該各号に定める指定暴力団等である場合に限る。）
　　　ハ　当該指定暴力団等の威力を示すことを常習とする者で前3号のいずれかに該当するもの

（準暴力的要求行為に対する措置）
第12条の6　公安委員会は、前条の規定に違反する準暴力的要求行為が行われており、その相手方の生活の平穏又は業務の遂行の平穏が害されていると認める場合には、当該準暴力的要求行為をしている者に対し、当該準暴力的要求行為を中止することを命じ、又は当該準暴力的要求行為が中止されることを確保するために必要な事項を命ずることが

292

【資料１】 暴力団員による不当な行為の防止等に関する法律（抄）

できる。

2 公安委員会は、前条の規定に違反する準暴力的要求行為が行われた場合において、当該準暴力的要求行為をした者が更に反復して当該準暴力的要求行為と類似の準暴力的要求行為をするおそれがあると認めるときは、その者に対し、１年を超えない範囲内で期間を定めて、準暴力的要求行為が行われることを防止するために必要な事項を命ずることができる。

第２節 不当な要求による被害の回復等のための援助

（暴力的要求行為又は準暴力的要求行為の相手方に対する援助）

第13条 公安委員会は、第11条又は前条の規定による命令をした場合（当該命令に係る暴力的要求行為又は準暴力的要求行為をした者が当該暴力的要求行為又は準暴力的要求行為により次の各号に掲げる場合のいずれかに該当することとなったと認められる場合に限る。）において、当該命令に係る暴力的要求行為又は準暴力的要求行為の相手方から、その者が当該暴力的要求行為又は準暴力的要求行為をした者に対しそれぞれ当該各号に定める措置を執ることを求めるに当たって援助を受けたい旨の申出があり、その申出を相当と認めるときは、当該相手方に対し、当該暴力的要求行為又は準暴力的要求行為をした者に対する連絡その他必要な援助を行うものとする。

一 金品等の供与を受けた場合 供与を受けた金品等を返還し、又は当該金品等の価額に相当する価額の金品等を供与すること。

二 債務の全部又は一部の免除又は履行の猶予を受けた場合 免除又は履行の猶予を受ける前の当該債務を履行すること。

三 正当な権原に基づいて建物又はその敷地を居住の用又は事業の用に供していた者に当該建物又はその敷地の明渡しをさせた場合 当該建物又はその敷地を引き渡すことその他当該暴力的要求行為又は準暴力的要求行為が行われる前の原状の回復をすること。

（事業者に対する援助）

第14条 公安委員会は、事業者（事業を行う者で、使用人その他の従業者（以下この項において「使用人等」という。）を使用するものをいう。以下同じ。）に対し、不当要求（暴力団員によりその事業に関し行われる暴力的要求行為その他の不当な要求をいう。以下同じ。）による被害を防止するために必要な、責任者（当該事業に係る業務の実施を統括管理する者であって、不当要求による事業者及び使用人等の被害を防止するために必要な業務を行う者をいう。）の選任、不当要求に応対する使用人等の対応方法についての指導その他の措置が有効に行われるようにするため、資料の提供、助言その他必要な援助を行うものとする。

2 公安委員会は、前項の選任に係る責任者の業務を適正に実施させるため必要があると認めるときは、国家公安委員会規則で定めるところにより、当該責任者に対する講習を行うことができる。

3 事業者は、公安委員会から第１項の選任に係る責任者について前項の講習を行う旨の通知を受けたときは、当該責任者に講習を受けさせるよう努めなければならない。

第３章 対立抗争時の事務所の使用制限等

第15条～15条の４ （略）

293

第3部　関連資料編

第4章　加入の強要の規制その他の規制等

第16条～27条　（略）

（離脱の意志を有する者に対する援護等）

第28条　公安委員会は、暴力団から離脱する意志を有する者（以下この条において「離脱希望者」という。）その他関係者を対象として、離脱希望者を就業環境に円滑に適応させることの促進、離脱希望者が暴力団から脱退することを妨害する行為の予防及び離脱希望者に対する補導その他の援護その他離脱希望者の暴力団からの離脱と社会経済活動への参加を確保するために必要な措置を講ずるものとする。

2　公安委員会は、暴力団から離脱した者が就職等を通じて社会経済活動に参加することの重要性について住民及び事業者の関心を高め、並びに暴力団から離脱した者に対する援護に関する思想を普及するための啓発を広く行うものとする。

3　公安委員会は、第1項の措置を実施するため必要な限度において、離脱希望者の状況について、第32条の3第1項の規定により指定した都道府県暴力追放運動推進センターから報告を求めることができる。

第2節　事務所等における禁止行為等

（事務所等における禁止行為）

第29条　指定暴力団員は、次に掲げる行為をしてはならない。

一　指定暴力団等の事務所（以下この条及び第33条第1項において単に「事務所」という。）の外周に、又は外部から見通すことができる状態にしてその内部に、付近の住民又は通行人に不安を覚えさせるおそれがある表示又は物品として国家公安委員会規則で定めるものを掲示し、又は設置すること。

二　事務所又はその周辺において、著しく粗野若しくは乱暴な言動を行い、又は威勢を示すことにより、付近の住民又は通行人に不安を覚えさせること。

三　人に対し、債務の履行その他の国家公安委員会規則で定める用務を行う場所として、事務所を用いることを強要すること。

（事務所等における禁止行為に対する措置）

第30条　公安委員会は、指定暴力団員が前条の規定に違反する行為をしており、付近の住民若しくは通行人又は当該行為の相手方の生活の平穏又は業務の遂行の平穏が害されていると認める場合には、当該指定暴力団員に対し、当該行為を中止することを命じ、又は当該行為が中止されることを確保するために必要な事項を命ずることができる。

第3節　損害賠償請求等の妨害の規制

（損害賠償請求等の妨害の禁止）

第30条の2　指定暴力団員は、次に掲げる請求を、当該請求をし、又はしようとする者（以下この条において「請求者」という。）を威迫し、請求者又はその配偶者、直系若しくは同居の親族その他の請求者と社会生活において密接な関係を有する者として国家公安委員会規則で定める者（第30条の4及び第30条の5第1項第3号から第5号までにおいて「配偶者等」という。）につきまとい、その他請求者に不安を覚えさせるような方法で、妨害してはならない。

一　当該指定暴力団員その他の当該指定暴力団員の所属する指定暴力団等の指定暴力団員がした不法行為により被害を受けた者が当該不法行為をした指定暴力団員その他の当該被害の回復について責任を負うべき当該指定暴力団等の指定暴力団員に対してす

294

る損害賠償請求その他の当該被害を回復するための請求

二　当該指定暴力団員の所属する指定暴力団等の事務所（事務所とするために整備中の施設又は施設の区画された部分を含む。以下この号、第32条の3第1項第2号及び第2項第6号並びに第32条の4第1項及び第2項において同じ。）の付近の住民その他の者で当該事務所若しくはその周辺における当該指定暴力団等の指定暴力団員の行為によりその生活の平穏若しくは業務の遂行の平穏が害されているもの又は当該事務所の用に供されている建物若しくは土地（以下この号において「建物等」という。）の所有権その他当該建物等につき使用若しくは収益をする権利若しくは当該建物等に係る担保権を有する者で当該指定暴力団等の指定暴力団員の行為により当該権利を害されているものが当該事務所に係る管理者に対してする当該行為の停止又は当該事務所の使用の差止めの請求その他当該事務所を当該指定暴力団等の指定暴力団員に使用させないこととするための請求

（損害賠償請求等の妨害に対する措置）

第30条の3　公安委員会は、指定暴力団員が前条の規定に違反する行為をしている場合には、当該指定暴力団員に対し、当該行為を中止することを命じ、又は当該行為が中止されることを確保するために必要な事項を命ずることができる。

（損害賠償請求等の妨害を防止するための措置）

第30条の4　公安委員会は、第30条の2各号に掲げる請求が行われた場合において、当該請求の相手方である指定暴力団員が当該請求に係る請求者又はその配偶者等の生命、身体又は財産に危害を加える方法で同条の規定に違反する行為をするおそれがあると認めるときは、当該指定暴力団員に対し、1年を超えない範囲内で期間を定めて、同条の規定に違反する行為を防止するために必要な事項を命ずることができる。

　　第4節　暴力行為の賞揚等の規制

第30条の5　公安委員会は、指定暴力団員が次の各号のいずれかに該当する暴力行為を敢行し、刑に処せられた場合において、当該指定暴力団員の所属する指定暴力団等の他の指定暴力団員が、当該暴力行為の敢行を賞揚し、又は慰労する目的で、当該指定暴力団員に対し金品等の供与をするおそれがあると認めるときは、当該他の指定暴力団員又は当該指定暴力団員に対し、期間を定めて、当該金品等の供与をしてはならず、又はこれを受けてはならない旨を命ずることができる。ただし、当該命令の期間の終期は、当該刑の執行を終わり、又は執行を受けることがなくなった日から5年を経過する日を超えてはならない。

一　当該指定暴力団等と他の指定暴力団等との間に対立が生じ、これにより当該他の指定暴力団等の事務所又は指定暴力団員若しくはその居宅に対する凶器を使用した暴力行為が発生した場合における当該暴力行為

二　当該指定暴力団等に所属する指定暴力団員の集団の相互間に対立が生じ、これにより当該対立に係る指定暴力団等の事務所（その管理者が当該対立に係る集団に所属しているものに限る。）又は当該対立に係る集団に所属する指定暴力団員若しくはその居宅に対する凶器を使用した暴力行為が発生した場合における当該暴力行為

三　当該指定暴力団等の指定暴力団員がした暴力的要求行為をその相手方が拒絶した場合において、これに報復し、又は当該相手方を当該暴力的要求行為に応じさせる目的で、当該相手方又はその配偶者等に対してする暴力行為

四　当該指定暴力団等の指定暴力団員がした第12条の3の規定に違反する行為に係る準

第3部　関連資料編

暴力的要求行為をその相手方が拒絶した場合において、これに報復し、又は当該相手方を当該準暴力的要求行為に応じさせる目的で、当該相手方又はその配偶者等に対してする暴力行為

五　第30条の2各号に掲げる請求を妨害する目的又は当該請求がされたことに報復する目的で、当該請求をし、若しくはしようとする者又はその配偶者等に対してする暴力行為

2　公安委員会は、前項の規定による命令をした場合において、当該命令の期間を経過する前に同項に規定するおそれがないと認められるに至ったときは、速やかに、当該命令を取り消さなければならない。

第5節　縄張に係る禁止行為等

（縄張に係る禁止行為）

第30条の6　指定暴力団員は、その者の所属する指定暴力団等又はその系列上位指定暴力団等の指定暴力団員の縄張内で営業を営む者のために、次に掲げる行為をしてはならない。当該行為をすることをその営業を営む者又はその代理人、使用人その他の従業者と約束することについても、同様とする。

一　用心棒の役務を提供すること。

二　訪問する方法により、当該営業に係る商品を販売する契約又は当該営業に係る役務を有償で提供する契約の締結について勧誘をすること。

三　面会する方法により、当該営業によって生じた債権で履行期限を経過してもなおその全部又は一部が履行されていないものの取立てをすること。

2　営業を営む者又はその代理人、使用人その他の従業者（次条第4項において「営業を営む者等」という。）は、指定暴力団員に対し、前項前段の規定に違反する行為をすることを要求し、依頼し、又は唆してはならない。同項後段に規定する約束の相手方となることについても、同様とする。

（縄張に係る禁止行為に対する措置）

第30条の7　公安委員会は、指定暴力団員が前条第1項前段の規定に違反する行為をしている場合には、当該指定暴力団員に対し、当該行為を中止することを命じ、又は当該行為が中止されることを確保するために必要な事項を命ずることができる。

2　公安委員会は、指定暴力団員が前条第1項後段の規定に違反する行為をした場合には、当該指定暴力団員に対し、当該行為に係る同項各号に掲げる行為を防止するために必要な事項を命ずることができる。

3　公安委員会は、指定暴力団員が前条第1項の規定に違反する行為をした場合において、当該指定暴力団員が更に反復して当該行為と類似の同項の規定に違反する行為をするおそれがあると認めるときは、当該指定暴力団員に対し、1年を超えない範囲内で期間を定めて、同項の規定に違反する行為が行われることを防止するために必要な事項を命ずることができる。

4　公安委員会は、営業を営む者等が前条第2項の規定に違反する行為をした場合において、当該営業を営む者等が更に反復して当該行為と類似の同項の規定に違反する行為をするおそれがあると認めるときは、当該営業を営む者等に対し、1年を超えない範囲内で期間を定めて、同項の規定に違反する行為が行われることを防止するために必要な事項を命ずることができる。

296

【資料1】 暴力団員による不当な行為の防止等に関する法律（抄）

第4章の2　特定危険指定暴力団等の指定等

第30条の8～30条の12　（略）

第5章　指定暴力団の代表者等の損害賠償責任

（対立抗争等に係る損害賠償責任）

第31条　指定暴力団の代表者等は、当該指定暴力団と他の指定暴力団との間に対立が生じ、これにより当該指定暴力団の指定暴力団員による暴力行為（凶器を使用するものに限る。以下この条において同じ。）が発生した場合において、当該暴力行為により他人の生命、身体又は財産を侵害したときは、これによって生じた損害を賠償する責任を負う。

2　一の指定暴力団に所属する指定暴力団員の集団の相互間に対立が生じ、これにより当該対立に係る集団に所属する指定暴力団員による暴力行為が発生した場合において、当該暴力行為により他人の生命、身体又は財産を侵害したときも、前項と同様とする。

（威力利用資金獲得行為に係る損害賠償責任）

第31条の2　指定暴力団の代表者等は、当該指定暴力団の指定暴力団員が威力利用資金獲得行為（当該指定暴力団の威力を利用して生計の維持、財産の形成若しくは事業の遂行のための資金を得、又は当該資金を得るために必要な地位を得る行為をいう。以下この条において同じ。）を行うについて他人の生命、身体又は財産を侵害したときは、これによって生じた損害を賠償する責任を負う。ただし、次に掲げる場合は、この限りでない。

一　当該代表者等が当該代表者等以外の当該指定暴力団の指定暴力団員が行う威力利用資金獲得行為により直接又は間接にその生計の維持、財産の形成若しくは事業の遂行のための資金を得、又は当該資金を得るために必要な地位を得ることがないとき。

二　当該威力利用資金獲得行為が、当該指定暴力団の指定暴力団員以外の者が専ら自己の利益を図る目的で当該指定暴力団員に対し強要したことによって行われたものであり、かつ、当該威力利用資金獲得行為が行われたことにつき当該代表者等に過失がないとき。

指定暴力団の代表者等の損害賠償の責任については、前2条の規定によるほか、民法（明治29年法律第89号）の規定による。

第6章　暴力団員による不当な行為の防止等に関する国等の責務及び民間活動の促進

（国及び地方公共団体の責務）

第32条　国及び地方公共団体は、次に掲げる者をその行う売買等の契約に係る入札に参加させないようにするための措置を講ずるものとする。

一　指定暴力団員

二　指定暴力団員と生計を一にする配偶者（婚姻の届出をしていないが事実上婚姻関係と同様の事情にある者を含む。）

三　法人その他の団体であって、指定暴力団員がその役員となっているもの

四　指定暴力団員が出資、融資、取引その他の関係を通じてその事業活動に支配的な影響力を有する者（前号に該当するものを除く。）

2　国及び地方公共団体は、前項に規定する措置を講ずるほか、その事務又は事業に関する暴力団員による不当な行為の防止及びこれにより当該事務又は事業に生じた不当な影

第3部　関連資料編

響の排除に努めなければならない。

3　国及び地方公共団体は、事業者、国民又はこれらの者が組織する民間の団体（次項において「事業者等」という。）が自発的に行う暴力排除活動（暴力団員による不当な行為を防止し、及びこれにより事業活動又は市民生活に生じた不当な影響を排除するための活動をいう。同項において同じ。）の促進を図るため、情報の提供、助言、指導その他必要な措置を講ずるものとする。

4　国及び地方公共団体は、事業者等が安心して暴力排除活動の実施に取り組むことができるよう、その安全の確保に配慮しなければならない。

（事業者の責務）

第32条の2　事業者は、不当要求による被害を防止するために必要な第14条第1項に規定する措置を講ずるよう努めるほか、その事業活動を通じて暴力団員に不当な利益を得させることがないよう努めなければならない。

（都道府県暴力追放運動推進センター）

第32条の3　公安委員会は、次の各号に掲げる要件のいずれにも該当すると認められる者を、その申出により、都道府県に一を限って、都道府県暴力追放運動推進センター（以下「都道府県センター」という。）として指定することができる。

一　暴力団員による不当な行為の防止及びこれによる被害の救済に寄与することを目的とする一般社団法人又は一般財団法人であること。

二　次項第3号から第六号までの事業（以下「相談事業」という。）に係る相談の申出人、暴力団の影響を受けている少年、暴力団から離脱する意志を有する者又は暴力団の事務所の付近の住民その他の者（第3項において「相談の申出人等」という。）に対する助言について、専門的知識経験を有する者として国家公安委員会規則で定める者（以下「暴力追放相談委員」という。）が置かれていること。

三　その他次項に規定する事業を適正かつ確実に行うために必要なものとして国家公安委員会規則で定める基準に適合すること。

2　都道府県センターは、当該都道府県の区域において、次に掲げる事業を行うものとする。

一　暴力団員による不当な行為の予防に関する知識の普及及び思想の高揚を図るための広報活動を行うこと。

二　暴力団員による不当な行為の予防に関する民間の自主的な組織活動を助けること。

三　暴力団員による不当な行為に関する相談に応ずること。

四　少年に対する暴力団の影響を排除するための活動を行うこと。

五　暴力団から離脱する意志を有する者を助けるための活動を行うこと。

六　暴力団の事務所の使用により付近住民等（付近において居住し、勤務し、その他日常生活又は社会生活を営む者をいう。次条第1項及び第2項において同じ。）の生活の平穏又は業務の遂行の平穏が害されることを防止すること。

七　公安委員会の委託を受けて第14条第2項の講習を行うこと。

八　不当要求情報管理機関（不当要求に関する情報の収集及び事業者に対する当該情報の提供を業とする者をいう。）の業務を助けること。

九　暴力団員による不当な行為の被害者に対して見舞金の支給、民事訴訟の支援その他の救援を行うこと。

十　風俗営業等の規制及び業務の適正化等に関する法律（昭和23年法律第122号）第38

【資料1】 暴力団員による不当な行為の防止等に関する法律（抄）

　　条に規定する少年指導委員に対し第四号の事業の目的を達成するために必要な研修を
　　行うこと。
　十一　前各号の事業に附帯する事業
3　都道府県センターは、相談事業を行うに当たっては、相談の申出人等に対する助言に
　ついては、暴力追放相談委員に行わせなければならない。
4　都道府県センターは、住民から暴力団員による不当な行為に関する相談の申出があっ
　たときは、その相談に応じ、申出人に必要な助言をし、その相談に係る事項の迅速かつ
　適切な解決に努めなければならない。
5　公安委員会は、都道府県センターの財産の状況又はその事業の運営に関し改善が必要
　であると認めるときは、都道府県センターに対し、その改善に必要な措置を採るべきこ
　とを命ずることができる。
6　公安委員会は、都道府県センターが前項の規定による命令に違反したときは、第1項
　の指定を取り消すことができる。
7　都道府県センターの役員若しくは職員（暴力追放相談委員及び第32条の5第3項第2
　号の弁護士を含む。）又はこれらの職にあった者は、相談事業に係る業務に関して知り
　得た秘密を漏らしてはならない。
8　都道府県センターは、その業務の運営について都道府県警察と密接に連絡するものと
　し、都道府県警察は、都道府県センターに対し、その業務の円滑な運営が図られるよう
　に必要な配慮を加えるものとする。
9　第1項の指定の手続その他都道府県センターに関し必要な事項は、国家公安委員会規
　則で定める。
（適格都道府県センターの権限等）
第32条の4　次条第1項の規定により認定された都道府県センター（以下「適格都道府県
　センター」という。）は、当該都道府県の区域内に在る指定暴力団等の事務所の使用に
　より付近住民等の生活の平穏又は業務の遂行の平穏が害されることを防止するための事
　業を行う場合において、当該付近住民等で、当該事務所の使用によりその生活の平穏又
　は業務の遂行の平穏が違法に害されていることを理由として当該事務所の使用及びこれ
　に付随する行為の差止めの請求をしようとするものから委託を受けたときは、当該委託
　をした者のために自己の名をもって、当該請求に関する一切の裁判上又は裁判外の行為
　をする権限を有する。
2　適格都道府県センターは、前項の委託を受けたときは、当該事務所に関し、その他の
　付近住民等が当該委託をする機会を確保するために、その旨を通知その他適切な方法に
　より、これらの者に周知するよう努めるものとする。
3　適格都道府県センターは、第1項の権限を行使する場合において、民事訴訟手続、民
　事保全の命令に関する手続及び執行抗告（民事保全の執行の手続に関する裁判に対する
　執行抗告を含む。）に係る手続については、弁護士に追行させなければならない。
4　適格都道府県センターは、第1項の委託をした者に対して報酬を請求することができ
　ない。
5　第1項の委託をした者は、その委託を取り消すことができる。
（適格都道府県センターの認定）
第32条の5　差止請求関係業務（前条第1項の権限の行使に関する業務をいう。以下同
　じ。）を行おうとする都道府県センターは、国家公安委員会の認定を受けなければなら

299

第3部　関連資料編

ない。
2　前項の認定を受けようとする都道府県センターは、国家公安委員会に認定の申請をしなければならない。
3　国家公安委員会は、前項の申請をした都道府県センターが次に掲げる要件の全てに適合しているときに限り、第1項の認定をすることができる。
　一　差止請求関係業務の実施に係る組織、差止請求関係業務の実施の方法、差止請求関係業務に関して知り得た情報の管理及び秘密の保持の方法その他の差止請求関係業務を適正に遂行するための体制及び業務規程が適切に整備されていること。
　二　前条第1項の委託を受ける旨の決定及び当該委託に係る請求の内容についての検討を行う部門において暴力追放相談委員及び弁護士が共にその専門的知識経験に基づいて必要な助言を行い又は意見を述べる体制が整備されていることその他差止請求関係業務を遂行するための人的体制に照らして、差止請求関係業務を適正に遂行することができる専門的知識経験を有すると認められること。
　三　差止請求関係業務を適正に遂行するに足りる経理的基礎を有すること。
4　前項第一号の業務規程には、差止請求関係業務の実施の方法、差止請求関係業務に関して知り得た情報の管理及び秘密の保持の方法その他の国家公安委員会規則で定める事項が定められていなければならない。
5　次のいずれかに該当する都道府県センターは、第1項の認定を受けることができない。
　一　第32条の13第1項各号に掲げる事由により第1項の認定を取り消され、その取消しの日から3年を経過しない都道府県センター
　二　役員のうちに前号に該当する都道府県センターの役員であった者（その認定の取消しの日前6月以内にその職にあった者に限る。）がある都道府県センター

第32条の6～32条の14　（略）

（全国暴力追放運動推進センター）
第32条の15　国家公安委員会は、暴力団員による不当な行為の防止及びこれによる被害の救済に寄与することを目的とする一般社団法人又は一般財団法人であって、次項に規定する事業を適正かつ確実に行うことができると認められるものを、その申出により、全国に一を限って、全国暴力追放運動推進センター（以下「全国センター」という。）として指定することができる。
2　全国センターは、次に掲げる事業を行うものとする。
　一　暴力団員による不当な行為の予防に関する知識の普及及び思想の高揚を図るための2以上の都道府県の区域における広報活動を行うこと。
　二　暴力追放相談委員その他都道府県センターの業務を行う者に対する研修を行うこと。
　三　少年の健全な育成に及ぼす暴力団の影響その他の暴力団の市民生活に与える影響に関する調査研究を行うこと。
　四　都道府県センターの事業について、連絡調整を行うこと。
　五　前各号の事業に附帯する事業
3　第32条の3第5項、第6項、第8項及び第9項の規定は、全国センターについて準用する。この場合において、同条第5項及び第6項中「公安委員会」とあるのは「国家公安委員会」と、同条第8項中「都道府県警察」とあるのは「国家公安委員会及び警察庁」と読み替えるものとする。

【資料1】 暴力団員による不当な行為の防止等に関する法律（抄）

第7章 雑則

（報告及び立入り）

第33条 公安委員会は、この法律の施行に必要があると認めるときは、国家公安委員会規則で定めるところにより、この法律の施行に必要な限度において、指定暴力団員その他の関係者に対し報告若しくは資料の提出を求め、又は警察職員に事務所に立ち入り、物件を検査させ若しくは指定暴力団員その他の関係者に質問させることができる。

2　前項の規定による立入検査をする職員は、その身分を示す証明書を携帯し、関係者に提示しなければならない。

3　第1項の規定による立入検査の権限は、犯罪捜査のために認められたものと解釈してはならない。

（意見聴取）

第34条 公安委員会は、第11条第2項、第12条第1項、第12条の2、第12条の4第1項、第12条の6第2項、第15条第1項（同条第3項において準用する場合を含む。次条、第39条及び第42条第1項において同じ。）、第18条第2項若しくは第3項、第19条、第22条第2項、第23条、第26条第2項、第27条、第30条の4、第30条の5第1項、第30条の7第2項から第4項まで、第30条の10第2項又は第30条の11第1項の規定による命令をしようとするときは、公開による意見聴取を行わなければならない。ただし、命令に係る者がした暴力的要求行為若しくは準暴力的要求行為、第16条、第24条、第30条の6第1項前段若しくは第30条の9の規定に違反する行為若しくは第30条の5第1項に規定する暴力行為の相手方又は第30条の4に規定する請求者若しくはその配偶者等に係る個人の秘密又は事業上の秘密の保護のためやむを得ないと認めるときは、意見聴取を公開しないことができる。

2　前項の意見聴取を行う場合において、公安委員会は、当該命令に係る者に対し、命令をしようとする理由並びに意見聴取の期日及び場所を相当の期間をおいて通知し、かつ、意見聴取の期日及び場所を公示しなければならない。

3　意見聴取に際しては、当該命令に係る者又はその代理人は、当該事案について意見を述べ、かつ、有利な証拠を提出することができる。

4　第12条の2の規定による命令に係る第1項の意見聴取を行う場合において、当該命令に係る者が当該命令に係る暴力的要求行為をした指定暴力団員の出頭及び意見の陳述を求めたときは、公安委員会は、これを許可することができる。

5　公安委員会は、当該命令に係る者又はその代理人が正当な理由がなくて出頭しないとき、又は当該命令に係る者の所在が不明であるため第2項の規定による通知をすることができず、かつ、同項の規定による公示をした日から起算して30日を経過してもその者の所在が判明しないときは、第1項の規定にかかわらず、意見聴取を行わないで同項に規定する命令をすることができる。

6　前各項に定めるもののほか、第1項の意見聴取の実施について必要な事項は、国家公安委員会規則で定める。

（仮の命令）

第35条 公安委員会は、緊急の必要がある場合においては、前条第1項の規定にかかわらず、同項の意見聴取を行わないで、仮に、第11条第2項、第12条の4第1項、第12条の6第2項、第15条第1項、第18条第2項、第19条、第22条第2項、第23条、第26条第2

項、第27条、第30条の4、第30条の5第1項、第30条の7第2項、第30条の10第2項又は第30条の11第1項の規定（以下この条において「第11条第2項等の規定」という。）による命令をすることができる。

2　前項の規定による命令（以下「仮の命令」という。）の効力は、仮の命令をした日から起算して15日とする。

3　公安委員会は、仮の命令をしたときは、当該仮の命令をした日から起算して15日以内に、公開による意見聴取を行わなければならない。

4　公安委員会がした仮の命令が第15条第1項、第30条の4、第30条の5第1項、第30条の7第2項及び第30条の11第1項に係るもの以外のものである場合において、当該仮の命令を受けた者の当該仮の命令に係る違反行為をした時における住所（当該違反行為をした者が指定暴力団員である場合で当該指定暴力団員の住所が明らかでないときにあっては、当該指定暴力団員の所属する指定暴力団等の主たる事務所。以下この項において「住所等」という。）が当該仮の命令をした公安委員会以外の公安委員会の管轄区域内に在るときは、当該仮の命令をした公安委員会は、前項の規定にかかわらず同項の意見聴取を行うことなく、速やかに、当該仮の命令をした旨をその者の住所等の所在地を管轄する公安委員会に通知しなければならない。この場合において、通知を受けた公安委員会は、当該仮の命令があった日から起算して15日以内に、公開による意見聴取を行わなければならない。

5　前条第1項ただし書、第2項、第3項及び第6項の規定は、前2項の意見聴取について準用する。この場合において、同条第2項中「命令をしようとする理由」とあるのは「仮の命令をした理由」と、「相当の期間をおいて」とあるのは「速やかに」と読み替えるものとする。

6　公安委員会は、第3項又は第4項の意見聴取の結果、仮の命令が不当でないと認めたときは、前条第1項の規定にかかわらず、同項の意見聴取を行わないで第11条第2項等の規定による命令をすることができる。

7　第11条第2項等の規定による命令をしたときは、仮の命令は、その効力を失う。

8　公安委員会は、第3項又は第4項の意見聴取の結果、仮の命令が不当であると認めた場合は、直ちに、その命令の効力を失わせなければならない。

9　仮の命令に係る者の所在が不明であるため第5項において準用する前条第2項の規定による通知をすることができないことにより又は仮の命令に係る者若しくはその代理人が出頭しないことにより、第3項又は第4項の意見聴取を行うことができず、かつ、次に掲げる命令をするため、当該仮の命令があった日から起算して15日以内に同条第1項の意見聴取に係る同条第2項の規定による公示がされているときは、第2項の規定にかかわらず、当該仮の命令の効力は、当該意見聴取の期日（同条第5項の規定に該当する場合にあっては、当該意見聴取に係る公示をした日から起算して30日を経過する日）までとする。

一　当該仮の命令に係る違反行為に関する第11条第2項等の規定（第15条第1項、第30条の4、第30条の5第1項及び第30条の11第1項の規定を除く。）による命令

二　当該仮の命令に係る指定暴力団等の事務所に関する第15条第1項又は第30条の11第1項の規定による命令

三　当該仮の命令に係る請求に関する第30条の4の規定による命令

四　当該仮の命令に係る暴力行為に関する第30条の5第1項の規定による命令

【資料1】 暴力団員による不当な行為の防止等に関する法律（抄）

（公安委員会の報告等）

第36条　公安委員会は、暴力団の活動の状況、暴力団の事務所の所在地その他暴力団の実態を把握して、これらに関する事項を国家公安委員会に報告しなければならない。

2　国家公安委員会は、前項の規定による報告に基づき、報告に係る暴力団の主たる事務所と認められる事務所を決定し、その旨を各公安委員会に通報するものとする。

3　公安委員会は、指定暴力団員に対しこの法律の規定による命令をした場合における当該命令の内容、命令の日時その他指定暴力団等又は指定暴力団員に係る事項で国家公安委員会が定めるものを国家公安委員会に報告しなければならない。この場合において、国家公安委員会は、当該報告に係る事項を各公安委員会に通報するものとする。

4　公安委員会は、第2条、第4条、第15条の2第1項（同条第4項において準用する場合を含む。第39条第11号において同じ。）及び第30条の8第1項の規定による指定並びにこの法律の規定による命令をするについて必要があるときは、官庁、公共団体その他の者に、これらの指定又は命令をするため参考となるべき資料の閲覧又は提供その他の協力を求めることができる。

（審査請求等）

第37条　第3条又は第4条の規定による指定に不服がある者は、国家公安委員会に審査請求をすることができる。

2　国家公安委員会は、指定暴力団等の指定についての審査請求に対する裁決に当たっては、国家公安委員会規則で定めるところにより、審査専門委員の意見を聴かなければならない。

3　指定暴力団等の指定の取消しを求める訴えは、当該指定についての審査請求に対する国家公安委員会の裁決を経た後でなければ、提起することができない。

第38条〜45条　（略）

第8章　罰則

第46条　次の各号のいずれかに該当する者は、3年以下の懲役若しくは500万円以下の罰金に処し、又はこれを併科する。

一　第11条の規定による命令に違反した者

二　第15条の3の規定に違反した者

三　特定危険指定暴力団等の指定暴力団員で、第30条の8第1項に規定する警戒区域において又は当該警戒区域における人の生活若しくは業務の遂行に関して、暴力的要求行為又は第30条の2の規定に違反する行為をしたもの

第47条　次の各号のいずれかに該当する者は、3年以下の懲役若しくは250万円以下の罰金に処し、又はこれを併科する。

一　第12条の規定による命令に違反した者

二　第12条の2の規定による命令に違反した者

三　第12条の4第1項の規定による命令に違反した者

四　第12条の6の規定による命令に違反した者

五　第15条第1項（同条第3項において準用する場合を含む。）の規定による命令に違反した者

六　第18条の規定による命令に違反した者

七　第19条の規定による命令に違反した者

303

第3部　関連資料編

八　第22条の規定による命令に違反した者

九　第23条の規定による命令に違反した者

十　第26条の規定による命令に違反した者

十一　第27条の規定による命令に違反した者

十二　第30条の規定による命令に違反した者

十三　第30条の3の規定による命令に違反した者

十四　第30条の4の規定による命令に違反した者

十五　第30条の5第1項の規定による命令に違反した者

十六　第30条の10の規定による命令に違反した者

十七　第30条の11第1項の規定による命令に違反した者

第48条　第30条の7第1項から第3項までの規定による命令に違反した者は、1年以下の懲役若しくは100万円以下の罰金に処し、又はこれを併科する。

第49条　第33条第1項の規定に違反して報告をせず、若しくは資料を提出せず、若しくは同項の報告若しくは資料の提出について虚偽の報告をし、若しくは虚偽の資料を提出し、又は同項の規定による立入検査を拒み、妨げ、若しくは忌避し、若しくは同項の規定による質問に対して陳述をせず、若しくは虚偽の陳述をした者は、1年以下の懲役又は50万円以下の罰金に処する。

第50条　次の各号のいずれかに該当する者は、6月以下の懲役又は50万円以下の罰金に処する。

一　第30条の7第4項の規定による命令に違反した者

二　第32条の4第7項の規定に違反した者

第51条　第15条第6項、第15条の2第7項又は第30条の11第5項の規定に違反した者は、100万円以下の罰金に処する。

第52条　第32条の11第1項の規定に違反して報告をせず、若しくは虚偽の報告をし、又は同項の規定による立入検査を拒み、妨げ、若しくは忌避し、若しくは同項の規定による質問に対して陳述をせず、若しくは虚偽の陳述をした者は、50万円以下の罰金に処する。

304

【資料2】 東京都暴力団排除条例

（平成23年3月18日、条例第54号）

第1章　総則

（目的）

第1条　この条例は、東京都（以下「都」という。）における暴力団排除活動に関し、基本理念を定め、都及び都民等の責務を明らかにするとともに、暴力団排除活動を推進するための措置、暴力団排除活動に支障を及ぼすおそれのある行為に対する規制等を定め、もって都民の安全で平穏な生活を確保し、及び事業活動の健全な発展に寄与することを目的とする。

（定義）

第2条　この条例において、次の各号に掲げる用語の意義は、それぞれ当該各号に定めるところによる。

一　暴力的不法行為等　暴力団員による不当な行為の防止等に関する法律（平成3年法律第77号。以下「法」という。）第2条第1号に規定する暴力的不法行為等をいう。

二　暴力団　法第2条第2号に規定する暴力団をいう。

三　暴力団員　法第2条第6号に規定する暴力団員をいう。

四　暴力団関係者　暴力団員又は暴力団若しくは暴力団員と密接な関係を有する者をいう。

五　規制対象者　次のいずれかに該当する者をいう。

イ　暴力団員

ロ　法第11条の規定による命令を受けた者であって、当該命令を受けた日から起算して3年を経過しないもの（イに該当する者を除く。）

ハ　法第12条又は第12条の6の規定による命令を受けた者であって、当該命令を受けた日から起算して3年を経過しないもの

ニ　法第12条の4第2項の規定による指示を受けた者であって、当該指示を受けた日から起算して3年を経過しないもの

ホ　暴力団員との間で、その所属する暴力団の威力を示すことが容認されることの対償として、金品その他の財産上の利益を供与すること（以下「利益供与」という。）を合意している者

ヘ　一の暴力団の威力を示すことを常習とする者で、当該暴力団の暴力団員が行った暴力的不法行為等若しくは法第8章に規定する罪に当たる違法な行為に共犯として加功し、又は暴力的不法行為等に係る罪のうち譲渡し若しくは譲受け若しくはこれらに類する形態の罪として東京都公安委員会規則（以下「公安委員会規則」という。）で定めるものに当たる違法な行為で当該暴力団の暴力団員を相手方とするものを行い刑に処せられたものであって、その執行を終わり、又は執行を受けることがなくなった日から起算して5年を経過しないもの

ト　1の暴力団の威力を示すことを常習とする者であって、当該暴力団の暴力団員がその代表者であり若しくはその運営を支配する法人その他の団体の役員若しくは使用人その他の従業者若しくは幹部その他の構成員又は当該暴力団の暴力団員の使用

305

第3部　関連資料編

人その他の従業者

　チ　第29条第1項第2号の規定により公表をされ、当該公表をされた日から起算して1年を経過しない者

六　都民等　都民及び事業者をいう。

七　事業者　事業（その準備行為を含む。以下同じ。）を行う法人その他の団体又は事業を行う場合における個人をいう。

八　青少年　18歳未満の者をいう。

九　暴力団事務所　暴力団の活動の拠点となっている施設又は施設の区画された部分をいう。

十　暴力団排除活動　次条に規定する基本理念に基づき、暴力団員による不当な行為を防止し、及びこれにより都民の生活又は都の区域内の事業活動に生じた不当な影響を排除するための活動をいう。

（基本理念）

第3条　暴力団排除活動は、暴力団が都民の生活及び都の区域内の事業活動に不当な影響を与える存在であるとの認識の下、暴力団と交際しないこと、暴力団を恐れないこと、暴力団に資金を提供しないこと及び暴力団を利用しないことを基本として、都、特別区及び市町村（以下「区市町村」という。）並びに都民等の連携及び協力により推進するものとする。

（適用上の注意）

第4条　この条例の適用に当たっては、都民等の権利を不当に侵害しないように留意しなければならない。

第2章　暴力団排除活動の推進に関する基本的施策等

（都の責務）

第5条　都は、都民等の協力を得るとともに、法第32条の3第1項の規定により東京都公安委員会（以下「公安委員会」という。）から東京都暴力追放運動推進センターとして指定を受けた公益財団法人暴力団追放運動推進都民センター（以下「暴追都民センター」という。）その他の暴力団排除活動の推進を目的とする機関又は団体（以下「暴追都民センター等」という。）との連携を図りながら、暴力団排除活動に関する施策を総合的に推進するものとする。

（平24条例121・1部改正）

（都の行政対象暴力に対する対応方針の策定等）

第6条　都は、法第9条第21号から第27号までに掲げる行為（同条第25号に掲げる行為を除く。）その他の行政対象暴力（暴力団関係者が、不正な利益を得る目的で、地方公共団体等の行政機関又はその職員を対象として行う違法又は不当な行為をいう。）を防止し、都の職員の安全及び公務の適正かつ円滑な執行を確保するため、具体的な対応方針を定めることその他の必要な措置を講ずるものとする。

（平24条例121・1部改正）

（都の事務事業に係る暴力団排除措置）

第7条　都は、公共工事その他の都の事務又は事業により、暴力団の活動を助長し、又は暴力団の運営に資することとならないよう、都が締結する売買、貸借、請負その他の契約（以下「都の契約」という。）及び公共工事における都の契約の相手方と下請負人と

306

【資料2】 東京都暴力団排除条例

の契約等都の事務又は事業の実施のために必要な都の契約に関連する契約（以下この条において「関連契約」という。）に関し、当該都の契約の相手方、代理又は媒介をする者その他の関係者が暴力団関係者でないことを確認するなど、暴力団関係者の関与を防止するために必要な措置を講ずるものとする。

2　都は、都の契約を書面により締結する場合には、次に掲げる内容の特約を契約書その他の書面に定めるものとする。

　一　当該都の契約の相手方又は代理若しくは媒介をする者が暴力団関係者であることが判明した場合には、都は催告することなく当該都の契約を解除することができること。

　二　関連契約の当事者又は代理若しくは媒介をする者が暴力団関係者であることが判明した場合には、都は当該都の契約の相手方に対し、当該関連契約の解除その他の必要な措置を講ずるよう求めることができること。

　三　前号の規定により必要な措置を講ずるよう求めたにもかかわらず、当該都の契約の相手方が正当な理由なくこれを拒否した場合には、都は当該相手方を都の契約に関与させないことができること。

3　都は、前項第1号に掲げる内容の特約を定めた都の契約の相手方又は代理若しくは媒介をする者が暴力団関係者であることが判明した場合には、当該都の契約を解除するよう努めるとともに、当該相手方を都の契約に関与させないよう努めるものとする。

4　都は、第2項第2号及び第3号に掲げる内容の特約を定めた都の契約に係る関連契約の当事者又は代理若しくは媒介をする者が暴力団関係者であることが判明した場合には、当該都の契約の相手方に対し、当該関連契約の解除その他の必要な措置を講ずるよう求めるとともに、当該相手方が正当な理由なくこれを拒否したときは、当該相手方を都の契約に関与させないよう努めるものとする。

5　都は、前2項に規定する措置を講じた場合には、当該措置の理由、期間等を公表するとともに、国及び区市町村に対して通知するものとする。

（広報及び啓発）

第8条　都は、都民等が暴力団排除活動の重要性について理解を深めることにより暴力団排除活動の気運が醸成されるよう、暴追都民センター等と連携し、広報及び啓発を行うものとする。

（都民等に対する支援）

第9条　都は、都民等が暴力団排除活動に自主的に、かつ、相互に連携して取り組むことができるよう、暴追都民センター等と連携し、都民等に対し、情報の提供、助言その他の必要な支援を行うものとする。

（青少年の教育等に対する支援）

第10条　都は、青少年の教育又は育成に携わる者が第16条に規定する措置を円滑に講ずることができるよう、暴追都民センター等と連携し、職員の派遣、情報の提供、助言その他の必要な支援を行うものとする。

（区市町村との協力）

第11条　都は、区市町村が、暴力団排除活動のための施策を円滑に講ずることができるよう、情報の提供、助言その他の必要な協力を行うものとする。

（暴力団からの離脱促進）

第12条　都は、暴力団員の暴力団からの離脱を促進するため、暴追都民センター等と連携し、情報の提供、指導、助言その他の必要な措置を講ずるよう努めるものとする。

307

第3部　関連資料編

（請求の援助）

第13条　公安委員会は、暴力団事務所の使用の差止めの請求、暴力団員の犯罪行為により被害を受けた者の当該暴力団員に対する損害賠償請求その他の暴力団員に対する請求であって暴力団排除活動に資すると認められるものをし、又はしようとする者に対し、当該請求に関し、暴追都民センターと連携して、情報の提供その他の必要な援助を行うよう努めるものとする。

（保護措置）

第14条　警視総監は、暴力団排除活動に取り組んだこと等により暴力団又は暴力団員から危害を受けるおそれがあると認められる者（以下「保護対象者」という。）に対し、警察官による警戒活動その他の保護対象者の安全で平穏な生活を確保するために必要な措置を講ずるものとする。

第3章　都民等の役割

（都民等の責務）

第15条　都民等は、第3条に規定する基本理念に基づき、次に掲げる行為を行うよう努めるものとする。

一　暴力団排除活動に資すると認められる情報を知った場合には、都又は暴追都民センター等に当該情報を提供すること。

二　都が実施する暴力団排除活動に関する施策に3画又は協力すること。

三　暴力団排除活動に自主的に、かつ、相互に連携して取り組むこと。

（青少年に対する措置）

第16条　青少年の教育又は育成に携わる者は、青少年が、暴力団が都民の生活等に不当な影響を与える存在であることを認識し、暴力団に加入せず、及び暴力団員による犯罪の被害を受けないよう、青少年に対し、指導、助言その他の必要な措置を講ずるよう努めるものとする。

（祭礼等における措置）

第17条　祭礼、花火大会、興行その他の公共の場所に不特定又は多数の者が特定の目的のために1時的に集合する行事（第21条第4号において「祭礼等行事」という。）の主催者又はその運営に携わる者は、当該行事により暴力団の活動を助長し、又は暴力団の運営に資することとならないよう、当該行事の運営に暴力団又は暴力団員を関与させないなど、必要な措置を講ずるよう努めるものとする。

（事業者の契約時における措置）

第18条　事業者は、その行う事業に係る契約が暴力団の活動を助長し、又は暴力団の運営に資することとなる疑いがあると認める場合には、当該事業に係る契約の相手方、代理又は媒介をする者その他の関係者が暴力団関係者でないことを確認するよう努めるものとする。

2　事業者は、その行う事業に係る契約を書面により締結する場合には、次に掲げる内容の特約を契約書その他の書面に定めるよう努めるものとする。

一　当該事業に係る契約の相手方又は代理若しくは媒介をする者が暴力団関係者であることが判明した場合には、当該事業者は催告することなく当該事業に係る契約を解除することができること。

二　工事における事業に係る契約の相手方と下請負人との契約等当該事業に係る契約に

【資料2】 東京都暴力団排除条例

関連する契約（以下この条において「関連契約」という。）の当事者又は代理若しくは媒介をする者が暴力団関係者であることが判明した場合には、当該事業者は当該事業に係る契約の相手方に対し、当該関連契約の解除その他の必要な措置を講ずるよう求めることができること。

三　前号の規定により必要な措置を講ずるよう求めたにもかかわらず、当該事業に係る契約の相手方が正当な理由なくこれを拒否した場合には、当該事業者は当該事業に係る契約を解除することができること。

（不動産の譲渡等における措置）

第19条　都内に所在する不動産（以下「不動産」という。）の譲渡又は貸付け（地上権の設定を含む。以下「譲渡等」という。）をする者は、当該譲渡等に係る契約を締結するに当たり、当該契約の相手方に対し、当該不動産を暴力団事務所の用に供するものでないことを確認するよう努めるものとする。

2　不動産の譲渡等をする者は、当該譲渡等に係る契約を書面により締結する場合には、次に掲げる内容の特約を契約書その他の書面に定めるよう努めるものとする。

一　当該不動産を暴力団事務所の用に供し、又は第3者をして暴力団事務所の用に供させてはならないこと。

二　当該不動産が暴力団事務所の用に供されていることが判明した場合には、当該不動産の譲渡等をした者は、催告することなく当該不動産の譲渡等に係る契約を解除し、又は当該不動産の買戻しをすることができること。

（不動産の譲渡等の代理又は媒介における措置）

第20条　不動産の譲渡等の代理又は媒介をする者は、自己が譲渡等の代理又は媒介をする不動産が暴力団事務所の用に供されることとなることの情を知って、当該不動産の譲渡等に係る代理又は媒介をしないよう努めるものとする。

2　不動産の譲渡等の代理又は媒介をする者は、当該譲渡等をする者に対し、前条の規定の遵守に関し助言その他の必要な措置を講ずるよう努めるものとする。

第4章　禁止措置

（妨害行為の禁止）

第21条　何人も、次の各号のいずれかに該当する行為を、当該行為を行い、若しくは行おうとする者（当該行為に係る事務を行う者を含む。以下この条において「行為者」という。）又はその配偶者、直系若しくは同居の親族その他当該行為者と社会生活において密接な関係を有する者（以下「行為者等」という。）を威迫し、行為者等につきまとい、その他行為者等に不安を覚えさせるような方法で、妨害してはならない。

一　暴力団から離脱する意思を有する者又は離脱した者に対し、その離脱を援助するため、雇用機会を提供し、就労をあっせんし、又は住居若しくは資金の提供を行う行為

二　都民等が所有し、占有し、又は管理する施設のうち、不特定又は多数の者の利用に供するものであって、暴力団員による利用を制限しているものについて、暴力団員による利用を拒絶する行為

三　青少年が暴力団に加入すること又は青少年が暴力団員による犯罪の被害を受けることを防止するために指導、助言その他の必要な措置を行う行為

四　祭礼等行事について、暴力団又は暴力団員が当該行事の運営に関与すること又は当該行事に参加することを拒絶する行為

309

第3部　関連資料編

　　五　事業者が、その事業に係る契約において定められた第18条第2項各号に掲げる内容
　　　の特約により、当該事業に係る契約を解除し、又は当該契約の相手方に対して必要な
　　　措置を講ずるよう求める行為
　　六　不動産の譲渡等をした者が、当該譲渡等に係る契約において定められた第19条第2
　　　項第2号に掲げる内容の特約により、当該不動産の譲渡等に係る契約を解除し、又は
　　　当該不動産を買い戻す行為
　　七　不動産の譲渡等の代理又は媒介をする者が、当該不動産が暴力団事務所の用に供さ
　　　れることとなることの情を知った場合において、当該不動産の譲渡等の代理又は媒介
　　　をすることを拒絶する行為
　　八　第24条第1項又は第3項の規定により禁止されている利益供与を拒絶する行為
　　九　第25条第2項の規定により禁止されている自己の名義を利用させることを拒絶する
　　　行為
（暴力団事務所の開設及び運営の禁止）
第22条　暴力団事務所は、次に掲げる施設の敷地（これらの用に供せられるものと決定し
　た土地を含む。）の周囲200メートルの区域内において、これを開設し、又は運営しては
　ならない。
　　一　学校教育法（昭和22年法律第26号）第1条に規定する学校（大学を除く。）又は同
　　　法第124条に規定する専修学校（高等課程を置くものに限る。）
　　二　裁判所法（昭和22年法律第59号）第2条第1項に規定する家庭裁判所
　　三　児童福祉法（昭和22年法律第164号）第7条第1項に規定する児童福祉施設若しく
　　　は同法第12条第1項に規定する児童相談所又は東京都安全安心まちづくり条例（平成
　　　15年東京都条例第114号）第7条の規定に基づき同法第7条に規定する児童福祉施設
　　　に類する施設として東京都規則で定めるもの
　　四　少年院法（平成26年法律第58号）第3条に規定する少年院
　　五　少年鑑別所法（平成26年法律第59号）第3条に規定する少年鑑別所
　　六　社会教育法（昭和24年法律第207号）第20条に規定する公民館
　　七　図書館法（昭和25年法律第118号）第2条第1項に規定する図書館
　　八　博物館法（昭和26年法律第285号）第2条第1項に規定する博物館
　　九　更生保護法（平成19年法律第88号）第29条に規定する保護観察所
　　十　前各号に掲げるもののほか、特にその周辺における青少年の健全な育成を図るため
　　　の良好な環境を保全する必要がある施設として公安委員会規則で定めるもの
　2　前項の規定は、同項の規定の施行又は適用の際に、現に運営されている暴力団事務所
　　については、適用しない。ただし、1の暴力団のものとして運営されていた暴力団事務
　　所が、他の暴力団のものとして開設され、又は運営される場合には、この限りでない。
（平27条例76・平27条例98・1部改正）
（青少年を暴力団事務所へ立ち入らせることの禁止）
第23条　暴力団員は、正当な理由なく、青少年を自己が活動の拠点とする暴力団事務所に
　立ち入らせてはならない。
（事業者の規制対象者等に対する利益供与の禁止等）
第24条　事業者は、その行う事業に関し、規制対象者が次の各号のいずれかに該当する行
　為を行うこと又は行ったことの対償として、当該規制対象者又は当該規制対象者が指定
　した者に対して、利益供与をしてはならない。

310

【資料2】 東京都暴力団排除条例

　一　暴力的不法行為等

　二　当該規制対象者が暴力団員である場合において、当該規制対象者の所属する暴力団の威力を示して行う法第9条各号に掲げる行為

　三　暴力団員が当該暴力団員の所属する暴力団の威力を示して行う法第9条各号に掲げる行為を行っている現場に立ち会い、当該行為を助ける行為

2　規制対象者は、事業者が前項の規定に違反することとなることの情を知って、当該事業者から利益供与を受け、又は当該事業者に当該規制対象者が指定した者に対する利益供与をさせてはならない。

3　事業者は、第1項に定めるもののほか、その行う事業に関し、暴力団の活動を助長し、又は暴力団の運営に資することとなることの情を知って、規制対象者又は規制対象者が指定した者に対して、利益供与をしてはならない。ただし、法令上の義務又は情を知らないでした契約に係る債務の履行としてする場合その他正当な理由がある場合には、この限りでない。

4　規制対象者は、事業者が前項の規定に違反することとなることの情を知って、当該事業者から利益供与を受け、又は当該事業者に当該規制対象者が指定した者に対する利益供与をさせてはならない。

（他人の名義利用の禁止等）

第25条　暴力団員は、自らが暴力団員である事実を隠蔽する目的で、他人の名義を利用してはならない。

2　何人も、暴力団員が前項の規定に違反することとなることの情を知って、暴力団員に対し、自己の名義を利用させてはならない。

第5章　違反者に対する措置等

（報告及び立入り）

第26条　公安委員会は、この条例の施行に必要があると認める場合には、この条例の施行に必要な限度において、事業者、規制対象者その他の関係者に対し、報告若しくは資料の提出を求め、又は警察職員に事業所、暴力団事務所その他の施設に立ち入り、帳簿、書類その他の物件を検査させ、若しくは関係者に質問させることができる。

2　前項の規定による立入検査をする警察職員は、その身分を示す証明書を携帯し、関係者に提示しなければならない。

3　第1項の規定による立入検査の権限は、犯罪捜査のために認められたものと解してはならない。

（勧告）

第27条　公安委員会は、第24条又は第25条の規定に違反する行為があると認める場合には、当該行為を行った者に対し、第24条又は第25条の規定に違反する行為が行われることを防止するために必要な措置をとるよう勧告をすることができる。

（適用除外）

第28条　第24条第3項又は第25条第2項の規定に違反する行為を行った者が、前条の規定により公安委員会が勧告を行う前に、公安委員会に対し、当該行為に係る事実の報告又は資料の提出を行い、かつ、将来にわたってそれぞれ違反する行為の態様に応じて第24条第3項又は第25条第2項の規定に違反する行為を行わない旨の書面を提出した場合には、前条の規定を適用しない。

311

第3部　関連資料編

（公表）

第29条　公安委員会は、次の各号のいずれかに該当する場合には、その旨を公表することができる。

一　第23条の規定に違反する行為を行った者が、次条第3項又は第4項の規定による命令を受けた場合

二　第24条第1項又は第2項の規定に違反した事実に基づき第27条の規定による勧告を受けた者が、当該勧告を受けた日から起算して1年以内に、正当な理由なく、再び第24条第1項又は第2項の規定に違反する行為を行った場合

三　第24条第1項又は第2項の規定に違反した事実に基づき第27条の規定による勧告を受けた者が、当該勧告を受けた日から起算して1年以内に、正当な理由なく、第24条第3項の規定に違反して、相当の対価のない利益供与その他の不当に優先的な利益供与をした場合、又は同条第4項の規定に違反して、相当の対価のない利益供与その他の不当に優先的な利益供与を受け、若しくはさせた場合

四　第24条第3項又は第4項の規定に違反した事実に基づき第27条の規定による勧告を受けた者が、当該勧告を受けた日から起算して1年以内に、正当な理由なく、第24条第1項又は第2項の規定に違反する行為を行った場合

五　第24条第3項又は第4項の規定に違反した事実に基づき第27条の規定による勧告を受けた者が、当該勧告を受けた日から起算して1年以内に、正当な理由なく、第24条第3項の規定に違反して、相当の対価のない利益供与その他の不当に優先的な利益供与をした場合、又は同条第4項の規定に違反して、相当の対価のない利益供与その他の不当に優先的な利益供与を受け、若しくはさせた場合

六　第25条の規定に違反した事実に基づき第27条の規定による勧告を受けた者が、当該勧告を受けた日から起算して1年以内に、正当な理由なく、再び第25条の規定に違反する行為を行った場合

七　第26条第1項の規定により、報告若しくは資料の提出を求められ、又は立入りを受けた者が、同項の報告をせず、若しくは資料を提出せず、若しくは同項の報告若しくは資料の提出について虚偽の報告をし、若しくは虚偽の資料を提出し、又は同項の立入検査を拒み、妨げ、若しくは忌避した場合

八　前条の規定による事実の報告又は資料の提出を行い、かつ、将来にわたって第24条第3項又は第25条第2項の規定に違反する行為を行わない旨の書面を提出した者が、前条の報告若しくは資料の提出について虚偽の報告をし、若しくは虚偽の資料を提出し、又はそれぞれ提出した当該書面の内容に反して再び第24条第3項若しくは第25条第2項の規定に違反する行為を行った場合

2　公安委員会は、前項の規定による公表をする場合には、青少年の氏名、住居、容貌等が推知されることのないよう必要な配慮をしなければならない。

3　公安委員会は、第1項の規定による公表をする場合には、当該公表に係る者に対し、意見を述べる機会を与えなければならない。

（命令）

第30条　公安委員会は、第21条の規定に違反する行為を行っている者に対し、当該行為を中止することを命じ、又は当該行為が中止されることを確保するために必要な事項を命ずることができる。

2　公安委員会は、第21条の規定に違反する行為を行った者が、行為者等の生命、身体又

312

【資料2】 東京都暴力団排除条例

は財産に危害を加える方法で同条の規定に違反する行為を行うおそれがあると認める場合には、当該行為を行った者に対し、1年を超えない範囲内で期間を定めて、同条の規定に違反する行為を防止するために必要な事項を命ずることができる。

3　公安委員会は、第23条の規定に違反する行為を行っている者に対し、当該行為を中止することを命じ、又は当該行為が中止されることを確保するために必要な事項を命ずることができる。

4　公安委員会は、第23条の規定に違反する行為を行った者が、更に同条の規定に違反する行為を行うおそれがあると認める場合には、当該行為を行った者に対し、1年を超えない範囲内で期間を定めて、同条の規定に違反する行為を防止するために必要な事項を命ずることができる。

5　公安委員会は、前条第1項第2号の規定による公表に係る者が、当該公表の日から起算して1年以内に、更に第24条第1項又は第2項の規定に違反する行為を行った場合には、当該行為を行った者に対し、1年を超えない範囲内で期間を定めて、同条第1項又は第2項の規定に違反する行為を防止するために必要な事項を命ずることができる。

第6章　雑則

（委任）

第31条　この条例に定めるもののほか、この条例の施行に関し必要な事項は、公安委員会規則で定める。

（公安委員会の事務の委任）

第32条　公安委員会は、第3条第1項又は第3項の規定による命令を警察署長に行わせることができる。

第7章　罰則

（罰則）

第33条　次の各号のいずれかに該当する者は、1年以下の懲役又は50万円以下の罰金に処する。

一　第22条第1項の規定に違反して暴力団事務所を開設し、又は運営した者

二　第30条第1項、第2項又は第5項の規定による命令に違反した者

2　第30条第3項又は第4項の規定による命令に違反した者は、6月以下の懲役又は50万円以下の罰金に処する。

（両罰規定）

第34条　法人（法人でない団体で代表者又は管理人の定めのあるものを含む。以下この項において同じ。）の代表者若しくは管理人又は法人若しくは人の代理人、使用人その他の従業者が、その法人又は人の業務に関し、前条の違反行為を行った場合には、行為者を罰するほか、その法人又は人に対しても、同条の罰金刑を科する。

2　法人でない団体について前項の規定の適用がある場合には、その代表者又は管理人がその訴訟行為について法人でない団体を代表するほか、法人を被告人又は被疑者とする場合の刑事訴訟に関する法律の規定を準用する。

313

第３部　関連資料編

【資料３】　企業が反社会的勢力による被害を防止するための指針について

$$\left(\begin{array}{l}平　成　１　９　年　６　月　１　９　日 \\ 犯罪対策閣僚会議幹事会申合せ\end{array}\right)$$

　近年、暴力団は、組織実態を隠ぺいする動きを強めるとともに、活動形態においても、企業活動を装ったり、政治活動や社会運動を標ぼうしたりするなど、更なる不透明化を進展させており、また、証券取引や不動産取引等の経済活動を通じて、資金獲得活動を巧妙化させている。

　今日、多くの企業が、企業倫理として、暴力団を始めとする反社会的勢力と一切の関係をもたないことを掲げ、様々な取組みを進めているところであるが、上記のような暴力団の不透明化や資金獲得活動の巧妙化を踏まえると、暴力団排除意識の高い企業であったとしても、暴力団関係企業等と知らずに結果的に経済取引を行ってしまう可能性があることから、反社会的勢力との関係遮断のための取組みをより一層推進する必要がある。

　言うまでもなく、反社会的勢力を社会から排除していくことは、暴力団の資金源に打撃を与え、治安対策上、極めて重要な課題であるが、企業にとっても、社会的責任の観点から必要かつ重要なことである。特に、近時、コンプライアンス重視の流れにおいて、反社会的勢力に対して屈することなく法律に則して対応することや、反社会的勢力に対して資金提供を行わないことは、コンプライアンスそのものであるとも言える。

　さらには、反社会的勢力は、企業で働く従業員を標的として不当要求を行ったり、企業そのものを乗っ取ろうとしたりするなど、最終的には、従業員や株主を含めた企業自身に多大な被害を生じさせるものであることから、反社会的勢力との関係遮断は、企業防衛の観点からも必要不可欠な要請である。

　このような認識の下、犯罪対策閣僚会議の下に設置された暴力団資金源等総合対策ワーキングチームにおける検討を経て、企業が反社会的勢力による被害を防止するための基本的な理念や具体的な対応について、別紙のとおり「企業が反社会的勢力による被害を防止するための指針」を取りまとめた。

　関係府省においては、今後、企業において、本指針に示す事項が実施され、その実効が上がるよう、普及啓発に努めることとする。

（別紙）

企業が反社会的勢力による被害を防止するための指針

　近年、暴力団は、組織実態を隠ぺいする動きを強めるとともに、活動形態においても、企業活動を装ったり、政治活動や社会運動を標ぼうしたりするなど、更なる不透明化を進展させており、また、証券取引や不動産取引等の経済活動を通じて、資金獲得活動を巧妙化させている。

　今日、多くの企業が、企業倫理として、暴力団を始めとする反社会的勢力[1]と一切の関係をもたないことを掲げ、様々な取組みを進めているところであるが、上記のよ

314

【資料3】　企業が反社会的勢力による被害を防止するための指針について

うな暴力団の不透明化や資金獲得活動の巧妙化を踏まえると、暴力団排除意識の高い企業であったとしても、暴力団関係企業等と知らずに結果的に経済取引を行ってしまう可能性があることから、反社会的勢力との関係遮断のための取組みをより一層推進する必要がある。

　言うまでもなく、反社会的勢力を社会から排除していくことは、暴力団の資金源に打撃を与え、治安対策上、極めて重要な課題であるが、企業にとっても、社会的責任の観点から必要かつ重要なことである。特に、近時、コンプライアンス重視の流れにおいて、反社会的勢力に対して屈することなく法律に則して対応することや、反社会的勢力に対して資金提供を行わないことは、コンプライアンスそのものであるとも言える。

　さらには、反社会的勢力は、企業で働く従業員を標的として不当要求を行ったり、企業そのものを乗っ取ろうとしたりするなど、最終的には、従業員や株主を含めた企業自身に多大な被害を生じさせるものであることから、反社会的勢力との関係遮断は、企業防衛の観点からも必要不可欠な要請である。

　本指針は、このような認識の下、反社会的勢力による被害を防止するため、基本的な理念や具体的な対応を取りまとめたものである。

1　反社会的勢力による被害を防止するための基本原則
　○　組織としての対応
　○　外部専門機関との連携
　○　取引を含めた一切の関係遮断
　○　有事における民事と刑事の法的対応
　○　裏取引や資金提供の禁止

2　基本原則に基づく対応
(1)　反社会的勢力による被害を防止するための基本的な考え方
　○　反社会的勢力による不当要求は、人の心に不安感や恐怖感を与えるものであり、何らかの行動基準等を設けないままに担当者や担当部署だけで対応した場合、要求に応じざるを得ない状況に陥ることもあり得るため、企業の倫理規程、行動規範、社内規則等に明文の根拠を設け、担当者や担当部署だけに任せずに、代表取締役等の経営トップ以下、組織全体として対応する。
　○　反社会的勢力による不当要求に対応する従業員の安全を確保する。
　○　反社会的勢力による不当要求に備えて、平素から、警察、暴力追放運動推進センター、弁護士等の外部の専門機関（以下「外部専門機関」という。）と緊密な連携関係を構築する。
　○　反社会的勢力とは、取引関係を含めて、一切の関係をもたない。また、反社会的勢力による不当要求は拒絶する。
　○　反社会的勢力による不当要求に対しては、民事と刑事の両面から法的対応を

1　暴力、威力と詐欺的手法を駆使して経済的利益を追求する集団又は個人である「反社会的勢力」をとらえるに際しては、暴力団、暴力団関係企業、総会屋、社会運動標ぼうゴロ、政治活動標ぼうゴロ、特殊知能暴力集団等といった属性要件に着目するとともに、暴力的な要求行為、法的な責任を超えた不当な要求といった行為要件にも着目することが重要である。

315

第3部　関連資料編

行う。

○　反社会的勢力による不当要求が、事業活動上の不祥事や従業員の不祥事を理由とする場合であっても、事案を隠ぺいするための裏取引を絶対に行わない。

○　反社会的勢力への資金提供は、絶対に行わない。

(2)　平素からの対応

○　代表取締役等の経営トップは、(1)の内容を基本方針として社内外に宣言し、その宣言を実現するための社内体制の整備、従業員の安全確保、外部専門機関との連携等の一連の取組みを行い、その結果を取締役会等に報告する。

○　反社会的勢力による不当要求が発生した場合の対応を統括する部署（以下「反社会的勢力対応部署」という。）を整備する。反社会的勢力対応部署は、反社会的勢力に関する情報を一元的に管理・蓄積し、反社会的勢力との関係を遮断するための取組みを支援するとともに、社内体制の整備、研修活動の実施、対応マニュアルの整備、外部専門機関との連携等を行う。

○　反社会的勢力とは、一切の関係をもたない。そのため、相手方が反社会的勢力であるかどうかについて、常に、通常必要と思われる注意を払うとともに、反社会的勢力とは知らずに何らかの関係を有してしまった場合には、相手方が反社会的勢力であると判明した時点や反社会的勢力であるとの疑いが生じた時点で、速やかに関係を解消する。

○　反社会的勢力が取引先や株主となって、不当要求を行う場合の被害を防止するため、契約書や取引約款に暴力団排除条項[2]を導入するとともに、可能な範囲内で自社株の取引状況を確認する。

○　取引先の審査や株主の属性判断等を行うことにより、反社会的勢力による被害を防止するため、反社会的勢力の情報を集約したデータベースを構築する。同データベースは、暴力追放運動推進センターや他企業等の情報を活用して逐次更新する。

○　外部専門機関の連絡先や担当者を確認し、平素から担当者同士で意思疎通を行い、緊密な連携関係を構築する。暴力追放運動推進センター、企業防衛協議会、各種の暴力団排除協議会等が行う地域や職域の暴力団排除活動に参加する。

(3)　有事の対応（不当要求への対応）

○　反社会的勢力による不当要求がなされた場合には、当該情報を、速やかに反社会的勢力対応部署へ報告・相談し、さらに、速やかに当該部署から担当取締役等に報告する。

○　反社会的勢力から不当要求がなされた場合には、積極的に、外部専門機関に相談するとともに、その対応に当たっては、暴力追放運動推進センター等が示している不当要求対応要領等に従って対応する。要求が正当なものであるとき

2　契約自由の原則が妥当する私人間の取引において、契約書や契約約款の中に、①暴力団を始めとする反社会的勢力が、当該取引の相手方となることを拒絶する旨や、②当該取引が開始された後に、相手方が暴力団を始めとする反社会的勢力であると判明した場合や相手方が不当要求を行った場合に、契約を解除してその相手方を取引から排除できる旨を盛り込んでおくことが有効である。

は、法律に照らして相当な範囲で責任を負う。

○　反社会的勢力による不当要求がなされた場合には、担当者や担当部署だけに任せずに、不当要求防止責任者を関与させ、代表取締役等の経営トップ以下、組織全体として対応する。その際には、あらゆる民事上の法的対抗手段を講ずるとともに、刑事事件化を躊躇ちゅうちょしない。特に、刑事事件化については、被害が生じた場合に、泣き寝入りすることなく、不当要求に屈しない姿勢を反社会的勢力に対して鮮明にし、更なる不当要求による被害を防止する意味からも、積極的に被害届を提出する。

○　反社会的勢力による不当要求が、事業活動上の不祥事や従業員の不祥事を理由とする場合には、反社会的勢力対応部署の要請を受けて、不祥事案を担当する部署が速やかに事実関係を調査する。調査の結果、反社会的勢力の指摘が虚偽であると判明した場合には、その旨を理由として不当要求を拒絶する。また、真実であると判明した場合でも、不当要求自体は拒絶し、不祥事案の問題については、別途、当該事実関係の適切な開示や再発防止策の徹底等により対応する。

○　反社会的勢力への資金提供は、反社会的勢力に資金を提供したという弱みにつけこまれた不当要求につながり、被害の更なる拡大を招くとともに、暴力団の犯罪行為等を助長し、暴力団の存続や勢力拡大を下支えするものであるため、絶対に行わない。

3　内部統制システムと反社会的勢力による被害防止との関係

　会社法上の大会社や委員会設置会社の取締役会は、健全な会社経営のために会社が営む事業の規模、特性等に応じた法令等の遵守体制・リスク管理体制（いわゆる内部統制システム）の整備を決定する義務を負い、また、ある程度以上の規模の株式会社の取締役は、善管注意義務として、事業の規模、特性等に応じた内部統制システムを構築し、運用する義務があると解されている。

　反社会的勢力による不当要求には、企業幹部、従業員、関係会社を対象とするものが含まれる。また、不祥事を理由とする場合には、企業の中に、事案を隠ぺいしようとする力が働きかねない。このため、反社会的勢力による被害の防止は、業務の適正を確保するために必要な法令等遵守・リスク管理事項として、内部統制システムに明確に位置付けることが必要である。

317

第3部　関連資料編

【資料4】 企業が反社会的勢力による被害を防止するための指針に関する解説

(1) 本指針の対象や法的性格

　本指針は、あらゆる企業を対象として、反社会的勢力による被害を防止するための基本的な理念や具体的な対応を定めたものであり、法的拘束力はない。

　したがって、本指針の内容を完全に実施しなかったからといって、直ちに、罰則等の何らかの不利益が、与えられるものではない。また、中小企業や零細企業においては、これらの内容を忠実に実施することは困難を伴うため、適宜、企業規模に応じて、指針の5つの基本原則を中心とした適切な対応をすることが大切である。

　なお、法的拘束力はないが、本指針策定後、例えば、取締役の善管注意義務の判断に際して、民事訴訟等の場において、本指針が参考にされることなどはあり得るものと考えている（例えば、東証一部上場のミシン等製造販売会社の取締役に対する損害賠償請求訴訟における最高裁判決（平成18年4月10日）が参考となる）。

(2) 反社会的勢力との関係遮断を社内規則等に明文化する意義

　今日、反社会的勢力との関係遮断については、（社）日本経済団体連合会の「企業行動憲章」のほか、多くの企業が、当該企業の企業倫理規程の中に盛り込んでいる。

　かかる企業倫理規程は、従業員の倫理に期待し、従業員の自発的な適正処理を促すために有用であるものの、反社会的勢力への対応を、単に従業員の倫理の問題としてとらえると、企業内に、反社会的勢力の不当要求を問題化せず安易に解決しようとする者がいる場合に、反社会的勢力と直接に対峙する担当者が、相手方の不当要求と当該社内関係者の判断との間で板挟みになり、従業員の倫理だけでは処理しきれない問題に直面し、判断を誤らせるおそれがある。また、反社会的勢力への対応は、その性質上、企業の担当者が当該問題を企業にとって不名誉なことと受け取ったり、相手方に対する恐怖心を抱いたりすることから、適切に処理することに困難が伴う。

　そこで、反社会的勢力との関係遮断を更に確実なものとするため、反社会的勢力との関係遮断を、単なる倫理の問題としてとらえるのではなく、法令遵守に関わる重大な問題としてとらえ、外部専門機関と連携して、その助言・助力を得て法的に対応し、問題を解決することを手順化することが有効となる。

　そのためには、企業は、反社会的勢力との関係遮断を、内部統制システムの法令等遵守・リスク管理事項として明記するとともに、社内規則等の服務規程の中にも規定することが重要と考えられる。

(3) 不当要求の二つの類型（接近型と攻撃型）

　反社会的勢力による不当要求の手口として、「接近型」と「攻撃型」の2種類があり、それぞれにおける対策は、次のとおりである。

【資料4】　企業が反社会的勢力による被害を防止するための指針に関する解説

① 接近型（反社会的勢力が、機関誌の購読要求、物品の購入要求、寄付金や賛助金の要求、下請け契約の要求を行うなど、「一方的なお願い」あるいは「勧誘」という形で近づいてくるもの）
　→ 契約自由の原則に基づき、「当社としてはお断り申し上げます」「申し訳ありませんが、お断り申し上げます」等と理由を付けずに断ることが重要である。理由をつけることは、相手側に攻撃の口実を与えるのみであり、妥当ではない。
② 攻撃型（反社会的勢力が、企業のミスや役員のスキャンダルを攻撃材料として公開質問状を出したり、街宣車による街宣活動をしたりして金銭を要求する場合や、商品の欠陥や従業員の対応の悪さを材料としてクレームをつけ、金銭を要求する場合）
　→ 反社会的勢力対応部署の要請を受けて、不祥事案を担当する部署が速やかに事実関係を調査する。仮に、反社会的勢力の指摘が虚偽であると判明した場合には、その旨を理由として不当要求を拒絶する。また、仮に真実であると判明した場合でも、不当要求自体は拒絶し、不祥事案の問題については、別途、当該事実関係の適切な開示や再発防止策の徹底等により対応する。

(4) 反社会的勢力との一切の関係遮断

　反社会的勢力による被害を防止するためには、反社会的勢力であると完全に判明した段階のみならず、反社会的勢力であるとの疑いを生じた段階においても、関係遮断を図ることが大切である。
　勿論、実際の実務においては、反社会的勢力の疑いには濃淡があり、企業の対処方針としては、
　① 直ちに契約等を解消する
　② 契約等の解消に向けた措置を講じる
　③ 関心を持って継続的に相手を監視する（＝将来における契約等の解消に備える）
などの対応が必要となると思われる。
　ただ、いずれにせよ、最終的に相手方が反社会的勢力であると合理的に判断される場合には、関係を解消することが大切である。
　なお、金融機関が行った融資等、取引の相手が反社会的勢力であると判明した時点で、契約上、相手方に期限の利益がある場合、企業の対応としては、関係の解消までに一定の期間を要することもあるが、不当要求には毅然と対応しつつ、可能な限り速やかに関係を解消することが大切である。

(5) 契約書及び取引約款における暴力団排除条項の意義

　暴力団を始めとする反社会的勢力が、その正体を隠して経済的取引の形で企業に接近し、取引関係に入った後で、不当要求やクレームの形で金品等を要求する手口がみられる。また、相手方が不当要求等を行わないとしても、暴力団の構成員又は暴力団と何らかのつながりのある者と契約関係を持つことは、暴力団との密接な交際や暴力団への利益供与の危険を伴うものである。

319

第3部　関連資料編

　こうした事態を回避するためには、企業が社内の標準として使用する契約書や取引約款に暴力団排除条項を盛り込むことが望ましい。

　本来、契約を結ぶまでの時点では、〈契約自由の原則〉に基づき、反社会的勢力との契約を、企業の総合的判断に基づいて拒絶することは自由である。また、契約関係に入ってからの時点においても、相手方が違法・不当な行為を行った場合や、事実に反することを告げた場合には、〈信頼関係破壊の法理〉の考え方を踏まえ、契約関係を解除することが適切である。

　したがって、暴力団排除条項の活用に当たっては、反社会的勢力であるかどうかという属性要件のみならず、反社会的勢力であることを隠して契約を締結することや、契約締結後違法・不当な行為を行うことという行為要件の双方を組み合わせることが適切であると考えられる。

---

(6)　不実の告知に着目した契約解除

　暴力団排除条項と組み合わせることにより、有効な反社会的勢力の排除方策として不実の告知に着目した契約解除という考え方がある。

　これは、契約の相手方に対して、あらかじめ、「自分が反社会的勢力でない」ということの申告を求める条項を設けておくものである。

　この条項を設けることにより、

　○　相手方が反社会的勢力であると表明した場合には、暴力団排除条項に基づき、契約を締結しないことができる。

　○　相手方が反社会的勢力であることについて明確な回答をしない場合には、契約自由の原則に基づき、契約を締結しないことができる。

　○　相手方が反社会的勢力であることについて明確に否定した場合で、後に、その申告が虚偽であることが判明した場合には、暴力団排除条項及び虚偽の申告を理由として契約を解除することができる。

---

(7)　反社会的勢力による株式取得への対応

　反社会的勢力が、企業の株式を取得した場合、株主の地位を悪用して企業に対して不当要求を行うおそれがあり、また、反社会的勢力が企業の経営権を支配した場合、他の株主、取引先、提携先、従業員等の犠牲の下、支配株主たる反社会的勢力のみの利益をはかるような経営が行われ、企業価値が不当に収奪されるおそれがある。そのため、反社会的勢力に企業の株式を取得されないように対策を講ずる必要がある。

　反社会的勢力による株式取得には、不当要求の手段として取得する場合や、買収・乗っ取りの手段として取得する場合があるが、これらに対抗するためには、まず前提として、株式を取得しようとする者が反社会的勢力であるか否かを判断することが重要であると考えられる。

---

(8)　反社会的勢力の情報を集約したデータベースの構築

①　企業に対するアンケート調査結果について

320

【資料４】 企業が反社会的勢力による被害を防止するための指針に関する解説

　平成１８年１０月、全国暴力追放運動推進センターが行った「企業の内部統制システムと反社会的勢力との関係遮断に関するアンケート調査」によると、
　　　〈各業界ごとに、反社会的勢力に関する公開情報及び各企業からの情報を集
　　　　約・蓄積し、加盟企業が情報照会を行うデータベースを構築すること〉
について、その良否を質問したところ、「よいと思う」との回答が大部分（８７％）を占めた。このアンケート結果を踏まえると、確かに
　　○　情報共有の仕組みを構築するには、参加企業間に信頼関係が必要であること
　　○　反社会的勢力排除の取組姿勢について、企業間に温度差があること
　　○　民間企業の保有する情報には限界があること
など、様々な実務的な検討課題があるものの、各業界団体ごとに反社会的勢力に関する情報データベースを構築することは、極めて有効な取組ではないかと考えられる。
②　不当要求情報管理機関について
　暴力団対策法は、不当要求情報に関する情報の収集及び事業者に対する当該情報の提供を業とする者として、「不当要求情報管理機関」という任意団体の仕組みを規定しており、現在、①財団法人競艇保安協会、②財団法人競馬保安協会、③社団法人警視庁管内特殊暴力防止対策連合会の３つが登録されている。
　また、警察庁、金融庁、日本証券業協会、東京証券取引所等による証券保安連絡会においては、証券会社間における反社会的勢力に関する情報の集約・共有を行うための証券版〈不当要求情報管理機関（仮称）〉の設置を検討中であり、今後、本指針の普及過程において、他の業界から証券業界と同様の要望があるならば、警察としては、証券保安連絡会における議論の推移を踏まえつつ、前向きに検討したいと考えている。

⑼　警察署や暴力追放運動推進センターとの緊密な関係

　警察署の暴力担当課の担当者や、暴力追放運動推進センターの担当者と、暴排協議会等を通じて、平素から意思疎通を行い、反社会的勢力による不当要求が行われた有事の際に、躊躇することなく、連絡や相談ができるような人間関係を構築することが重要である。また、暴力追放運動推進センターが行っている不当要求防止責任者に対する講習等を通じて、不当要求に対する対応要領等を把握することも重要である。

⑽　警察からの暴力団情報の提供

　暴力団情報については、警察は厳格に管理する責任（守秘義務）を負っているが、国民を暴力団による不当な行為から守るとともに、社会から暴力団を排除するため、警察の保有する情報を活用することも必要である。
　そこで、警察庁においては、平成１２年に、「暴力団排除等のための部外への情報提供について」（平成１２年９月１４日付　警察庁暴力団対策部長通達）において、暴力団情報の部外への提供についての判断の基準及び手続を定め、暴力団による犯罪等による被害の防止又は回復等の公益を実現するため適切に情報を提供するとともに、提供の是非の判断に当たっては組織としての対応を徹底している。

321

第3部　関連資料編

本指針における反社会的勢力排除のための企業からの照会についても、上記の基準
及び手続に即して、適正に対処するものである。

⑾　個人情報保護法に則した反社会的勢力の情報の保有と共有

企業が、反社会的勢力の不当要求に対して毅然と対処し、その被害を防止するため
には、各企業において、自ら業務上取得した、あるいは他の事業者や暴力追放運動推
進センター等から提供を受けた反社会的勢力の情報をデータベース化し、反社会的勢
力による被害防止のために利用することが、極めて重要かつ必要である。

反社会的勢力に関する個人情報を保有・利用することについては、事業者が個人情
報保護法に違反することを懸念する論点があることから、本データベースを構成する
反社会勢力の情報のうち個人情報に該当するものについて、反社会的勢力による被害
防止という利用目的の下において、①取得段階、②利用段階、③提供段階、④保有段
階における個人情報の保護に関する法律（以下「法」という。）の適用についての基
本的な考え方について整理すると、以下のとおりである。

①　取得段階

事業者が、上記目的に利用するため反社会的勢力の個人情報を直接取得すること、
又は事業者がデータベース化した反社会的勢力の個人情報を、上記目的に利用する
ため、他の事業者、暴力追放運動推進センター等から取得すること。

→　利用目的を本人に通知することにより、従業員に危害が加えられる、事業者に
不当要求等がなされる等のおそれがある場合、法18条4項1号（本人又は第三
者の生命、身体又は財産その他の権利利益を害するおそれがある場合）及び2号
（事業者の正当な権利又は利益を害するおそれがある場合）に該当し、本人に利
用目的を通知または公表する必要はない。

②　利用段階

事業者が、他の目的により取得した反社会的勢力の個人情報を上記目的に利用す
ること

→　こうした利用をしない場合、反社会的勢力による不当要求等に対処し損ねたり、
反社会的勢力との関係遮断に失敗することによる信用失墜に伴う金銭的被害も生
じたりする。また、反社会的勢力からこうした利用に関する同意を得ることは困
難である。

このため、このような場合、法16条3項2号（人の生命、身体又は財産の保
護のために必要がある場合であって、本〇人の同意を得ることが困難であると
き）に該当し、本人の同意がなくとも目的外利用を行うことができる。

③　提供段階

事業者が、データベース化した反社会的勢力の個人情報を、上記目的のため、他
の事業者、暴力追放運動推進センター等の第三者に提供すること

→　反社会的勢力に関する情報を交換しその手口を把握しておかなければ、反社会
的勢力による不当要求等に対処し損ねたり、反社会的勢力との関係遮断に失敗す
ることによる信用失墜に伴う金銭的被害も生じたりする。また、反社会的勢力か
らこうした提供に関する同意を得ることは困難である。

このため、このような場合、法23条1項2号（人の生命、身体又は財産の保

322

【資料４】 企業が反社会的勢力による被害を防止するための指針に関する解説

護のために必要がある場合であって、本人の同意を得ることが困難であるとき）
に該当し、本人の同意がなくとも第三者提供を行うことができる。

④　保有段階

　事業者が、保有する反社会的勢力の個人情報について、一定の事項の公表等を行
うことや、当該本人から開示（不存在である旨を知らせることを含む。）を求めら
れること

→　反社会的勢力の個人情報については、事業者がこれを保有していることが明ら
かになることにより、不当要求等の違法又は不当な行為を助長し、又は誘発する
おそれがある場合、個人情報の保護に関する法律施行令３条２号（存否が明らか
になることにより、違法又は不当な行為を助長し、又は誘発するおそれがあるも
の）に該当し、法２条５項により保有個人データから除外される。

　このため、当該個人情報については、法２４条に定める義務の対象とならず、
当該個人情報取扱事業者の氏名又は名称、その利用目的、開示等の手続等につい
て、公表等をする必要はない。

　本人からの開示の求めの対象は、保有個人データであり、上記のとおり、事業
者が保有する反社会的勢力の個人情報は保有個人データに該当しないことから、
当該個人情報について、本人から開示を求められた場合、「当該保有個人データ
は存在しない」と回答することができる。

---

(12)　反社会的勢力との関係遮断を内部統制システムに位置づける必要性

　会社法上の大会社や委員会設置会社の取締役会は、健全な会社経営のために会社が
営む事業の規模、特性等に応じた法令等の遵守体制・リスク管理体制（いわゆる内部
統制システム）の整備を決定する義務を負い、また、ある程度以上の規模の株式会社
の取締役は、善管注意義務として、事業の規模、特性等に応じた内部統制システムを
構築し、運用する義務があると解されている。

　反社会的勢力による不当要求は、

○　取締役等の企業トップを対象とするものとは限らず、従業員、派遣社員等の個人
や関係会社等を対象とするものがあること

○　事業活動上の不祥事や従業員の不祥事を対象とする場合には、事案を関係者限り
で隠ぺいしようとする力が社内で働きかねないこと

を踏まえると、反社会的勢力による被害の防止は、業務の適正を確保するために必要
な法令等遵守・リスク管理事項として、内部統制システムに明確に位置づけることが
必要である。このことは、ある程度以上の規模のあらゆる株式会社にあてはまる。

　また、反社会的勢力の攻撃は、会社という法人を対象とするものであっても、現実
には、取締役や従業員等、企業で働く個人に不安感や恐怖感を与えるものであるため、
反社会的勢力による被害を防止するための内部統制システムの整備に当たっては、会
社組織を挙げて、警察や弁護士を始めとする外部専門機関と連携して対応することが
不可欠である。

　すなわち、

○　取締役会が明文化された社内規則を制定するとともに、反社会的勢力対応部署と
担当役員や従業員を指名すること

323

第3部　関連資料編

○　制定した社内規則に基づいて、反社会的勢力対応部署はもとより、社内のあらゆる部署、会社で働くすべての個人を対象としてシステムを整備することが重要である。

⒀　内部統制システムを構築する上での実務上の留意点

内部統制システムの世界基準と言われているＣＯＳＯの体系によれば、内部統制システムは、①統制環境、②リスク評価、③統制活動、④情報と伝達、⑤監視活動の5項目から構築されるとされている。

反社会的勢力との関係遮断を内部統制システムに位置付けるに際して、それぞれの項目における留意事項は次のとおりであるが、特に、リスク評価の部分は、重点的に管理すべき項目である点に留意する必要がある。

ア　統制環境
- 経営トップが、反社会的勢力との関係遮断について宣言を行う。
- 取締役会において、反社会的勢力との関係遮断の基本方針を決議する。
- 企業倫理規程等の中に、反社会的勢力との関係遮断を明記する。
- 契約書や取引約款に暴力団排除条項を導入する。
- 反社会的勢力との関係遮断のための内部体制を構築する（例えば、専門部署の設置、属性審査体制の構築、外部専門機関との連絡体制の構築等）。

イ　リスク評価
- 反社会的勢力による不当要求に応じることや、反社会的勢力と取引を行うことは、多大なリスクであることを認識し、反社会的勢力との関係遮断を行う。
- 特に、事業活動上の不祥事や従業員の不祥事を理由とする不当要求に対して、事案を隠ぺいするための裏取引を行うことは、企業の存立そのものを危うくするリスクであることを十分に認識し、裏取引を絶対に行わない。

ウ　統制活動
- 反社会的勢力による不当要求への対応マニュアルを策定する。
- 不当要求防止責任者講習を受講し、また、社内研修を実施する。
- 反社会的勢力との関係遮断の取組について、適切な人事考課（表彰や懲戒等）を行うとともに、反社会的勢力との癒着防止のため、適正な人事配置転換を行う。

エ　情報と伝達
- 反社会的勢力による不当要求がなされた場合には、直ちに専門部署へその情報が集約されるなど、指揮命令系統を明確にしておく。
- 反社会的勢力の情報を集約したデータベースを構築する。
- 外部専門機関への通報や連絡を手順化しておく。

オ　監視活動
- 内部統制システムの運用を監視するための専門の職員（リスク・マネージャーやコンプライアンス・オフィサー等）を配置する

【資料5】 都道府県暴追センター連絡先一覧表

【資料5】 都道府県暴追センター連絡先一覧表

(平成30年8月末日現在)

県名	組織名 住所	電話番号	FAX	フリーダイヤル	相談
全国	全国暴力追放運動推進センター	03-3868-0247	03-3868-0257		
	〒113-0033 東京都文京区本郷三丁目 38番1号 本郷信徳ビル 6階				
北海道	(公財) 北海道暴力追放センター	011-271-5982	011-271-5987		
	〒060-0003 札幌市中央区北3条西7 丁目1-1 道庁緑苑ビル庁舎内				
青森県	(公財) 青森県暴力追放県民センター	017-723-8930	017-723-8931		フォームへリンク
	〒030-0801 青森市新町2-2-7 青銀新町ビル内				
岩手県	(公財) 岩手県暴力団追放推進センター	019-624-8930	019-656-0886	0120-244893	メールでのお問合せ
	〒020-0022 盛岡市大通り1-2-1 県産業会館内				
宮城県	(公財) 宮城県暴力団追放推進センター	022-215-5050	022-215-5051	0120-81-8930	メールでのお問合せ
	〒980-0014 仙台市青葉区本町3-5 -22 宮城県管工事会館内				
秋田県	(公財) 暴力団壊滅秋田県民会議	018-824-8989	018-824-8990	0120-893-184	メールでのお問合せ
	〒010-0922 秋田市旭北栄町1-5 秋田県社会福祉会館内				
山形県	(公財) 山形県暴力追放運動推進センター	023-633-8930	023-676-4140		メールでのお問合せ
	〒990-2492				

325

第3部 関連資料編

	山形市鉄砲町2-19-68 村山総合庁舎内				
福島県	（公財）福島県暴力追放運動推進センター	024-572-6960	024-572-6961		フォームへリンク
	〒960-8043 福島市中町8-2 福島県自治会館内				
茨城県	（公財）茨城県暴力追放推進センター	029-228-0893	029-233-2140		フォームへリンク
	〒320-0032 水戸市三の丸1-5-38 県三の丸庁舎内				
栃木県	（公財）栃木県暴力追放県民センター	028-627-2600	028-627-2996		フォームへリンク
	〒320-0032 宇都宮市昭和3丁目2番8号 しもつけ会館内				
群馬県	（公財）群馬県暴力追放運動推進センター	027-254-1100	027-254-1100		フォームへリンク
	〒371-0836 前橋市江田町448-11 県警察本部江田町庁舎内				
埼玉県	（公財）埼玉県暴力追放・薬物乱用防止センター	048-834-2140	048-833-2302		メールでのお問合せ
	〒330-0063 さいたま市浦和区高砂3-12-9 埼玉県農林会館内				
千葉県	（公財）千葉県暴力団追放県民会議	043-254-8930	043-227-7869	0120-089354	フォームへリンク
	〒260-0013 千葉市中央区中央4-13-7 千葉県酒造会館内				
東京都	（公財）暴力団追放運動推進都民センター	03-3291-8930	03-5282-3724	0120-893-240	フォームへリンク
	〒101-0047 千代田区内神田1-1-5				
神奈川県	（公財）神奈川県暴力追放推進センター	045-201-8930	045-663-8930		メールでのお問合せ

【資料5】 都道府県暴追センター連絡先一覧表

	〒231-8403 横浜市中区海岸通2-4 県警本部庁舎内				
新潟県	（公財）新潟県暴力追放 運動推進センター	025-281-8930	025-281-8934		フォームへ リンク
	〒950-0961 新潟市中央区東出来島 11-16 （株-新潟県自動 車会館内				
山梨県	（公財）山梨県暴力追放 運動推進センター	055-227-5420	055-223-0110		メールでの お問合せ
	〒400-0031 甲府市丸の内1-5-4 恩賜林記念館内				
長野県	（公財）長野県暴力追放 県民センター	026-235-2140	026-233-3741		メールでの お問合せ
	〒380-8510 長野市大字南長野字幅下 692-2 県庁東庁舎内				
静岡県	（公財）静岡県暴力追放 運動推進センター	054-283-8930	054-283-8940		メールでの お問合せ
	〒422-8067 静岡市駿河区南町11-1 静銀・中京銀静岡駅南ビ ル内				
富山県	（公財）富山県暴力追放 運動推進センター	076-421-8930	076-421-7887		フォームへ リンク
	〒939-8201 富山市花園町4-5-20 富山県防災センター内				
石川県	（公財）石川県暴力追放 運動推進センター	076-247-8930	076-247-4004		メールでの お問合せ
	〒921-8105 金沢市平和町1-3-1 石川県平和町庁舎内				
福井県	（公財）福井県暴力追放 センター	0776-28-1700	0776-28-1701	0120-214-893	メールでの お問合せ
	〒910-0004 福井市宝永3-8-1 県 警察本部葵分庁舎内				
岐阜県	（公財）岐阜県暴力追放	058-277-1613	058-277-1366	0800-200-8930	メールでの

327

第3部 関連資料編

	推進センター				お問合せ
	〒500-8384 岐阜市藪田南 5 -14- 1				
愛知県	（公財）暴力追放愛知県民会議	052-883-3110	052-883-2122		メールでの お問合せ
	〒466-0054 名古屋市昭和区円上町26-15 愛知県高辻センター内				
三重県	（公財）暴力追放三重県民センター	059-229-2140	059-229-6900	0120-31-8930	メールでの お問合せ
	〒514-0004 津市栄町 3 -222 ソシアビル内				
滋賀県	（公財）滋賀県暴力団追放推進センター	077-525-8930	077-525-8930		フォームへ リンク
	〒520-8501 大津市打出浜 1 -10 県警本部北棟内				
京都府	（公財）京都府暴力追放運動推進センター	075-451-8930	075-451-0499		フォームへ リンク
	〒602-8027 京都市上京区下立売通衣棚西入東立売町199- 6				
大阪府	（公財）大阪府暴力追放推進センター	06-6946-8930	06-6946-8993		フォームへ リンク
	〒540-0012 大阪市中央区谷町 2 - 3 -1 ターネンビル No.2 内				
兵庫県	（公財）暴力団追放兵庫県民センター	078-362-8930	078-351-7930		メールでの お問合せ
	〒650-8510 神戸市中央区下山手通 5 - 4 - 1 県警本部庁舎内				
奈良県	（公財）奈良県暴力団追放県民センター	0742-24-8374	0742-24-8375		フォームへ リンク
	〒630-8131 奈良市大森町57- 3 奈良県農協会館内				

【資料5】 都道府県暴追センター連絡先一覧表

和歌山県	（公財）和歌山県暴力追放県民センター	073-422-8930	073-422-5470		メールでのお問合せ
	〒640-8102 和歌山市南雑賀町64番地				
鳥取県	（公財）鳥取県暴力追放センター	0857-21-6413	0857-21-6413	0120-19-8930	フォームへリンク
	〒680-0031 鳥取市本町3-201 鳥取商工会議所内				
島根県	（公財）島根県暴力追放県民センター	0852-21-8938	0852-21-8938		メールでのお問合せ
	〒690-0888 松江市北堀町15番地 島根県北堀町団体ビル内				
岡山県	（公財）岡山県暴力追放運動推進センター	086-233-2140	086-234-5196		フォームへリンク
	〒700-0985 岡山市北区厚生町3-1-15 岡山商工会議所ビル内				
広島県	（公財）暴力追放広島県民会議	082-228-5050	082-511-0111		メールでのお問合せ
	〒730-0011 広島市中区基町10番52号県庁南館内				
山口県	（公財）山口県暴力追放運動推進センター	083-923-8930	083-923-8704		メールでのお問合せ
	〒753-0072 山口市大手町2-40 県警本部別館内				
徳島県	（公財）徳島県暴力追放県民センター	088-656-0110	088-623-4972		
	〒770-8053 徳島市沖浜東2-12-1				
香川県	（公財）香川県暴力追放運動推進センター	087-837-8889	087-823-2303		メールでのお問合せ
	〒760-0026 高松市磨屋町5-9 プラタ59ビル内				
愛媛県	（公財）愛媛県暴力追放	089-932-8930	089-932-8930		メールでの

329

第3部　関連資料編

	推進センター				お問合せ
	〒790-0808 松山市若草町7-1　県警第二庁舎内				
高知県	（公財）暴力追放高知県民センター	088-871-0002	088-871-0003	0120-893-744	フォームへリンク
	〒780-0870 高知市本町2-3-31　LSビル内				
福岡県	（公財）福岡県暴力追放運動推進センター	092-651-8938	092-651-8988		メールでのお問合せ
	〒812-0046 福岡市博多区吉塚本町13-50　県吉塚合同庁舎内				
佐賀県	（公財）佐賀県暴力追放運動推進センター	0952-23-9110	0952-23-9107		メールでのお問合せ
	〒840-0831 佐賀市松原1-1-1　県警本部別館内				
長崎県	（公財）長崎県暴力追放運動推進センター	095-825-0893	095-825-0841		フォームへリンク
	〒850-0033 長崎市万才町5-24　ヒルサイド5ビル内				
熊本県	（公財）熊本県暴力追放運動推進センター	096-382-0333	096-382-0346		フォームへリンク
	〒862-0950 熊本市中央区水前寺6-35-4				
大分県	（公財）暴力追放大分県民会議	097-538-4704	097-536-6110		メールでのお問合せ
	〒870-0046 大分市荷揚町5-36　県警察本部庁舎別館内				
宮崎県	（公財）宮崎県暴力追放センター	0985-31-0893	0985-31-0894	0120-184-893	フォームへリンク
	〒880-0804 宮崎市宮田町13番16号県庁10号館内				

【資料5】 都道府県暴追センター連絡先一覧表

鹿児島県	（公財）鹿児島県暴力追放運動推進センター	099-224-8601	099-224-8602		メールでのお問合せ
	〒892-0838 鹿児島市新屋敷町16-301 県公社ビル内				
沖縄県	（公財）暴力団追放沖縄県民会議	098-868-0893	098-869-8930		フォームへリンク
	〒900-0029 那覇市旭町7番地　サザンプラザ海邦内				

331

■事項索引■

【英数字】

JPCERT/CC ························ 104

【あ行】

悪質クレーマー ·······················39
威力業務妨害罪 ·······················88
インターネットの匿名性 ···········10
営業秘密侵害罪 ·······················93
エセ右翼行為 ···················209、258
縁切り同盟 ··················5、18、20
炎上 ·································110
落ち度 ···························139、275

【か行】

街宣禁止の仮処分 ····················255
過大請求 ·····························31
企業が反社会的勢力による被害
　を防止するための指針（平成
　19年6月19日政府指針）···········4
偽計業務妨害罪 ······················149
規制対象者 ·························211
毅然 ···························13、22
恐喝罪 ·······························88
共生者 ·····························166
脅迫罪 ·······························87
強要罪 ·······························87
虚偽の書き込み ······················115
苦情相談窓口 ························27
クレーム情報の管理 ·················27
警察からの情報提供 ·················179
刑事告訴 ·····························56

刑法246条2項詐欺 ·················4
契約自由の原則 ······················210
検索結果の削除 ······················118
行為要件 ·····························160
交通費 ·······························36
顧客情報の管理 ·······················26
個人情報取扱事業者 ·················26
個人情報保護法 ·······················26

【さ行】

再発防止命令 ························217
削除仮処分 ·························118
削除請求 ·····························118
サジェスト ·························119
事件屋 ·····························219
示談書 ·······························225
指定暴力団 ·························158
社会運動等標ぼうゴロ ···········160
謝罪文 ·······························33
社内体制の構築 ·······················27
使用者責任 ·························224
政治活動標ぼうゴロ ·················210
正当クレーム ························25
総会屋等 ·························160
相当因果関係 ························224
属性要件 ·························159

【た行】

対応ミス ·····························73
第三者への迷惑行為 ···········252、257
中止命令 ···················217、220、229
通話録音 ·····························42

事項索引

東京都暴力団排除条例……………215
特殊知能暴力集団等………………160
土下座…………………………………84
トップ……………………………………6

【な行】

内容証明郵便…………………………55

【は行】

発信者情報開示請求………………120
パワハラ………………………………84
反社会的勢力…………………………158
反社会的勢力データベース………172
非通知電話……………………………146
フィッシングサイト………………102
フィッシング詐欺………………10、102
不正アクセス行為……………………93
不退去罪………………………………88
不当クレーム…………………………25
不当要求…………………………253、279
不法行為………………………………86
プライバシー権………………………38
ブラック企業…………………………116
プロバイダ責任制限法……………120
文書送付嘱託…………………………149
平成19年6月19日政府指針（企
　業が反社会的勢力による被害
　を防止するための指針）…………4
弁護士照会……………………………148
弁護士法………………………………219
暴追センター…………………………217
暴排条項……………………………15、17
暴力団…………………………………158
暴力団からの離脱者の支援…………16
暴力団関係企業………………………159

暴力団関係者（密接交際者）………166
暴力団準構成員………………………166
暴力団対策法……………………………3
暴力団排除条項………………17、218
暴力団排除条例………………4、215
法令遵守…………………………………6
ぼったくり……………………………18

【ま行】

みかじめ料………………17、18、214
みかじめ料等縁切り同盟…………217
密接交際者（暴力団関係者）………166
名誉毀損罪……………………………88
無断録音………………………38、85
無断録音データの証拠能力…………43
迷惑電話………………………146、148
元暴力団員……………………………167

【や行】

ヤミ金…………………………………271

【ら行】

利益供与………………………20、234

【編集代表者略歴】

藤川　元（ふじかわ　はじめ）

〔主な著書・論文〕　『民暴の鷹』（共著、雪書房）、『民暴の鷹 Part 2』（共著、雪書房）、『危機管理の法理と実務』（共著、金融財政事情研究会）、『実戦！　社会 VS 暴力団：暴対法20年の軌跡』（共著、金融財政事情研究会）など

〔事務所〕　藤川元法律事務所
　　　　　　〒160-0022　東京都新宿区新宿 1 - 14 - 5　新宿 KM ビル901
　　　　　　TEL：03-3226-6110　　FAX：03-3226-5110

【執筆者略歴】

(50音順)

石川　直紀（いしかわ　なおき）

〔主な著書・論文〕　「司法書士における業務妨害対策の必要性（特集　司法書士が抱える危険と対策)」（共著、月報司法書士546号）など

〔事務所〕　あゆみ総合法律事務所
　　　　　　〒171-0022　東京都豊島区南池袋 2 - 49 - 7　池袋パークビル 1 階
　　　　　　TEL：03-4540-7566　　FAX：03-6869-7308

岡本　健志（おかもと　たけし）

〔主な著書・論文〕　『民事介入暴力対策マニュアル〔第 5 版〕』（共著、ぎょうせい）など

〔事務所〕　オルカス法律事務所
　　　　　　〒160-0022　東京都新宿区新宿 5 - 4 - 1　新宿 Q フラットビル904
　　　　　　TEL：03-6457-8059　　FAX：03-6457-8079

香川　希理（かがわ　きり）

〔主な著書・論文〕　『民事介入暴力対策マニュアル〔第 5 版〕』（共著、ぎょうせい）、『企業による暴力団排除の実践』（共著、商事法務）など

〔事務所〕　香川総合法律事務所
　　　　　　〒104-0032　東京都中央区八丁堀 4 - 4 - 13　喜多ビル 2 階
　　　　　　TEL：03-6280-4056　　FAX：03-6280-4057

加藤　滋隆（かとう　しげたか）

〔事務所〕　加藤法律事務所
　　　　　　〒160-0008　東京都新宿区四谷三栄町2-1　第1萬寿ビル302
　　　　　　TEL：03-5269-6165　　FAX：03-5269-6166

川田　　剛（かわた　つよし）

〔主な著書・論文〕「司法書士における業務妨害対策の必要性（特集　司法書士が
　　　　　　　　　　抱える危険と対策)」（共著、月報司法書士546号）など
〔事務所〕　川田法律事務所
　　　　　　〒105-0001　東京都港区虎ノ門5-3-20　仙石山アネックス214
　　　　　　TEL：03-6435-9673　　FAX：03-6435-9674

木村　裕史（きむら　ゆうし）

〔主な著書・論文〕『民事介入暴力対策マニュアル〔第5版〕』（共著、ぎょうせ
　　　　　　　　　　い）など
〔事務所〕　武蔵国分寺法律事務所
　　　　　　〒185-0012　東京都国分寺市本町3-9-16　本田ビル4階
　　　　　　TEL：042-359-4174　　FAX：042-359-4175

國塚　道和（くにづか　みちかず）

〔主な著書・論文〕『反社会的勢力を巡る判例の分析と展開』（共著、経済法令研
　　　　　　　　　　究会)、『民事介入暴力対策マニュアル』（共著、ぎょうせい)、
　　　　　　　　　　『Q&A相続・遺留分の法律と実務』（共著、日本加除出版）な
　　　　　　　　　　ど
〔事務所〕　かすが・國塚法律事務所
　　　　　　〒102-0073　東京都千代田区九段北4-1-5　市ヶ谷法曹ビル105
　　　　　　TEL：03-3239-5601　　FAX：03-3239-5651

斎藤　悠貴（さいとう　ゆうき）

〔主な著書・論文〕「企業におけるネット炎上対応の注意点」（法律実務研究33号）
〔事務所〕　東京千代田法律事務所
　　　　　　〒101-0041　東京都千代田区神田須田町1-3　NAビル4階
　　　　　　TEL：03-3255-8877　　FAX：03-3255-8876

編著者略歴

鈴木　哲広（すずき　てつひろ）

〔主な著書・論文〕　『Q&A 従業員・役員からの暴力団排除──企業内暴排のすすめ』（共著、商事法務）、『民事介入暴力対策マニュアル〔第5版〕』（共著、ぎょうせい）、『企業による暴力団排除の実践』（共著、商事法務）など

〔事務所〕　三島総合法律事務所
　　　　　〒141-0021　東京都品川区上大崎2-24-13　目黒西口マンション1号館1004
　　　　　TEL：03-6417-4062　　FAX：03-6417-4063

北條　孝佳（ほうじょう　たかよし）

〔主な著書・論文〕　『AIの法律と論点』（共著、商事法務）、「インシデント発生から再発防止までの対応」（ビジネス法務2018年9月号）、「ランサムウェアの身代金要求に応じたときに生じうる法的責任に関する一考察」（2018年度暗号とセキュリティシンポジウム）、「ハニーポットで観る最近の攻撃手法の一傾向」（研究報告概要（105）2007年度）、「シェルコード解析による不正アクセス検出手法」（情報処理学会研究報告2003（126））など

〔事務所〕　西村あさひ法律事務所
　　　　　〒100-8124　東京都千代田区大手町1-1-2　大手門タワー
　　　　　TEL：03-6250-6200　　FAX：03-6250-7200

松浦　賢輔（まつうら　けんすけ）

〔主な著書・論文〕　『暴力団排除と企業対応の実務』（共著、商事法務）、「基本判例に学ぶ　債権管理・回収実務入門（第1回）消滅時効」（事業再生と債権管理　32(2)=161）など

〔事務所〕　虎門中央法律事務所
　　　　　〒105-0001　東京都港区虎ノ門1-1-18　ヒューリック虎ノ門ビル
　　　　　TEL：03-3591-3281　　FAX：03-3591-3086

336

〔リスク管理実務マニュアルシリーズ〕

悪質クレーマー・反社会的勢力対応実務マニュアル

平成30年11月4日　第1刷発行
令和2年2月10日　第2刷発行

定価　本体3,800円＋税

編集代表　藤川　元
編　　者　市民と企業のリスク問題研究会
発　　行　株式会社　民事法研究会
印　　刷　文唱堂印刷株式会社

発行所　株式会社　**民事法研究会**

〒150-0013　東京都渋谷区恵比寿3-7-16
〔営業〕TEL 03(5798)7257　FAX 03(5798)7258
〔編集〕TEL 03(5798)7277　FAX 03(5798)7278
http://www.minjiho.com/　info@minjiho.com

落丁・乱丁はおとりかえします。　ISBN978-4-86556-250-7 C2332 ￥3800E
表紙デザイン：関野美香

■反社会的勢力・反社会的行為による被害の予防・救済のために！■

反社会的勢力 対応の手引

反社リスク対策研究会　編

Ａ５判・195頁・定価　本体1,800円＋税

▷▷▷▷▷▷▷▷▷▷▷▷▷▷▷▷▷ **本書の特色と狙い** ◁◁◁◁◁◁◁◁◁◁◁◁◁◁◁◁◁

▶「暴力団」「エセ右翼」「フロント企業」等との関係を遮断するための事前準備と、それらの者からアプローチがあった場合の事後対応策を愛知県弁護士会民事介入暴力対策委員会のメンバーがわかりやすく解説！

▶第１章では、反社会的勢力という概念や類型を検討し、反社会的勢力の行動原理を踏まえ、反社会的勢力排除のあり方を提示！

▶第２章では、反社会的勢力を事前排除するための注意点や具体的な手法を開示！「フロント企業のスクリーニングチェックポイント」を活用すれば反社会的勢力か否かの見極めが容易にできる！

▶第３章では、反社会的勢力の事後排除の方法をＱ＆Ａ形式でわかりやすく解説！

▶反社会的勢力に対峙する実務家はもちろん、反社会的勢力との決別を考える企業関係者にとって最適の書！

本書の主要内容

第1章　反社って何ですか？
〜反社会的勢力排除の理論〜

1　反社会的勢力の意義
2　反社会的勢力の類型－いわゆる属性要件を中心とした分類
3　反社会的勢力の行動原理
4　反社会的勢力の諸活動
5　反社会的勢力排除の社会的気運
6　反社会的勢力排除の原理
7　反社排除のためのハードロー①－法律
8　反社排除のためのハードロー②－条例
9　反社排除のためのソフトロー①－公的規制
10　反社排除のためのソフトロー②－私的規制（企業による取組み）
11　これからの反社会的勢力排除のあり方

第2章　そろそろ我が社も反社リスクを考えよう！
〜反社排除の実務・事前排除編〜

1　事前排除－総論

2　事前排除の注意点
3　事前排除の手法①－反社排除体制の構築と運用
4　事前排除の手法②－暴排条項の整備
5　事前排除の手法③－スクリーニング・マニュアル

第3章　反社がオフィスにやってきた！
〜反社排除の実務・事後排除編〜

Ｑ　反社への暴対法適用／Ｑ　警察への照会／Ｑ　反社と判明した場合の対応／Ｑ　交通事故の相手方が反社だった／Ｑ　反社の示談介入／Ｑ　会社の乗っ取り／Ｑ　不法使用された「賃貸」マンションの明渡しの方法／Ｑ　銀行クレーム対処法／Ｑ　役所を脅すクレーマーの狙い／Ｑ　証券取引と損失補填要求／Ｑ　広報誌購読要求／Ｑ　競売予定地に突如、看板が立ってしまった／Ｑ　産廃処理場建設と街宣車／Ｑ　自販機の設置要求／Ｑ　反社と環境問題・産廃問題／Ｑ　食品に異物が混入しているとのクレーム／Ｑ　ＣＭ挿入歌へのクレーム／Ｑ　弁護士に対する反社からの攻撃／ほか

発行　民事法研究会

〒150-0013　東京都渋谷区恵比寿3-7-16
（営業）TEL. 03-5798-7257　FAX. 03-5798-7258
http://www.minjiho.com/　info@minjiho.com

■暴力団関係者が参加しているパーティーに出たら条例違反？

暴力団排除条例で変わる市民生活

虎門中央法律事務所　編

A5判・282頁・定価　本体2,400円＋税

本書の特色と狙い

▶全国の都道府県で制定・施行されている暴力団排除条例で求められる市民の対応について「セーフかアウトか」をわかりやすく解説！

▶暴力団等の反社会的勢力排除のための基本的な知識、心構え、そして具体的な事例に対する対応策に関する必ず押さえておきたい84のQ＆A！

▶平成24年の暴力団対策法一部改正や、平成24年上半期の暴力団情勢（警察庁発表）など最新の情報をできる限り反映し、実務的な問題点にも踏み込んで言及！

▶暴力団排除条例施行後、市民がどのように取り組むべきかの道標となるべく執筆されているので、法律実務家や行政担当者、企業の担当者はもちろん、市民生活を送るすべての方に読んでいただきたい1冊！

本書の主要内容

第1部　総　論

第1章　暴力団排除条例

第2章　暴力団等の実態

第3章　暴力団等に対する法規制等

第4章　外部専門機関との連携等

第2部　各　論

第1章　心構え

第2章　市民生活からの暴力団排除

第3章　経済活動からの暴力団排除

第4章　行政関係での暴力団排除

発行　民事法研究会

〒150-0013　東京都渋谷区恵比寿3-7-16
（営業）TEL. 03-5798-7257　FAX. 03-5798-7258
http://www.minjiho.com/　info@minjiho.com

■最新の法令、実務の動向、社会情勢、判例を収録し、7年ぶりに大幅改訂！

裁判事務手続講座〈第14巻〉

〔第五版〕

書式 告訴・告発の実務

―企業活動をめぐる犯罪対応の理論と書式―

経営刑事法研究会 編　　編集代表　井窪保彦

A5判・453頁・定価　本体4,100円＋税

▷▷▷▷▷▷▷▷▷▷▷▷▷▷▷▷▷▷ 本書の特色と狙い ◁◁◁◁◁◁◁◁◁◁◁◁◁◁◁◁◁◁◁

▶第五版では、性犯罪の非親告罪化に関する刑法・刑事訴訟法の改正、インサイダー取引規制の対象範囲を拡大させた金融商品取引法改正、反社会的勢力の巧妙化する資金獲得活動に対抗するための暴排条例等に対応！

▶続発・増大化する企業をめぐる犯罪について、そのメカニズム、犯罪態様、犯罪要件などの刑事法上の理論を踏まえて、実務と書式を一体として詳解した関係者待望のマニュアル！

▶犯罪態様ごとに書式を示し、作成上の留意点についても解説しているので活用に至便！

▶警察庁の担当官による「警察からみた知能犯罪にかかる告訴・告発の現状と問題点」を収録し、申立者の実務が迅速・的確に対応できるように実際の現場の処理を示唆！

▶法律実務知識にうとい市民でも活用いただけるよう、告訴・告発の基礎知識から書式作成の実践的知識にまで論及！

▶弁護士、司法書士、公認会計士、税理士などの企業活動を担う法律実務家や、各企業のコンプライアンス・総務・法務担当者などの必携書！

❖❖❖❖❖❖❖❖❖❖❖❖❖❖❖❖❖❖ 本書の主要内容 ❖❖❖❖❖❖❖❖❖❖❖❖❖❖❖❖❖

第1部	告訴・告発の基礎知識		第3章	金融商品取引法違反の罪
第1章	告訴・告発実務の基礎		第4章	民事介入暴力
第2章	告訴状・告発状の作成と提出		第5章	企業破綻の際の犯罪
第3章	警察からみた知能犯罪にかかる告訴・		第6章	債権回収と犯罪
	告発の現状と問題点		第7章	独占禁止法違反の罪
第2部	具体的事犯における告訴・告発の実務		第8章	知的財産権法違反の罪
第1章	商取引における犯罪		第9章	会社法違反の罪
第2章	役職員の不正行為		〔関連資料〕	関係法令一覧

発行 🅜 民事法研究会

〒150-0013　東京都渋谷区恵比寿3-7-16
（営業）TEL. 03-5798-7257　FAX. 03-5798-7258
http://www.minjiho.com/　info@minjiho.com

現代債権回収実務マニュアルシリーズ

現代債権回収実務マニュアル❶

通常の債権回収
―債権管理から担保権・保証まで―

虎門中央法律事務所　編　　Ａ５判・883頁・定価　本体7500円＋税

　債権回収実務の基本である「債権管理」と裁判手続によらない通常の「回収」、そしてその裏付けとなる「担保権・保証」の理論と実務を実践的に詳解！　豊富な経験・実績を有する執筆陣が、長年にわたって培ったノウハウを書式・記載例を豊富に織り込みつつ開示した、注目のシリーズの第１巻！

現代債権回収実務マニュアル❷

裁判手続による債権回収
―債務名義の取得・保全手続―

虎門中央法律事務所　編　　Ａ５判・353頁・定価　本体3200円＋税

　「債務名義の取得」や「仮差押え・仮処分等の保全手続」等の法的手段による債権回収について、基礎知識から実務の指針・留意点までを詳解！　豊富な経験・実績を有する執筆陣が、約50件の書式・記載例をはじめ、執行手続の前提となる裁判手続の実践的ノウハウを開示した、好評シリーズの第２巻！

現代債権回収実務マニュアル❸　　平成29年１月刊

執行手続による債権回収
―強制執行手続・担保権実行・強制競売―

虎門中央法律事務所　編　　Ａ５判・335頁・定価　本体3400円＋税

　強制執行手続を概説するとともに、各種担保権実行手続や競売手続を活用した債権回収について、基礎知識から実務の指針・留意点までを詳解！　豊富な経験・実績を有する執筆陣が、終局的な権利実現手段である執行手続の実践的ノウハウを約80の書式・記載例とともに開示した、シリーズ完結を締めくくる第３巻！

発行　民事法研究会　　〒150-0013　東京都渋谷区恵比寿3-7-16
（営業）TEL 03-5798-7257　FAX 03-5798-7258
http://www.minjiho.com/　　info@minjiho.com

リスク管理実務マニュアルシリーズ

会社役員としての危急時の迅速・的確な対応のあり方、および日頃のリスク管理の手引書！

会社役員のリスク管理実務マニュアル
―平時・危急時の対応策と関連書式―

渡邊　顯・武井洋一・樋口　達　編集代表　成和明哲法律事務所　編（Ａ５判・432頁・定価　本体4600円＋税）

従業員による不祥事が発生したときに企業がとるべき対応等を関連書式と一体にして解説！

従業員の不祥事対応実務マニュアル
―リスク管理の具体策と関連書式―

安倍嘉一　著　　　　　　　　　　　　　　　　（Ａ５判・328頁・定価　本体3400円＋税）

社内（社外）通報制度の導入、利用しやすいしくみを構築し、運用できるノウハウを明示！

内部通報・内部告発対応実務マニュアル
―リスク管理体制の構築と人事労務対応策Ｑ＆Ａ―

阿部・井窪・片山法律事務所　石嵜・山中総合法律事務所　編（Ａ５判・255頁・定価　本体2800円＋税）

弁護士・コンサルティング会社関係者による実務に直結した営業秘密の適切な管理手法を解説！

営業秘密管理実務マニュアル
―管理体制の構築と漏えい時対応のすべて―

服部　誠・小林　誠・岡田大輔・泉　修二　著　　　　　（Ａ５判・284頁・定価　本体2800円＋税）

企業のリスク管理を「法務」・「コンプライアンス」双方の視点から複合的に分析・解説！

法務リスク・コンプライアンスリスク管理実務マニュアル
―基礎から緊急対応までの実務と書式―

阿部・井窪・片山法律事務所　編　　　　　　　　　　（Ａ５判・764頁・定価　本体6400円＋税）

情報漏えいを防止し、「情報」を有効活用するためのノウハウを複合的な視点から詳解！

企業情報管理実務マニュアル
―漏えい・事故リスク対応の実務と書式―

長内　健・片山英二・服部　誠・安倍嘉一　著　　　　（Ａ５判・442頁・定価　本体4000円＋税）

発行　民事法研究会　　〒150-0013　東京都渋谷区恵比寿3-7-16
（営業）TEL 03-5798-7257　FAX 03-5798-7258
http://www.minjiho.com/　　info@minjiho.com